suhrkamp taschenbuch 5053

MORTEN TRAAVIK

LIEBESGRÜßE AUS NORDKOREA

Ein Extremdiplomat berichtet

Aus dem Norwegischen von
Stefan Pluschkat

Suhrkamp

Die norwegische Originalausgabe erschien 2016 unter dem Titel
Forræderens Guide till Nord-Korea.
Din veiviser i verdens hemmeligste Land
bei Aschehoug, Oslo.

Der Verlag dankt NORLA – Norwegian Literature Abroad
für die Förderung der Übersetzung.

Erste Auflage 2020
suhrkamp taschenbuch 5053
Deutsche Erstausgabe
© 2018 H. Aschehoug & Co. (W. Nygaard), Oslo
© der deutschen Ausgabe Suhrkamp Verlag Berlin 2020
Umschlaggestaltung: Johannes Erler, Hamburg
Satz: Greiner & Reichel, Köln
Druck und Bindung: Ebner & Spiegel, Ulm
Printed in Germany
ISBN 978-3-518-47053-4

LIEBESGRÜSSE AUS NORDKOREA

Ein Extremdiplomat berichtet

★

Vertrauen ist gut, Kontrolle ist besser
LENIN

★

His longing for a new world,
however, is always balanced
by regret for the world that must be
destroyed to make way for it.
ROBERT CHANDLER

★

we do what we're told
we do what we're told
we do what we're told
told to do

one doubt
one voice
one war
one truth
one dream
PETER GABRIEL

★

FÜR RI YONG MAN

★

Inhalt

VOLLMACHT

Pjöngjang, den 4. März 2011

Hiermit bevollmächtigt das Kulturministerium der Demokratischen Volksrepublik Korea Herrn Morten Traavik, Regisseur und Künstler, in unserem Namen Verhandlungen bezüglich kultureller Verbindungsarbeit mit dem Ausland in die Wege zu leiten.
Aufgrund seiner Erfahrungen in der Planung und Durchführung kultureller Kooperationen zwischen unterschiedlichen Ländern und Kulturen halten wir Herrn Traavik für geeignet, um – in Rücksprache mit uns – erste Schritte in Richtung eines solchen Dialogs zu unternehmen.

Mit freundlichen Grüßen
Herr Kim Dan-il
Abteilungsleiter, Europaabteilung
Kulturministerium der Volksrepublik Korea

BRIEFE EINES VERRÄTERS

★

Vertrauen ist Liebe.

KIM JONG-IL

★

Lieber Mister Win,
von meinen Quellen in Pjöngjang höre ich, dass Du am Leben bist.
Und damit nicht genug. Es heißt, Du seist auf eine weniger
strapaziöse Stelle in einer deutlich ruhigeren Abteilung des Ministeriums versetzt worden. Wenn das stimmt, bin ich aufrichtig
erleichtert und froh. Was damals zwischen uns passiert ist, hat zu
keiner Zeit nur Wut in mir ausgelöst, und diese Wut war nie auf
Dich allein gerichtet. Nichtsdestotrotz bist und bleibst Du derjenige, der mir an jenem Vormittag unter vier Augen damit gedroht
hat, mich zu töten, oder töten zu lassen.
»Ich sage es mal so: Eine einzige kleine Kugel ...«
In Deinem winzigen Büro wurde es noch wärmer und sticki-
ger, als es ohnehin schon war. Der beißende Rauch Deiner nordkoreanischen Zigaretten, zu denen ich wirklich nur im äußersten
Notfall greife, stieg in Ringen zur Decke empor.
»... eine einzige Gewehrkugel reicht aus, um einen Mann zu
töten.«

Lange, lange Pause.
»*Na, mal sehen, was passiert.*«

Mir wurde mulmig zumute. Schon seit geraumer Zeit warst Du
immer weniger Du selbst, Du kamst mir vor wie ein Fremder –
wie ein düsterer, unberechenbarer und zerstörerischer Dämon,

der die Sprache der Menschen kaum noch sprach oder verstand. In ganz Pjöngjang herrschte mittlerweile ein an Feindseligkeit grenzendes Misstrauen, wie ich es noch nie erlebt hatte. In Deinen Worten schwang außerdem ein, sagen wir, besonderer Klang mit, schließlich hatte die nordkoreanische Regierung die Welt nur wenige Tage zuvor mit dem größten Atomtest in der Geschichte des Landes in Angst und Schrecken versetzt; die Sprengkraft hatte sogar die Hiroshimabombe um ein Zehnfaches übertroffen. Als ich zusammen mit den anderen kreidebleichen und im wahrsten Sinne des Wortes erschütterten ausländischen Hotelgästen in der Lobby die Sondersendung des Staatsfernsehens verfolgte, in der Nordkorea sich zur Atommacht erklärte, warst Du nicht da. Vielleicht warst Du gerade irgendwo etwas trinken. Im Laufe der letzten Monate habe ich viel darüber nachgedacht, ob es Dir damals womöglich um etwas viel Fundamentaleres als eine Morddrohung ging. Deine Stimme hatte nichts Hartes, nichts Böses an sich, eher etwas Weiches und Trauriges. Jedenfalls weiß ich noch, dass ich weniger ängstlich als betroffen war. Und das Allerschlimmste war der giftige Verdacht, der mit einem Mal alles überschattete, was wir bisher zusammen durchgemacht hatten. War das alles nur ein Spiel gewesen? Dieser abgrundtiefe Zweifel, der rückwirkend unsere gesamte langjährige Freundschaft infrage stellte, trieb uns beide noch tiefer in die Finsternis, die sich langsam, aber stetig über Nordkorea und Pjöngjang zusammengebraut hatte. Nun ja, laut meiner Quellen bist Du ja jetzt wieder auf der sicheren Seite, Deiner sicheren Seite, und ich bin auf meiner. Damit Du irgendwann diese Zeilen lesen kannst, muss Dein gesamtes Dasein, das Land und das System Nordkorea, zu Staub zerbröselt sein. Oder Du musst selbst zu einem der Verräter werden, vor denen Euer Staat Euch warnt und beschützt – von früh bis spät, jahrein, jahraus, bis ans Ende Eurer Tage. Aber für Dich und den Rest der nordkoreanischen Bevölkerung hoffe ich, dass fürs Erste nichts davon eintrifft.

Egal, was passiert ist, Du bist und bleibst derjenige, dem ich dies hier schreibe. Schließlich warst Du von Tag eins an mein nordkoreanischer Reisekamerad, Dolmetscher, Organisator, Kooperationspartner, Krisenmanager, Drinking buddy, Freund, Feind, wieder Freund, wieder Feind – und daran wird sich nie etwas ändern. Dich aus meinem Nordkorea wegzuretuschieren, ist nicht nur unmöglich, es wäre auch irreführend und ungerecht dem Menschen gegenüber, der Du einmal warst und vielleicht eines schönen Tages wieder sein wirst. Deshalb hoffe ich, Du bist einverstanden, wenn ich Dich nun auf diese letzte Reise mitnehme, denn ich kenne niemanden, der Nordkorea ein menschlicheres Gesicht verleihen könnte als Du.

Danke, mein Freund.

Die Schönheit eines Mannes liegt nicht in seinem Aussehen,
sondern in seiner ideologischen und moralischen Gesinnung.
KIM JONG-IL

Wie bei den meisten Koreanern ist Dein Name eine Kombination aus drei einsilbigen Sprachlauten. Diese wiederum sind aus den relativ wenigen Standardzeichen, den Bauklötzen der koreanischen Schriftsprache zusammengesetzt. Der vollständige koreanische Name besteht aus einem meist einsilbigen Familiennamen, zum Beispiel Kim, gefolgt von einem üblicherweise zweisilbigen Vornamen, mit Betonung auf der letzten Silbe: Kim Jong-*un*. Als wäre es nicht genug, dass die Welt mit Nordkorea vor allem Dinge wie Stechschritt und Kadaverdisziplin assoziiert, tendiert auch die koreanische Sprache zum Kommandoton, ganz gleich, ob südkoreanische Popstars den *Gangnam Style* blöken oder im Staatsfernsehen die Nachrichten im klangvollen *Pjöngjang Style* verlesen werden. Die Artikulation ist immer klar und stakkatoartig, mit volltönenden Diphthongen und Satzmelodien, die einem explosiven Ausrufezeichen entgegenhecheln:

Il-SIM-DAN-GYOL![1]

Deinem »Vornamen« belasse ich im Folgenden seine globale Anonymität, schließlich nenne ich Dich auch im wahren Leben »Mister«. In Nordkorea ist dieses Wort nicht nur in phonetischer Hinsicht ein Fremdkörper, es passt außerdem äußerst schlecht in das durchpolitisierte öffentliche Vokabular. Schließlich hat der Titel »Herr« seinen Ursprung in der Feudalgesellschaft vergangener Zeiten und impliziert ebenjene höfliche Unterwürfigkeit, die der sozialistische Gleichheits- und Brüderlichkeitsgedanke auszumerzen sucht. Während sich im Süden der koreanischen Halbinsel die »Marionetten des Kapitalismus« meist mit »Herr« oder »Frau« anreden, benutzt Ihr im Norden den Ausdruck *dongji*, der dem sowjetrussischen *tovarisj*, dem (ost)deutschen *Genosse* oder dem norwegischen *kamerat* entspricht. Zu Hause redet man Dich daher mit (Dein Vorname)-dongji an, aber Du und Deine Ministeriumskollegen – pardon, Arbeits*kameraden* – habt trotzdem nichts dagegen, wenn ich Euch Mister Kim, Mister Choi oder Mister Soundso nenne.

Das liegt zum einen daran, dass wir beide zum Aus-der-Reihe-Tanzen und politisch Unkorrekten neigen, und diese Gemeinsamkeit ist nur einer der vielen zarten Fäden, die wir im Laufe unserer langjährigen Zusammenarbeit zwischen uns gesponnen haben. In meinem Fall geht es aber auch um eine rein westliche Bequemlichkeit, um Rhythmen, an die sich meine Zunge und mein Gehirn gewöhnt haben, nachdem ich zeitlebens mit Sprachen zu tun hatte, die ganz anders funktionieren als das Koreanische: Erst kommt das zweisilbige Wort, dann das einsilbige.

Den Nachnamen »Win« habe ich allerdings eigens für diese Briefe gewählt. Er sieht nicht nur koreanisch aus, sondern ähnelt typisch koreanischen Familiennamen wie Won, Shin, Min, Mun oder Wi. Aber in Wahrheit existiert die Lautkombination »Win« im Koreanischen nicht, auch wenn sie das rein phonetisch durch-

---

1   일심단결 zählt zu den gebräuchlichsten Propagandaschlagworten des nordkoreanischen Regimes: *single-hearted unity* (»Einheit der Herzen«).

aus *könnte*. Mit anderen Worten: Dein *Deckname* ist glaubwürdig, entspricht aber nicht ganz der Wahrheit – eine Eigenschaft, die auf vieles in Nordkorea zutrifft.

Jeder von uns hat sein Päckchen zu tragen. Du weißt selbst, dass das Land und das System, denen Du dienst – immerhin seid Ihr eine *single-hearted unity* –, in meinen Breitengraden mitunter als »grauenhafte Diktatur«, »gleichförmigste Gesellschaft der Welt«, »angstbasiertes System« und »absurdes, totalitäres und grausames Straflager« bekannt sind. Die Kurzfassung: Nordkorea gilt als »das am stärksten abgeschottete Land und grausamste Regime der Welt«. Wahrscheinlich schüttelst Du jetzt resigniert, vielleicht aber auch lächelnd den Kopf. Dabei weißt Du sehr wohl, dass ich und jeder andere Ausländer, der sich eingehender mit Nordkorea beschäftigt – und zwar nicht in der Rolle des widerwilligen Diplomaten, bedrückten Hilfsarbeiters oder aufgebrachten Menschenrechtsaktivisten –, automatisch Freiwild für ganz ähnliche Verbalkanonen wird. Hier ein Best-of der Auszeichnungen, die mir unsere Zusammenarbeit über die Jahre beschert hat: »Marionette der Schreckensregierung«, »unmoralisch und selbstherrlich«, »Propagandawerkzeug eines der grausamsten Regimes der Menschengeschichte« und nicht zuletzt »verblendeter Mitläufer«.[2]

Natürlich ist Dein Päckchen mindestens genauso schwer wie meins, nur der Inhalt ist ein anderer. Schließlich ist Dein Arbeitgeber – »das grausamste Regime der Welt« – von der Gesellschaft, in der *ich* aufgewachsen bin und mit der *ich* mich identifiziere, auch nicht sonderlich angetan, um es mal vorsichtig auszudrücken. »Imperialistische Ideologie und Kultur«, »vor Dekadenz strotzende Bücher und Filme aus dem Westen« und »intellektuelles und kulturelles Gift« sind nur ein paar Zitate aus den nordkoreanischen Staatsmedien, die das belegen.[3]

---

2 Sämtliche oben genannten Beschreibungen Nordkoreas im Allgemeinen und meiner Wenigkeit im Besonderen entstammen Berichten des selbsternannten norwegischen Thinktanks *Civita* über meine Kunstprojekte, die seit 2012 in Zusammenarbeit mit den nordkoreanischen Behörden entstanden sind.

3 Parteizeitung *Rodong Sinmun* (Arbeiterzeitung), 2009.

Wir wissen beide, dass man Vorurteile nicht einfach bei der Einreise im Schließfach verstauen kann. Vielleicht erinnerst Du Dich noch an Deinen Landsmann, den Musikprofessor, den wir vor ein paar Jahren zu einem Gastspiel in Norwegen eingeladen hatten und der einen Beweis für die Verdorbenheit des Kapitalismus bekam, als er im Frognerpark in Oslo mal austreten musste.

Der sonst so liebenswürdige, zurückhaltende Gentleman war völlig außer sich, dass man in unserer durch und durch korrupten Gesellschaft nicht mal eines der menschlichsten Bedürfnisse erledigen konnte, ohne vorher etwas zu bezahlen! Aber wenigstens, meinte er, konnten seine mitgereisten Schüler so mit eigenen Augen die unfassbare Kaltblütigkeit des Kapitalismus erleben. Wenn Deine Regierung und das System, dem Du dienst, sich selbst beschreiben, wird allerdings ein ganz anderer Ton angeschlagen – wie gesagt, die Zitate sind zufällig ausgewählt und bilden nur einen Bruchteil des unerschöpflichen Angebots ab: Nordkorea, »Asiens Licht seit Anbeginn der Zeit«, »das Land der Morgenstimmung«, »das Land, in dem der Traum von einem glücklichen Leben im Sozialismus in Erfüllung geht«[4], »eine politisch unabhängige, wirtschaftlich selbstversorgende und militärisch wachsame sozialistische Großmacht«[5], »ein kenntnisreicher wirtschaftlicher Gigant« oder, um es in den Worten Eures Ewigen Präsidenten zu sagen:

> »Eine Nation mit fünftausendjähriger Geschichte,
> ein mutiges und ehrgeiziges Volk, das sich seit je unermüdlich
> gegen Eindringlinge und Generationen reaktionärer Despoten
> zur Wehr setzt. Eine begabte Nation, die die Entwicklung von
> Wissenschaft und Kultur vorangetrieben hat.«

Und zu Hause denken wir, in etwas *gut zu sein* sei typisch *norwegisch*!

4   *Korea Today*, 2014.
5   *Panorama of Korea*, 2014.

Du und andere Regierungsvertreter, die Ihr regelmäßig Kontakt zu Ausländern habt und Euch oft und über längere Zeiträume außerhalb der Landesgrenzen aufhaltet, seid Euch durchaus bewusst, wie stark die Fremdwahrnehmung und die streng durchinszenierten Selbstdarstellungen Nordkoreas auseinanderklaffen und zu welch festgefahrenen Konflikten das führt. Alle Einreisenden – die Ihr prinzipiell für verdächtig haltet, egal, ob es sich um Atom-Kontrolleure, Rucksacktouristen, namhafte Politiker oder Hilfsarbeiter handelt – hegen den kollektiven Tagtraum, als Erste den Nordkorea-Code zu knacken. Sie eint die abenteuerliche Hoffnung, »hinter die Fassade« zu blicken und das »echte Nordkorea« zu entdecken.

Diesen scheinbaren Gegensatz zwischen »echt« und »falsch« oder »authentisch« und »inszeniert« predigen wir Europäer (und unsere Nachfahren in der Neuen Welt) schon mindestens seit der Antike – oft wider besseres Wissen –, aber Dir muss ich ja nicht sagen, dass alte Gewohnheiten nur langsam sterben. Du und die anderen Gatekeeper, ihr riecht natürlich Lunte. Ihr wittert den Geruch von Christenblut, wie es in unseren alten Volkslegenden heißt. Je neugieriger und draufgängerischer wir auftreten, desto mehr verschanzt Ihr Euch, womit Ihr unsere Neugier nur noch mehr schürt und so weiter und so fort – die unaufhaltsame Kraft trifft auf das unbewegliche Objekt.

Euer übertriebenes Misstrauen wirkt auf uns manchmal komisch, aber Ihr kaschiert und zügelt damit eine beinahe anrührende Naivität. Ich habe oft darüber nachgedacht, warum Ihr Nordkoreaner Euch so schwer damit tut, Ausländer einzuschätzen – oder besser gesagt, warum Ihr Euch weder die Erlaubnis noch die Möglichkeit gebt, sie *besser* einschätzen zu können. Wahrscheinlich fehlt Euch schlicht und einfach der Riecher dafür, wer Euer Freund und wer Euer Feind ist. Aber wie sollte es anders sein? Schließlich bekommt Ihr von Eurem Regime wahrlich keine Fleißkärtchen für Neugier auf die Umwelt und Inspiration von außen.

An dem Tag, an dem freier Rucksacktourismus in Nordkorea erlaubt – oder zumindest als Konzept verstanden – wird, kann

Euch die folgende Geschichte vielleicht ein Lächeln abringen: Ein Bekannter von mir wurde eines schönen Sommertages von zwei höflichen jungen Backpackern am Fuß der Karl Johans gate, der Prachtstraße in Oslo (Du bist dort gewesen!), angesprochen. Sie fragten ihn, wo sie typisch norwegische Souvenirs fänden, Trollfiguren zum Beispiel. Da sie sich auf der Straße mit der vermutlich größten Dichte an Souvenirshops – und damit der größten Trollfiguren-Dichte – befanden, war mein Bekannter, ein gebürtiger Norweger, im ersten Moment ziemlich baff. Aber Menschen von auswärts, das weißt Du selbst, brauchen manchmal ein bisschen Hilfestellung. Also deutete er zögerlich auf die zahlreichen Billigläden und Souvenirbuden und sagte sinngemäß: »Na ja, Sie müssen nur ...« Die beiden jungen Abenteurer winkten mit einem nachsichtigen Lächeln ab, traten einen Schritt näher und flüsterten meinem Bekannten verschwörerisch ins Ohr: »No, no, we don't mean that tourist stuff. Where do you *Norwegians* buy your trolls?«[6]

Von solchen Primärtrieben abgesehen, sind wir Nordkorea-Touristen ein bunt gemischter Haufen. Für manche ist die Reise eine Art Männlichkeitsprobe, für andere eine Pilgerfahrt und für einige schlichtweg Routine. Die meisten von uns trefft Ihr nur ein einziges Mal, und in der Regel reden wir Euch aus (übertriebener) Höflichkeit und/oder Furcht nach dem Mund. Deshalb bin ich überzeugt, dass auf dem Weg, den wir nun gemeinsam bestreiten werden, vieles zur Sprache kommt, was Du und Deine Landsleute noch nicht wisst oder nicht wissen dürft. Sowohl über Nordkorea als auch über uns, die es zu Euch verschlägt. Es gibt nichts, was Ihr mehr fürchtet als den Blick von außen. Und es gibt nichts, was Ihr dringender braucht. Hier jedenfalls ein paar Basisfakten über Dein Land, über die sich die meisten Nicht-Nordkoreaner mit einigermaßen solidem Grundwissen einig sind:

6 Ein guter Norweger würde *nie im Leben* verraten, wo wir unsere Trolle kaufen. Also: Pustekuchen!

(RELATIV ZUVERLÄSSIGE)
FAKTEN

Flagge:
rot, weiß und blau

Die rote Farbe in der Flagge der Demokratischen Volksrepublik Korea
symbolisiert das Blut der revolutionären Vorkämpfer und Waffenbrüder,
die weiße Farbe die Reinheit der Loyalität zu unseren Truppen
und denen, die unsere Partei unterstützen, und die
blaue Farbe unsere großen Träume und hehren Ziele.

KIM JONG-UN

Name:
Demokratische Volksrepublik Korea

Von **KIM IL-SUNG** am 9. September Juche 37 (1948) proklamiert, und zwar als unabhängiger sozialistischer, die Interessen des koreanischen Volkes wahrender Staat, in dem die Menschen die Herrscher aller Dinge und die Dinge die Diener der Menschen sind. Obwohl Kim Il-sung nach der Befreiung des Landes eigentlich alle Hände voll zu tun hatte, widmete er der Frage, wie der neue Staat heißen sollte, größte Aufmerksamkeit. Kritische Stimmen meinten, der Name sei zu lang, andere Länder hätten viel kürzere Namen. Der Präsident entgegnete: »Wir können selbst entscheiden, wie unser Land heißt, schließlich sind wir die wahren Herrscher.«[7]

7   *Panorama of Korea*, 2014.

Innerhalb wie außerhalb der Landesgrenzen wird der sperrige Name jedoch häufig mit DRPK, den Initialen des englischen *Democratic People's Republic of Korea*, abgekürzt.[8]

Von den staatlichen Guides, die zugleich als Dolmetscher, Reiseplaner und nicht zuletzt Aufpasser agieren, werden Sie diese offizielle Bezeichnung (in der englischen Aussprache *di-pi-ar-key*) bei einem Nordkoreabesuch am häufigsten hören.

Wenn Sie lieber den international geläufigen – und deutlich einprägsameren – Namen »North Korea« verwenden möchten, stört sich in der Regel niemand daran, Sie riskieren keine Strafen oder andere Unannehmlichkeiten. Tatsächlich spricht man auch in der nordkoreanischen Öffentlichkeit oder, wenn man es so nennen will, im nordkoreanischen Staatsnarrativ von »Nord« und »Süd«, um die zwei Koreas zu differenzieren. Aber immer mit kleinem Anfangsbuchstaben, also »north Korea« und »south Korea«! Die Teilung der Koreanischen Halbinsel gilt nämlich als temporärer Zustand, und mit der Verwendung von Großbuchstaben würde die unnatürliche Spaltung von Volk und Land indirekt akzeptiert.

Zeitrechnung: Juche

Obwohl die Halbinsel in derselben Zeitzone wie Japan liegt, hat Nordkorea eine ganz eigene Zeit*rechnung*: JUCHE (ausgesprochen: *tsjútsje*), benannt nach der gleichnamigen Staatsideologie, wurde offiziell 1997, nach dem Ende der dreijährigen Trauerzeit für Kim Il-sung, eingeführt. Beginn des Juche-Kalenders ist Kim Il-sungs Geburtsjahr 1912, das allerdings nicht dem Jahr null entspricht, schließlich wäre es anstößig (und riskant), das Geburts-

---

8 Insidertipp: Auf den meisten Tastaturen liegen die Buchstaben O und P direkt nebeneinander. Geben Sie also Acht, dass sie wirklich DPRK und nicht versehentlich DORK (englisch für »Idiot« oder »Depp«) schreiben, wenn Sie mit Nordkoreanern kommunizieren.

jahr des Großen Führers mit dem Nichts gleichzusetzen. Dementsprechend fällt unser gregorianisches Jahr 1912 mit Juche 1 zusammen, und das hundertste Geburtsjubiläum Kim Il-sungs wurde 2012 als Juche 101 gefeiert. Mit v. K. (vor Kim) oder n. K. (nach Kim) operiert Nordkorea nicht, und selbst in der Heimat des Juche-Kalenders hat dessen Verwendung etwas Halbherziges an sich.

In nationalen wie internationalen Medien werden Jahreszahlen üblicherweise mit der westlichen Zeitrechnung in Klammern angegeben, zum Beispiel Juche 109 (2020).

Geographische Lage:
Im Zentrum von Ost-Asien[9]

Im Norden bilden die Flüsse **AMNOKKANG** (chinesisch: Yalu) und **TUMAN** (Tumen) eine knapp 225 Kilometer lange natürliche Grenze zwischen Nordkorea und China (die längste nordkoreanische Landesgrenze). Diese bildet im Osten ein Dreiländereck, bei dem die zwei Länder auf Russland treffen. Unser Nachbar im Osten (von Norwegen aus gesehen) teilt allerdings nur eine läppische siebzehn Kilometer lange Grenze mit Nordkorea (Russlands östlichste und kürzeste Landesgrenze). Ein Tourist aus Norwegen kann trotzdem mit Fug und Recht mit seinen nordkoreanischen Gastgebern darauf anstoßen, dass sie im Grunde nur durch ein Land voneinander getrennt sind. Noch weiter östlich liegt eine weitere regionale Großmacht, Japan, zu der Nord- und Südkoreaner aus offensichtlichen Gründen ein sehr komplexes, historisch vorbelastetes Verhältnis haben. Seit Jahrhunderten wechseln China und Japan sich gegenseitig damit ab, Korea zu dominieren. Zeitweise war die gesamte Halbinsel kolonisiert.

Der Umstand, dass Korea zwischen drei Großmächten eingequetscht ist, hat zahlreiche Abwandlungen der koreanischen

9   *Understanding Korea I: Nature,* Pjöngjang Juche 105 (2016).

Redewendung »eine Krabbe zwischen Walen sein« und des Sprichworts »Im Kampf der Wale wird die Krabbe zermalmt« hervorgebracht.

Am bekanntesten ist jedoch die dritte Landesgrenze zum »anderen Korea« im Süden, die als DMZ *(demilitarisierte Zone)* zu Weltruhm gelangte. An dieser – entgegen ihrem Namen alles andere als entmilitarisierten – Demarkationslinie wird einem eindrücklich vor Augen geführt, was es bedeutet, dass Nordkorea sich seit fast siebzig Jahren im Krieg befindet – und das nicht allein in ideologischer Hinsicht. Schließlich führte das Waffenstillstandsabkommen, das die am Koreakrieg beteiligten Parteien 1953 unterzeichneten, zwar zum Niederlegen der Waffen, aber nicht zur Friedensschließung. Rein formell ist Nordkorea noch immer im Krieg, mit den Erzfeinden Südkorea und den USA sowie mit der UN und damit der ganzen Welt, inklusive Ihnen und mir.

DIE VERBREITUNG DER DISCOKRATIE
(Morten der Dritte)

Der Kontakt mit dem Ausland ist ein hochsensibles Unterfangen,
das umfassende politische Kenntnisse, äußerste Vorsicht
und ein großes Bewusstsein für die Etikette voraussetzt.

KIM JONG-IL

2008. Der klapperige Tupolew-Flieger, das Rückgrat der leicht antiquierten, aus ex-sowjetischen Flugzeugmodellen bestehenden Air-Koryo-Flotte, ruckelt behäbig auf das weit entfernte Terminal zu. Auf der schier endlosen, gewundenen Landebahn wird das Ausrollen zu einer fast zehnminütigen Spazierfahrt. Vermutlich ist sie deshalb so angelegt worden, damit der Landeprozess amerikanischer Flugzeuge hinausgezögert wird, für den Fall, dass der Koreakrieg wieder ausbricht. Dass die Gefahr stets in der Luft schwebt, wird der nordkoreanischen Bevölkerung bei jeder Gelegenheit vor Augen geführt. Ich hieve mich aus dem durchgesessenen Sitz und schnappe mir die erste Trophäe aus »Andersland«: den Fächer mit Air-Koryo-Logo, den die Flugbegleiterin mir wegen der defekten Klimaanlage vor Abflug in die Hand gedrückt hat. Unter den Arm geklemmt trage ich eine Discokugel der Marke Eurolite, dreißig Zentimeter Durchmesser, »klassischer Effekt, stabiler Kunststoffkern, Spiegelfacetten à 10 x 10 mm.«

Vermutlich verstoße ich damit nicht nur gegen das strikte Verbot des nordkoreanischen Regimes, jegliche Formen westlicher Kultur ins Land zu bringen, sondern auch gegen die nicht weniger strengen Importrestriktionen der UN.[10] Wir befinden uns in der Ära Kim Jong-il und George W. Bush. Erst in sieben Jahren wird Kim der Dritte, der Weise und Fürsorgliche, das Flughafengelände ausbauen und modernisieren lassen. Noch ist Sunan Nordkoreas einziger »International Airport« und für bestenfalls *einen* ankommenden *oder* abgehenden Flug pro Tag ausgelegt. Die Größe entspricht der eines durchschnittlichen norwegischen Provinzflughafens.

Seit seinen »Glanztagen« hat der Sunan Airport sämtliche regulären Flugverbindungen mit der Außenwelt (von denen es ohnehin nie besonders viele gegeben hat) eingestellt, ausgenommen die letzte Nabelschnur, die Linie Peking–Pjöngjang. Doch um überhaupt einen Flug pro Tag bewerkstelligen zu können, teilt sich Nordkoreas staatliche Fluggesellschaft Air Koryo die Woche mit Air China – oder besser gesagt: die Werktage. An den Wochenenden macht der internationale Flughafen Sunan nämlich die Schotten dicht.

Hier bin ich also. In Nordkorea, dem Sehnsuchtsort rastloser, unangepasster Abenteurer! Viele von uns, die es hierher verschlägt, eint das Unbehagen über das moderne Leben in unseren Heimatländern. Stress, Tempo, Entfremdung und so weiter und so fort. Die Welt schrumpft, die Pole schmelzen, der Dschungel verschwindet; Thailand ist das neue Mallorca, Vietnam die neue Provence. Im Juli trifft man auf dem Fisketorget in Bergen genauso viele Chinesen wie in Tibet. Aber ein echtes Löwenherz sucht unbeirrt nach dem gelobten Land. Nach Orten, die sich noch *entdecken* lassen. Nach dem Land, wo die wilden Kerle wohnen.

Vom Flachdach des Terminals erhebt sich der Schriftzug PJÖNGJANG in koreanischen Schriftzeichen auf der linken und in lateinischen Buchstaben auf der rechten Seite. Dazwischen

10   *European Council Regulation No 329/200 of 27 March 2007 concerning restrictive measure against the Democratic People's Republic of Korea, article 4*: »It shall be prohibited [...] to sell, supply, transfer or export, directly or indirectly, luxury goods to North Korea.« (Wobei man diskutieren kann und sollte, ob Diskokultur als Luxus oder Basisware zu werten ist.)

thront ein meterhohes Porträt des glückselig lächelnden Kim Il-sung, der seine irdische Hülle bereits 1994 verlassen hat, aber nach wie vor als *Präsident auf Ewigkeit* im Amt ist. Kim Il-sung, das einzige tote Staatsoberhaupt der Welt. Jeden, der zum ersten Mal hier ankommt, weist dieses Arrangement aus Schriftzug und Porträt unmissverständlich darauf hin, die drei neuen Bekanntschaften – Land, Stadt und Führer – von nun an als untrennbare Einheit zu betrachten.

Wer buchstäblich mal abschalten will, hat sich das richtige Ziel ausgesucht: Genau in diesem Moment nehmen mir nämlich zwei schroffe Uniformierte mein Handy ab, und ihr englischer (oder genereller?) Wortschatz scheint sich auf zwei Vokabeln zu beschränken: »cell« und »phone!«. Im Gegenzug erhalte ich eine Quittung, das Papier ist allerdings so dünn und faserig wie ein altes Zigarettenblättchen, und ich bete im Stillen, dass es sich bis zum Ende meines Aufenthalts nicht endgültig auflöst. Mit diesem Tauschgeschäft sage ich dem weltweiten Netz und dem globalisierten Chaos fürs Erste Lebwohl und tauche ein in den begrenzten Kosmos der Demokratischen Volksrepublik. Erst in zwei Wochen gehe ich (vielleicht) wieder online.

Draußen auf dem halb leeren Parkplatz wartet bereits der klapprige japanische Minibus der Gastgeberorganisation. Alle Sinneseindrücke, die in diesem Moment auf mich einprasseln, schmecken bittersüß-verlockend nach ehemaligem Ostblock. Die am Fenster vorbeiziehende Landschaft kommt meiner Vorstellung von der norwegischen Provinz in den dreißiger Jahren, also vor der Mechanisierung der Landwirtschaft, erstaunlich nahe. Hin und wieder lehnt am Straßenrand ein Verkehrspolizist an seinem Motorrad. Ein paar Menschen sind mit dem Rad unterwegs, aus irgendeinem Grund gibt es in Nordkorea ausschließlich Damenräder, aber die meisten gehen zu Fuß oder stehen krumm gebeugt auf den Äckern, umgeben von kümmerlichen grünen Büscheln in einem staubig-braunen Meer aus unfruchtbarer Erde. Vor meinen Augen entfaltet sich ein Panorama mittelalterlicher Antibauernromantik, das genauso gut aus einem armen, wenn auch farbenfroheren und Instagram-tauglicheren südostasiatischen Land wie Kambodscha oder Laos stammen könnte – von der kühlen Morgenluft und den fast schon nordisch anmutenden kargen Gebirgszügen am Horizont einmal abgesehen. Wir Norweger vergessen oft, dass unsere Landwirtschaftspolitik, die die ländlichen Regionen Norwegens lebendig, wohlhabend und bewohnt hält, einzigartig in der Welt ist. Für uns ist sie ja quasi ein nationales Gebot. Leider hat sich auch Nordkorea noch nicht von uns inspirieren lassen, und der Kontrast zwischen öder Provinz und prächtiger Hauptstadt steht anderen Entwicklungsländern wie Pakistan oder Uganda in nichts nach.

Keiner meiner Gastgeber kommentiert die Discokugel, die neben mir in der Herbstsonne funkelt wie ein exotisches Weltraum-Ei. Aus Höflichkeit? Aus Unwissen? Aus Abscheu? Regelmäßig warnt die leibhaftige Stimme der Wahrheit, die Parteizeitung *Rodong Sinmun* (»Arbeiterzeitung«), vor den Gefahren einer schleichenden Discokratisierung, mit erhobenem Zeigefinger in Richtung der jüngeren Nordkoreaner: »Die Imperialisten wollen unsere Jugend in mentale Krüppel verwandeln und mit reaktionären Ideen und einem bürgerlich-korrupten Lebensstil infizieren, um sie anschließend dafür zu missbrauchen, all jene Länder zu vernichten, die ihre Unabhängigkeit verteidigen!«

In meinem mentalen Gepäck verwahre ich die vielleicht nicht ganz unbegründete Erwartung, dass jegliche Formen »reaktionärer und korrupter bürgerlicher Kultur«[11], als deren Symbol sich meine Discokugel schnell deuten ließe, in Nordkorea streng verboten sind.

Wie so viele Besucher dieses misstrauischen Landes reise auch ich gewissermaßen unter falscher Flagge. Ist ja klar. Meine bislang glücklich nichtsahnenden Gastgeber halten mich für einen ganz normalen, unbescholtenen Touristen. Da sie vom Internet und internationalen Medien abgeschottet sind, haben sie vermutlich keinen Schimmer, was ein *Interventionskünstler* eigentlich so

11 Leitartikel in *Rodong Sinmun* (»Arbeiterzeitung«), 2009 und 2014.

macht. Noch vor wenigen Monaten hat die Discokugel, die jetzt neben mir liegt, über den Finalistinnen der weltweit ersten Miss-wahl für Landminenopfer geglitzert. Die Wahl fand in Angolas Hauptstadt Luanda statt, unter großem nationalen und interna-tionalen Medienaufgebot. Die Gewinnerin bekam ihre Krone von keiner Geringeren als der First Lady Angolas überreicht, in einem prunkvollen Bankettsaal in der Nähe des Nationalmonuments für den ersten angolanischen Präsidenten Agostinho Neto (das übrigens von nordkoreanischen Architekten entworfen wurde). Im Vorhinein hatten viele das *Miss Landmine*-Projekt als unrea-lisierbar abgeschrieben, und zwar nicht ohne Grund. Am Ende war das weltweite Interesse aber so groß, dass ich Blut leckte und Lust auf ähnliche, auf den ersten Blick undurchführbare Projekte in »Problemländern« bekam. Die Discokugel soll mein Talisman und eine Art Testballon sein, mit dem ich herausfinden möchte, ob es sogar in Nordkorea wenigstens ein klitzekleines bisschen Spielraum für künstlerische Interventionen gibt. In erster Linie habe ich eine Fotostrecke geplant: Ich im typischen Playboy-aus-dem-Westen-Outfit (Designeranzug, Schlips, Ray Ban) und mit der Discokugel unterm Arm, an sämtlichen oder zumindest mög-lichst vielen Touristenzielen, die wir im Laufe des Aufenthalts be-suchen werden. Der Arbeitstitel lautet: *Discocracy*[12].

12 Siehe zum Beispiel: http://traavik.info/works/discocracy.

ZENTRUM: PJÖNGJANG[13]

★

Wer Monumente baut, für ihre Sicherheit sorgt
und ihre Instandhaltung bis in alle Ewigkeit garantiert,
ist ein wahrer Patriot.

KIM JONG-UN

★

Nordkoreas Haupt- und zugleich größte Stadt liegt am Ufer des Taedong) in einer weitläufigen Ebene zwischen dem Flachland im Süden und den Gebirgszügen im Osten und Nordosten. Der Name Pjöngjang bedeutet sowohl »ebenes Land«[14] als auch »friedliche Umgebung«.

Die Geschichte der Stadt reicht mindestens bis ins fünfte Jahrhundert nach Christus zurück, als Pjöngjang zur Hauptstadt des Königreiches Goguryeo ernannt wurde. Doch nachdem das »alte Pjöngjang« im Koreakrieg von einer halben Million amerikanischer Bomben dem Erdboden gleichgemacht wurde, konnte beim Wiederaufbau alles perfekt auf praktische und ideologische Bedürfnisse zugeschnitten werden. Aus diesem Grund findet man in ganz Nordkorea kaum Statuen von anderen historischen Persönlichkeiten als den Vertretern der Kim-Dynastie und schon gar nicht aus der Zeit *vor* Kim (v. K.).

---

13 Im Folgenden werden immer, wenn es sinnvoll scheint, die englischen Namen von Städten und Sehenswürdigkeiten verwendet. Schließlich ist das die Sprache, in der fast alle Touristen aus dem Westen mit Nordkoreanern kommunizieren.

14 Der norwegische Moderator Hallvard Flatland ließe sich also mühelos in Hallvard Pjöngjang umtaufen, immerhin bedeutet Flatland ebenfalls Flachland.

Zu dem Hilfspaket, das die Sowjetunion und deren Satelliten-staaten für den Wiederaufbau nach Pjöngjang schickten, ge-hörten auch Architekten und Ingenieure aus Nordkoreas gleich-altrigem europäischem Pendant – der DDR. Die Ostdeutschen brachten reichlich Erfahrung aus ihrer eigenen zerbombten Hauptstadt mit und verliehen dem »neuen Pjöngjang« einen gleichmäßigen, offenen und luftigen Touch, mit etlichen großen Parks und Grünflächen. Deshalb umgibt die nordkoreanische Hauptstadt bis heute ein Hauch von Ost-Berlin.

Fährt man vom Flughafen im Süden in Richtung Zentrum, sieht man schon von Weitem die Silhouette des Fernsehturms, eine kleinere Variante des berühmten Wahrzeichens der DDR-Hauptstadt, die sich auf einer Anhöhe oberhalb des **TRIUMPH-BOGENS VON PJÖNGJANG** (Arch of Triumph) erhebt. Der Triumph-bogen ist ein besonders offensichtliches Plagiat des ausländischen Vorbilds, dem die Nordkoreaner jedoch hier und da ihren eigenen Stempel aufgedrückt haben. Dank einer Art geschichtetem Hut aus Etagendächern im ostasiatischen Stil überragt er seinen fran-zösischen Samenspender um gut zehn Meter. Eingeweiht wurde der Pjöngjanger Triumphbogen an Kim Il-sungs siebzigstem Ge-burtstag am 15. April 1982 (zusammen mit einem weiteren wich-tigen Wahrzeichen, das uns schon um die nächste Ecke und ein paar Seiten später erwartet). Das Monument dient dem Geden-ken an den erfolgreichen Widerstand gegen die Japaner. In die tra-genden Säulen links und rechts des Bogens sind die Jahreszahlen 1925 und 1945 eingraviert. Der offiziellen nordkoreanischen Ge-schichtsschreibung zufolge markieren sie Beginn und Ende des Befreiungskampfes. Dass die Städteplaner diesen imposanten Betonklotz ausgerechnet über die einzige Straße vom Flughafen in Richtung Stadtkern gesetzt haben, ist bestimmt kein Zufall. Fährt man hindurch, meint man nicht nur ein physisches Stadt-tor, sondern auch eine Art symbolisches Portal in das geheimnis-volle Universum von Pjöngjang zu durchqueren. *Schwups,* schon haben wir den Triumphbogen hinter uns gelassen.

Jetzt fährt der Bus den sanft ansteigenden und üppig bewaldeten **MORAN-HÜGEL** hinauf. Dieser ist so etwas wie der Pjöng-janger Central Park und ein beliebtes Ausflugsziel an Natio-nalfeiertagen, die fast ausnahmslos auf den Geburtstag eines Staatsoberhaupts fallen. Außerdem ist der Park Namensgeber für Kim Jong-uns »Hausorchester«, die Mädchenband **MORANBONG**, die so etwas wie nordkoreanischen Popstars (bis dato) noch am nächsten kommt. Ihren ersten großen Auftritt feierte die einzig-artige Mischung aus Spice Girls und militärischem Musikkorps im Sommer 2012, selbstverständlich auf Geheiß des frisch er-nannten Obersten Führers. Dementsprechend ist das Lieder-repertoire der Band von der »erbaulichen Sorte« (Kim-Pop?) und lässt sich grob in zwei Untergattungen einteilen: leidenschaft-liche, dem Führer gewidmete Liebeshymnen wie »Wir nennen ihn Vater« und patriotische Pfadfindervariationen von Siebzi-ger-Discopophits wie »Der Zug Richtung Frontlinie«. Wegen der knielangen Offiziersuniformen und dezent-lasziven Bewegungen wurde die Band in der internationalen Presse sehr treffend als »totalitär trifft *naughty*« beschrieben. Marabongs bislang größ-ter Hit ist der eingängige Ohrwurm »Wir ziehen los zum Paektu-san« (Garira Paektusan Urô) von 2015, ein durch die vom heiligen Berg Paektusan inspirierte Metaphorik geschickt camoufliertes Loblied auf die Kim-Dynastie. Auf der anderen Seite des Moran-Parks passieren wir die **CH'ŎLLIMA-STATUE**, nur eines von vielen Beispielen dafür, wie scharfsinnig die nordkoreanische Staats-propaganda sich bei gesamtkoreanischen Mythen, Legenden und Traditionen bedient. Ch'ŏllima heißt in einem koreanischen Volksmärchen ein geflügeltes Pferd, das Pegasus aus der griechi-schen Mythologie zum Verwechseln ähnlich sieht und an einem einzigen Tag eintausend *ri*, also gut vierhundert Kilometer, ga-loppieren (oder fliegen) kann.[15] Ch'ŏllima streift durchs Land auf der Suche nach einem Ritter, der es zu zähmen weiß, gibt jedoch schließlich auf und fliegt in den Himmel empor. Die Statue »sym-bolisiert den heldenhaften Einsatz und die unerschütterliche

---

15   Ri = alte koreanische Maßeinheit. Ein ri entspricht etwa vierhundert Metern.

Hingabe unseres Volkes, das im Geiste Ch'öllimas mit ungebrochener Schöpferkraft stetig neue Fortschritte erzielt«. Als das zerbombte Pjöngjang und der Rest Nordkoreas nach dem Koreakrieg wiederaufgebaut werden sollten, leitete die Regierung eine Maßnahme zur Massenmobilisierung ein, die unter dem Motto *Ch'öllima Speed* lief und ganz offensichtlich von Maos *Großem Sprung nach vorn* inspiriert war. Der Begriff *Ch'öllima-Tempo* hielt Einzug in den nordkoreanischen Sprachgebrauch, und ist vor allem denen geläufig, die den Wiederaufbau und die darauffolgenden Jahre selbst miterlebt haben. In jüngerer Zeit hat er jedoch harte Konkurrenz bekommen, nämlich durch den hauptstadteigenen *Pjöngjang Speed*.

Kurz bevor der Bus die Spitze des Mansu-Hügels (Mansudae) erreicht, macht die Straße eine langgezogene, schwache Biegung nach rechts. Plötzlich sind wir Liliputaner, die zu Gulliver aufblicken, oder ehrfürchtige Eingeborene zu Füßen des riesenhaften King Kong. Direkt vor unserer Nase erheben sich nämlich die zweiundzwanzig Meter hohen (Ab-)Götter, die den Mittelpunkt des GROSSMONUMENTS MANSUDAE (Mansudae Grand Monument) bilden. Die Einweihung fand 1972 an Kim Il-sungs sechzigstem Geburtstag statt und legte für alle künftigen Gratulanten die Latte ziemlich hoch (mit voller Absicht!). In den ersten Jahren war die Statue von Nordkoreas Landesvater, der damals noch allein dort oben thronte, mit Blattgold bedeckt. Doch nachdem Chinas damaliger Vizepremierminister und späterer Staatsführer Deng Xiaoping seinem nordkoreanischen Gastgeber während eines Staatsbesuchs zu verstehen gab, dass vergoldete Riesenstatuen den Prinzipien des Sozialismus widersprächen, wurde das Gold durch einen weniger protzigen Bronzeüberzug ersetzt.

Nach Kim Jong-ils Tod im Dezember 2011 wurden die Baumaschinen auf Ch'öllima- und Pjöngjang-Tempo eingestellt, und schon im darauffolgenden April wurde die ebenso große Statue von Kim Il-sungs Sohns enthüllt. Flankiert wird das Vater-Sohn-Gespann von zwei symmetrischen Sozialistenflaggen aus rotem Marmor, die ungefähr fünfzig Meter lang und zweiundzwanzigeinhalb Meter hoch sind. Zusammen bilden sie eine Art Bühnenvorhang, der sich geöffnet hat, damit das Publikum applaudieren kann. Die rechte Flagge ist dem »anti-japanischen revolutionären Kampf«, die linke »dem sozialistischen Wiederaufbau« nach dem Koreakrieg gewidmet. Vor den Flaggen tummelt sich eine umfangreiche Kollektion aus der Actionfigur-Serie des Kommunismus: fünf Meter hohe Arbeiter, Bauern und Guerillasoldaten, die entschlossen in die Zukunft blicken und siegessicher Gewehre, Spaten und Hacken in die Luft strecken. Seit der Einweihung gilt das Großmonument Mansudae als wichtigste Wallfahrtsstätte des Landes. Das ganze Jahr über erklimmen Schulklassen in ihren charakteristischen Junge-Pioniere-Uniformen, Kompanien aus Provinzkasernen, ausländische Freundschaftsdelegationen sowie gewöhnliche Bürgerinnen und Bürger die straßenbreite Treppe, die den Mansu-Hügel hinaufführt, um sich ehrfürchtig vor den beiden Kim-Riesen zu verbeugen und Blumen niederzulegen. Die imposante und symbolträchtige Wirkung des Monuments wird außerdem durch ein gigantisches Mosaik im Hintergrund verstärkt. Es stellt das Paektu-Gebirge dar und ist an einer Längsseite des **KOREANISCHEN REVOLUTIONSMUSEUMS** angebracht, dessen neunzig Ausstellungssäle auf vierundfünfzigtausend Quadratmetern der »Revolution«, also der Geschichte Nordkoreas, Kim Il-sungs und Kim Jong-ils gewidmet sind.

Das offizielle Narrativ über die ersten zwei Führer der Kim-Dynastie füllt mehr als viereinhalb Ausstellungskilometer. Als Besucher schafft man es daher nie – und hat vermutlich auch gar nicht die Muße –, sich die ganze Sammlung anzuschauen. Eine ehrerbietige Museumsführerin[16] in der tüllrockartigen Volkstracht *jogori* wird Sie höflich, aber autoritär durch das größte *scrap book* der Welt führen: Zimmer für Zimmer sind die Wände ab Kniehöhe bis unter die Decke mit (größtenteils koreanischen) Parolen, Zitaten, Zeitungsartikeln, Heldenmalereien und Fotografien volltapeziert. Außerdem haben Sie Gelegenheit,

---

16   In Nordkorea gibt es ausschließlich weibliche Museumsguides.

sich Aufzeichnungen von Radioreden anzuhören und in einer – proportional betrachtet – kleinen, aber wichtigen Bibliothek die theoretischen Werke der Führer zu studieren – Memoirs, Reden, politische Schriften, übersetzt in eine beachtliche Anzahl Sprachen. Der aufmerksame Besucher wird merken, dass sämtliche Abbildungen der Führer in schönen dicken Goldrahmen stecken, während sich direkte Zitate (zum Beispiel aus Parteizeitungen oder Interviews) mit Silber begnügen müssen. Nach demselben Prinzip sind die Namen der Führer in allen nordkoreanischen Publikationen in größeren Buchstaben gesetzt als der übrige Text, unabhängig von der Sprache des Texts. Zitate sind meist fett gedruckt, was hin und wieder den dramatischen Aufbau der staatlich autorisierten Anekdotensammlung aus dem Leben und Schaffen der Führer unterläuft, zum Beispiel, wenn ein unbekannter »Herr edler Erscheinung« einer armen alten, auf einer verlassenen Landstraße gestrandeten Frau anbietet, sie im Auto mitzunehmen. Spätestens als er ruft: **»WARTEN SIE, ALTE DAME!«**, weiß der aufmerksame Leser, was Sache ist.

Nordkoreaner hoffen und erwarten, dass auch Sie dem Ewigen Präsidenten und dem Ewigen Vorsitzenden mit größtem Respekt begegnen. Jahrzehntelang wurde jeder Einreisende – egal, ob Tourist, Hilfsarbeiter oder Botschafter – standardmäßig vom Flughafen auf direktem Weg zum Fuß der Statue kutschiert, um sich dort rituell zu verbeugen und Blumen niederzulegen. Erst danach ging es ins Hotel oder in die Diplomatenunterkunft.

Da sich in den letzten Jahren generell vieles gelockert hat, haben die Gastgeber auch in dieser Hinsicht ihre Anforderungen ein wenig runtergeschraubt. Inzwischen verstreichen nach der Ankunft auch mal gut und gerne ein, zwei Tage, ehe man zu Kreuze kriechen muss. Ein kleiner Geheimtipp: Man darf sogar auf die Vorbeugung verzichten, wenn einem dieses Unterwerfungsritual moralische Probleme bereitet. Um Ihren Guide nicht in Verlegenheit zu bringen, sollten Sie jedoch gebührend Abstand zu den Reiseteilnehmern halten, die pflichtbewusst zur Statue vortreten. Fotografieren ist erlaubt, allerdings werden Ihre Guides Sie im Laufe des Aufenthalts wiederholt daran erinnern, dass jedes Foto einer Abbildung oder Statue von Kim Il-sung oder Kim Jong-il das *gesamte* Motiv beinhalten muss – mit anderen Worten: Ihre Bilder dürfen die Kims unter gar keinen Umständen um Teile ihres Körpers oder Gesichts betrügen. Fürs Erste brauchen wir uns jedoch mit solchen Regeln nicht herumzuschlagen, schließlich ist heute erst unser Anreisetag. Im Rückspiegel sehen wir, wie das Großmonument Mansudae hinter uns verschwindet. Der Bus fährt bergab und steuert auf die Kreuzung vor den charakteristischen, zylinderförmigen Hochhäusern der CHANGJON-STRASSE zu. Halten Sie unbedingt Ihre Kamera bereit! Mit etwas Glück springt die Ampel gleich auf Rot und Sie erleben die heimlichen Stars von Pjöngjang live und in Farbe: Die Rede ist von den stramm uniformierten Verkehrspolizistinnen, die sich vor allem durch den autoritären Gebrauch ihrer Trillerpfeifen, Schlagstöcke und präzise durchchoreographierte Bewegungen auszeichnen. Verkehr gibt es in der Hauptstadt im Grunde erst seit wenigen Jahren, aber selbst in den dunkelsten Zeiten der Energiekrise dirigierten die an Aufziehballerinen erinnernden Wesen stoisch die breiten und autofreien Boulevards in ihrer ätherisch-anmutigen, leicht befremdlichen und irgendwie anrührenden Art, die die Wirkung von Nordkorea auf Touristen in mehrerlei Hinsicht auf den Punkt bringt.

Wenn wir nun rechts die Changjon-Straße hinunterfahren, taucht vor uns ein (weiterer) neoklassizistischer Betonklotz auf, nämlich das Parlamentsgebäude. Die MANSUDAE-KONGRESSHALLE, die primär den Sitzungen der OBERSTEN VOLKSVERSAMMLUNG (Supreme People's Assembly) dient, liegt am Fuß des Mansu-Hügels und wird vom Großmonument durch einen idyllischen Brunnenpark getrennt. Jedes Mal, wenn ich an diesem wuchtigen Ungetüm vorbeikomme, muss ich unweigerlich an eine ganz bestimmte Volksvertreterin und einen Mann in brauner Jacke denken:

DIE QUAL DER WAHL

★

Der Führer, die Partei und die Massen bilden eine Einheit
und sind Seelenverwandte auf Leben und Tod.
KIM JONG-IL

★

Wenn schon der Name eines Landes religiös oder ideologisch aufgeladen ist, sollte man auf der Hut sein. Ein Staatssystem, das sich der Welt als »Islamische Republik«, »Volksrepublik« oder »Demokratische Republik« präsentiert, ist nämlich selten ein Paradies für Freidenker. Wie so oft verfolgt die *Demokratische Volksrepublik Korea* auch hier das Prinzip »mehr ist mehr« und sichert sich gleich doppelt ab. Den wenigsten ist bewusst, dass die nordkoreanische Regierung tatsächlich regelmäßige Wahlen abhält – na ja, zumindest etwas in der Art!

Die Oberste Volksversammlung besteht aus rund siebenhundert Abgeordneten aus jedem Wahlkreis des Landes. Alle fünf Jahre findet eine öffentliche Wahl statt, in der die Nordkoreaner für ihre Wunschkandidaten stimmen. Um ihnen die Qual der Wahl zu ersparen, legt die Regierung die Favoriten schon im Vorhinein fest, sodass es in jedem Wahlkreis de facto nur einen einzigen Kandidaten gibt. Die überwältigende Mehrheit der Abgeordneten – manchmal mehr als sechshundert – sind Mitglieder der **PARTEI DER ARBEIT KOREAS PDAK** (Worker's Party of Korea = WPK) – eine überaus stabile Basis für die Bildung einer Regierung. Die übrigen Abgeordneten gehören den zwei Alibi- oder Deko-Parteien an, die im Grunde nur einen Zweck haben: der »Demokratie« im Staatsnamen eine gewisse Glaubwürdigkeit zu verleihen.

An einem schönen Wahltag im Frühjahr 2014 will ich zusammen mit dem Journalisten Bent und dem Kameramann Pål vom norwegischen Fernsehsender TV2, denen Mister Win und ich ein Visum besorgt haben, von der Stimmung in Wahlbezirk siebzehn im Zentrum von Pjöngjang berichten. Wir stellen die Kamera vor dem Eingang zum Wahllokal auf, wo sich bereits eine lange Schlange festlich gekleideter Nordkoreaner gebildet hat. Über ihren Köpfen hängt ein riesiges und buntes Plakat mit der Aufschrift:

»AM 9. MÄRZ WERDEN DIE MITGLIEDER
DER VOLKSVERSAMMLUNG GEWÄHLT!
LASST UNS ALLE *DAFÜR* STIMMEN!«

Der weitläufige Vorplatz ist üppig mit Girlanden und Luftballons dekoriert. Ein Stück von uns entfernt tanzen ein paar Wähler beiderlei Geschlechts zur fröhlichen Melodie von Moranbongs »Wir wollen los zum Mount Paektu«. Entweder feiern sie, dass sie bereits *dafür* gestimmt haben, oder sie können es kaum noch abwarten, dies bald zu tun. Die Warteschlange läuft auf eine Wahlkabine zu, über der zwei riesige Porträts von Kim Il-sung und Kim Jong-il hängen, die den Wählern aufmunternd zulächeln. Mister Win, der wie immer leicht gestresst ist, hat für uns ein Interview mit dem Bezirkswahlleiter eingefädelt und übernimmt die Aufgabe, zwischen zwei Sprachen und zwei unterschiedlichen Auffassungen von Demokratie zu vermitteln:

TV2 Feiert man den Wahltag hier immer mit Festtagskleidung, Tanz und Musik?
WAHLLEITER Ja, natürlich, die Stimmung ist immer sehr ausgelassen, wenn wir unseren Vertreter für die Oberste Volksversammlung wählen! Das Wahlgesetz schreibt Veranstaltungen vor, die rund um den Wahlvorgang für gute Laune sorgen. Aber die Menschen feiern nicht, weil sie müssen, sondern weil heute Wahltag für die Oberste Volksversammlung ist! Jeder, der älter als sieb-

zehn ist, darf seine Stimme abgeben, und alle drücken ihre Freude darüber aus, dass sie ihre Vertreter für die Oberste Volksversammlung wählen. Das Volk (deutet auf die tanzenden Wähler im Hintergrund) haben ihren Vertreter selbst gestellt, und sie sind glücklich, dass jemand, den sie gewählt haben, für sie arbeiten wird.

TV2 Wie viele Parteien stehen zur Wahl?

MISTER WIN (auf Koreanisch an den Wahlleiter gewandt) Auch in anderen Bezirken finden Wahlen statt ... sind dort noch andere Parteien als die Partei der Arbeit Koreas vertreten? Die Chondoistische Ch'ŏngu-Partei oder ... na, Sie wissen schon ... (der Name der dritten von insgesamt drei nordkoreanischen Parteien fällt ihm aus dem Stegreif nicht ein) ... diese andere eben ... stehen auch von diesen Parteien Kandidaten zur Wahl?

WAHLLEITER Ja, solche Kandidaten gibt es auch.

(Unsere Zeit ist abgelaufen. Der Wahlleiter verabschiedet sich und eilt rasch davon. Wir sprechen einen Wähler namens Rim Gwang-hun an, der neben uns steht.)

TV Was ist das für ein Gefühl, heute hier zu wählen?

RIM GWANG-HUN Der Wahltag führt mir vor allem vor Augen, dass Marschall Kim Jong-un und das Volk ein Herz und ein Wille sind.

TV2 Man hat den Eindruck ... fürs Volk ist dies ein großer Tag. Können Sie etwas darüber sagen?

MISTER WIN (auf Koreanisch an Herrn Rim gewandt) In Norwegen zum Beispiel ist ein Wahltag ein Tag wie jeder andere, aber hier wird überall gefeiert.

RIM GWANG-HUN Ja, für die Partei, Marschall Kim Jong-un und das Volk ist es ein sehr besonderer Tag. Die Wahl ist ein Symbol dafür, dass das Volk seinen Vertreter wählt. Es könnte also kein besserer Tag sein.

TV2 Was erhoffen Sie sich von den Kandidaten, die in die Oberste Volksversammlung gewählt werden?

RIM GWANG-HUN Sie werden alles in ihrer Macht Stehende tun, um sich bei ihren Wählern zu revanchieren. Bestärkt durch das in sie gesetzte Vertrauen, müssen sie nun für das Volk, die Partei und den Marschall arbeiten. Sie müssen sich dem Wohl des Volkes unterordnen und ihr Engagement unter Beweis stellen. Genau das erwartet das Volk jetzt, deshalb schenkt es ihnen sein Vertrauen.

(Als Nächstes befragen wir einen Fabrikarbeiter namens Han Kwang-hak, der ebenfalls hier ist, um seine Bürgerpflicht zu erfüllen.)

TV2 Was ist es für ein Gefühl, hier Ihre Stimme abzugeben?

HAN KWANG-HAK Die Wahl entspricht der Songun-Idee. Sie stärkt die Nation, rückt unsere sozialistischen Ideale wieder in den Fokus und gibt dem koreanischen Volk die Möglichkeit, Entschlossenheit und Einsatzwillen zu zeigen.

TV2 Für die Pjöngjanger scheint es ein sehr besonderer Tag zu sein.

HAN KWANG-HAK Ein ganz wundervoller Tag sogar, denn heute zeigen wir, dass wir von unseren Bürgerrechten Gebrauch machen.

TV2 In Norwegen liegt die Wahlbeteiligung meist bei rund sechzig Prozent. Wie sieht es hier aus?

HAN KWANG-HAK Na, alle eingetragenen Wahlberechtigten geben ihre Stimme ab. Es gibt sogar ein mobiles Wahllokal, das zu denen kommt, die den Weg nicht selbst bewältigen können, wie Gehbehinderte oder Kranke. Wir erwarten eine Wahlbeteiligung von hundert Prozent.

(Endlich haben wir Gelegenheit, mit der Kandidatin von Wahlbezirk siebzehn persönlich zu sprechen. Frau Jo Gil-nyo ist eine schüchterne und zierliche Frau in ihren Fünfzigern, die wie die meisten anwesenden Frauen zur Feier des Tages in die Nationaltracht *joseonot* geschlüpft ist. Es scheint, als könnte sie ihr Glück kaum fassen.)

TV2 Wie geht es Ihnen heute? Sind Sie sehr angespannt?

FRAU JO Mein Herz platzt fast vor Stolz! Seit fünfzehn Jahren arbeite ich als einfache Angestellte in der Behörde für Straßenwesen. Niemals hätte ich mir träumen lassen, dass mir eines Tages so eine Ehre zuteilwird!

TV2 Glauben Sie, Sie werden in Wahlbezirk siebzehn gewinnen?

FRAU JO (lächelnd) Natürlich kann ich nicht sagen, ob alle für mich stimmen, aber mal sehen, wie es ausgeht …

AUTORITÄRER MANN IN BRAUNER JACKE (schaltet sich auf Koreanisch ins Gespräch ein und bittet Mister Win, für ihn zu übersetzen) Unsere Kameradin (deutet auf Frau Jo) hat den einleitenden Wahlprozess bereits überstanden. Damit wurde sie als Kandidatin gutgeheißen. Die heutige Wahl ist nur das letzte Stadium des Prozesses. Da ist es doch ganz selbstverständlich, dass die Wähler vor Freude tanzen.

TV2 (an Frau Jo gerichtet) Welche Themen werden Ihnen als Mitglied der Obersten Volksversammlung besonders am Herzen liegen?

MISTER WIN (auf Koreanisch an Frau Jo gewandt und leicht verwirrt) Was ist Ihnen nach der Wahl besonders wichtig … Also, es geht um Ihre Position und Ihre Verantwortungsbereiche …

AUTORITÄRER MANN IN BRAUNER JACKE (mischt sich abermals auf Koreanisch ein und bedeutet Mister Win, zu übersetzen) Unsere Kameradin (deutet auf Frau Jo) ist Teamleiterin in der Behörde für Straßenwesen und wird ihre Pflichten auch weiterhin erfüllen. Schließlich kann sie nicht von heute auf morgen dort aufhören. Aber sie wird an den Diskussionen der Obersten Volksversammlung teilnehmen, wenn es um besondere Dinge geht, die das Land betreffen.

Hier, in der Kongresshalle schräg rechts von uns, wird sich die frisch gewählte Frau Jo Gil-nyo also in den nächsten Jahren den großen Herausforderungen des Landes stellen, gemeinsam mit ihren frisch gewählten Kolleginnen und Kollegen. Natürlich vorausgesetzt, das Straßenamt kann sie ab und zu entbehren.

Für uns geht es nun weiter die SUNGNI-STRASSE entlang, eine Art Hauptschlagader des Stadtzentrums, die parallel zum nur einen Häuserblock entfernten, träge vor sich hin fließenden Tae- dong verläuft. Halten Sie Ihre Kamera unbedingt weiterhin bereit, denn schon bald fahren wir einmal quer über den KIM-IL-SUNG- PLATZ, dem sowjetischen und chinesischen Vorbildern nachemp- fundenen symbolischen Nabelpunkt der Demokratischen Volks- republik. Laut Nordkoreas staatlichen Reiseführern liegt genau hier der Ausgangspunkt aller wichtigen Straßen des Landes. Am Stirnende befindet sich ein langgezogener, von niedrigen Stein- tribünen flankierter Pavillon, den Porträts von Kim Il-sung und Kim Jong-il zieren. Genau hier empfängt der Ewige Führer Kim bei den gigantischen, minutiös durchchoreographierten Massen- paraden, für die das Land mit Fug und Recht berühmt-berüchtigt ist, die ergebenen Huldigungen des Volkes.

Lieber Mister Win,
die erste und entscheidende Sondierung nordkoreanischer Tole- ranzgrenzen nehme ich am Nationalfeiertag, dem 9. September 2008, vor, also ein paar Jahre bevor Du in mein Leben trittst.

Schauplatz ist die große Parade zum sechzigsten Jubiläum der Gründung der Demokratischen Volksrepublik. Ganz Pjöngjang ist auf den Beinen, um einmal mehr uneingeschränkte Loyalität zu beweisen.

Dein Ministerium hat mich und die obskure Gesellschaft, mit der ich hergereist bin, zu dieser Zurschaustellung nationaler Rein- und Einheit auf dem King-Il-sung-Platz eingeladen. Schon bald werden Hunderttausende festlich gekleideter Bürgerinnen und Bürger vor der Tribüne des Führers ein buntes menschliches Mo- saik aus Propagandaparolen bilden, das als Kulisse für unzählige im Stechschritt marschierende Soldaten und Kolonnen von Kano- nen und Raketenwerfern dienen wird. Die Stimmung ist hektisch und erwartungsvoll, und die Menschen stehen so dicht gedrängt wie in einer Straßenbahn zur Rushhour. Die Sicherheitsvorkeh- rungen rund um den Stadtkern lassen jede Flughafenkontrolle alt aussehen. Uns Ausländern wurde eingebläut, stets unsere Einreisegenehmigung bereitzuhalten, die wir von unseren nordkoreanischen Aufpassern bekommen haben. Ohne dieses Schriftstück könnten wir es gleich vergessen, uns auf eine der VIP-Tribünen neben dem Führerpodium zwängen zu dürfen. Außerdem wurden wir angewiesen, uns möglichst schick zu machen.

Schon auf dem Weg zum Kim-Il-sung-Platz durchlaufen wir mehrere Sicherheitschecks, erst mit kleinen, piependen Handmetalldetektoren, die grimmige Uniformierte grob über unsere bereits schweißnassen Körper schweifen lassen. Danach passieren wir Gates, wie man sie von jedem beliebigen Flughafen der Welt kennt. Es wird gemunkelt, dass der Geliebte Führer Kim Jong-il höchstselbst anwesend sein werde, um die Massen zu segnen und die kollektiven Huldigungen zu empfangen. Also muss jedes Risiko, dass ein auch nur ansatzweise waffenähnlicher Gegenstand eingeschleust werden könnte, vollständig eliminiert werden. Ich trage meine Discokugel unter dem Arm, sie funkelt in der Sonne und lässt in einem Dreihundertsechzig-Grad-Radius kleine Lichtpunkte über mich und das Personal an der letzten Sicherheitskontrolle vor dem Kim-Il-sung-Platz tanzen. Fast könnte man meinen, ich wollte eine schlecht getarnte Handgranate oder eine Seemine im Glitzerfummel auf die Tribüne schmuggeln.

Nach und nach werden wir uns des feierlichen Ernstes der Situation bewusst, und ich bereite mich innerlich darauf vor, die Discokugel bestenfalls an der Sicherheitskontrolle abgeben zu müssen und schlimmstenfalls voller Verachtung fortgeschickt zu werden. Ich versuche, so freundlich und unbekümmert wie möglich zu wirken, als ein Uniformierter mit steinerner Miene auf den Fremdkörper in meinen Händen zeigt und unseren Guide etwas auf Koreanisch fragt, der pflichtbewusst übersetzt: »Er will wissen, was das für ein Gegenstand ist und warum Sie ihn mitgebracht haben.« Ich schlucke und hole tief Luft. In der Welt des Films würde man jetzt von einem *Suspense*-Moment sprechen – einem Augenblick, in dem alles in der Luft hängt und keiner weiß, wie es weitergeht.

»Na ja ... also, das ist eine sogenannte ... äh ... Discokugel. Wo ich herkomme, werden damit Lokalitäten dekoriert, in denen die Menschen tanzen, Spaß haben und feiern. So, wie wir es heute hier tun. Sehen Sie, wie schön die Kugel in der Sonne glitzert? Auf diese Weise können sich möglichst viele daran erfreuen und ihr Herz erwärmen lassen. Sie müssen wissen, in meinem Teil der Welt sind viele Menschen dem Irrglauben erlegen, dass Wärme und Frohsinn in der Demokratischen Volksrepublik Korea verboten sind, weil so viele Gerüchte über Ihr Land kursieren ... ja, völlig lächerlich ... in der Tat. Jedenfalls habe ich deshalb die Kugel und diese Kamera hier mitgebracht – Sie können sie gern überprüfen –, um ein paar Bilder zu knipsen. Ich will nämlich zeigen, dass die Demokratische Volksrepublik sehr wohl aufgeschlossen und gastfreundlich ist, insbesondere an einem so wichtigen Tag wie heute. Die Kugel soll ein Symbol für Frieden und interkulturelles Verständnis werden, denn sie wird dabei helfen, den Menschen in meinem Teil der Welt ein realistischeres Bild von Ihrem Land und Ihrer prächtigen Kultur zu vermitteln.«

Zwei Minuten später nehme ich meinen Platz auf der VIP-Tribüne ein, im Designeranzug und mit der Discokugel unterm Arm, weniger als zwanzig Meter von der Stelle, an der Kim Jong-il angeblich bald erscheinen wird. Ein anderer Uniformierter, der auf der Tribüne die Stellung hält, gibt mir das Daumen-hoch-Zeichen und lässt sich bereitwillig mit mir und der Kugel fotografieren.

Ich dachte, diese Geschichte könnte Dir gefallen, ich habe sie Dir nämlich noch nie ausführlich erzählt. Vielleicht nickst Du, während Du das liest. Einiges dürfte Dir bekannt vorkommen, schließlich war diese Begegnung eine Art Generalprobe für meine Strategie, mit Nordkoreanern zu kommunizieren und zu verhandeln, und seitdem hatte ich zahlreiche Gelegenheiten, sie zu perfektionieren, mit Dir als nervösem Sekundanten. Der Kern der Strategie: einen fremden Inhalt in wohlbekannter Form zu verkaufen.

Als Pjöngjang nach dem Koreakrieg wiederaufgebaut wurde, stellte man den Kim-Il-sung-Platz – selbstverständlich – mit als Erstes fertig, und 1954, ein Jahr nach Unterzeichnung des Waffenstillstands, wurde er mit einer zünftigen Militärparade eingeweiht. Überquert man den fußballstadiongroßen Platz, entdeckt man am Boden ein Netz aus Zehntausenden weißen, auf die Steinplatten gemalten Kreisen mit je einer Ziffer daneben. Dieses Raster dient zur Orientierung, wenn Hunderttausende uniformierte und nichtuniformierte Menschen ein Mosaik aus zentimetergenau arrangierten Sektionen bilden, als wären sie »ein Herz und eine Seele«.

Wer wie wir über den Platz huscht, verrenkt sich schnell den Nacken, so viel gibt es zu bestaunen: Gegenüber der Tribüne öffnet sich der Kim-Il-sung-Platz zum Taedong-Fluss, und in etwa einem Kilometer Entfernung erhebt sich vom anderen Ufer das **MONUMENT DER CHUCH'E-IDEOLOGIE** (Selfie mit Discokugel? Kein Problem!). Die Denkmalanlage war neben dem Triumphbogen die zweite große »Überraschung« zum siebzigsten Geburtstag von Kim-Il-sung und ein Geschenk seines Lieblingssohns und späteren Erben Kim-Jong-il. Der hatte nämlich schon früh begriffen, wie gern sein Vater sich (und andere) an seine – größtenteils erdichteten – Heldentaten erinnern ließ, wie zum Beispiel die Befreiung des Landes und die Entwicklung einer weltumspannenden Ideologie – aber dazu später mehr.

Der Turm des Monuments besteht aus 25 550 Granitblöcken, je einer für jeden Tag im Leben des Großen Führers, und ist mit einer Höhe von einhundertsiebzig Metern das höchste Granitgebäude der Welt. Behaupten jedenfalls nordkoreanische Quellen. An der Spitze befindet sich eine zwanzig Meter hohe Flamme aus Metall und halb durchsichtigem rotem Glas, das von innen ausgeleuchtet wird. Seit seiner Einweihung ist dieser Leuchtturm mit nordkoreanisch-sozialistischem Touch pausenlos im Einsatz. Vermutlich war der rote Schein der Fackel besonders wirkungsvoll, als die Energiekrise zur Zeit des Beschwerlichen Marsches ihren Höhepunkt erreichte und fast das gesamte Land ins Dunkel hüllte. Doch auch im Lichtermeer des heutigen Pjöngjang strahlt das Monument der Chuch'e-Ideologie etwas Erhabenes und gleichzeitig Bedrohliches aus, wie eine Kreuzung aus Washington Monument und Tolkiens Barad-dûr, mit Saurons flammendem Auge, das jenen, deren Glauben zu schwach ist, direkt in die Seele blickt.

Gleich unterhalb der Fackel liegt eine mit einem Aufzug erreichbare Aussichtsplattform. Von dort oben hat man den perfekten Panoramablick über Pjöngjang und noch weit darüber hinaus. Am Sockel des Turms sind Plaketten angebracht, die der Legende nach von »Juche-Studiengruppen« aus aller Welt hergeschickt wurden, die meisten davon in den Siebzigerjahren, als es um die internationale Juche-Konjunktur noch deutlich besser bestellt war. Neben Gaben aus Juche-Hochburgen wie Benin, der Slowakei und Finnland befindet sich an einem prominenten Platz in der Nähe der Eingangstür auch eine Plakette mit der Aufschrift: *Gruppe zum Studium von Kamerad Kim Il-sungs Juche-Idee. Bergen, Norwegen, 26. 5. 1976.*

Zentral vor dem Turm, an der dem Kim-Il-sung-Platz zugewandten Seite, steht eine Bronzeskulptur, die eine Gruppe aus drei Personen zeigt: Ein Arbeiter, eine Bäuerin und ein Intellektueller halten ihre Lieblingswerkzeuge empor – Hammer, Sichel und Pinsel – und bilden damit das Emblem der Partei der Arbeit Koreas. Genau wie das Emblem (und so vieles andere in Nordkorea) ist auch die Skulptur von einem sowjetischen Vorbild »inspiriert«. Genauer gesagt von Wera Ignatjewna Muchinas wohl bekanntester Plastik *Arbeiter und Kolchosbäuerin* (1937), die auf dem Höhepunkt der Stalinzeit entstand.

Bevor unser Bus weiterfährt, können wir uns schnell noch einmal dem anderen Ende des Kim-Il-sung-Platzes zuwenden und einen flüchtigen Blick auf einen wuchtigen Bau mit geschwungenem Satteldach im ostasiatischen Stil erhaschen, der sich unmittelbar hinter dem Paradepavillon erhebt und aus der Entfernung wie dessen Verlängerung anmutet. Die **GROSSE STU-DIENHALLE DES VOLKES** (Grand People's Study House) führt uns vor Augen, dass wir uns nicht im alten Berlin, sondern noch sehr viel weiter im Osten befinden. Die Fassade des Gebäudes erinnert im ersten Moment an die Verbotene Stadt, doch im Inneren erwartet uns eine Kombination aus Nationalbibliothek, Volkshochschule und Lesesaal für Studenten. (Selfie mit Discokugel? Kein Problem.)

Wenn wir von hier in südlicher Richtung die Sungni-Straße entlangfahren, haben wir uns im Laufe der letzten Viertelstunde durch ein Rechteck bewegt, das etwa in der Mitte vom Taedong durchschnitten wird. Die Kurzseiten des Rechtecks bilden zwei gerade Achsen, zum einen zwischen dem Kim-Il-sung-Platz und dem Monument der Chuch'e-Ideologie, zum anderen zwischen dem Mansudae Grand Monument und dem **MONUMENT ZUR GRÜNDUNG DER PARTEI DER ARBEIT KOREAS** (Monument to Party Founding). Dieser architektonische Charmebolzen, der 1995 zum fünfzigsten Jahrestag der Partei eingeweiht wurde und passenderweise eine Höhe von genau fünfzig Metern hat, ist, wie schon die Bronzeskulptur vor dem nur wenige Blocks entfernten Chuch'e-Turm, eine dreidimensionale Darstellung des Partei-Emblems aus Hammer, Sichel und Pinsel. Die symbolischen Werkzeuge werden von drei geballten Betonfäusten emporgehalten, die wiederum ein Betonring (oder ein Heiligenschein?) mit der Aufschrift *Lang lebe die Partei der Arbeit Koreas, die das koreanische Volk zu allen Siegen führt*! umgibt. (Selfie mit Discokugel? Na klar! Beim nächsten Besuch sogar mit E-Gitarre!) Auf der Innenseite ist der Ring mit drei bronzenen Reliefs versehen, die den verschiedenen Stadien des »ehrenhaften Wegs, den die Partei der Arbeit Koreas bestritten hat« gedenken, und außerdem ...

Was? Schon müde?! Wir haben noch nicht mal die Hälfte der Hälfte gesehen!

Ihr erster und vielleicht letzter Nordkoreabesuch kann Ihnen schnell wie ein Marathon aus Monumenten, Statuen, Gedenkstätten, Museen, Prestigebauten, Mausoleen und (hundred)fifty Shades of Kim vorkommen. Überall hat das Regime gebaut, gegraben und gemeißelt, um seinen Stempel auf die Oberfläche des Landes zu drücken wie ein verrückter Schönheitschirurg, der sich seine Geliebte zurechtmodelliert. *Der Staat bin ich – und du bist es auch.* Kein Wunder also, dass jeder, der nur ein einziges Mal herkommt, weder die Zeit noch die Möglichkeit hat, mit dem gängigen Vorurteil aufzuräumen, in Nordkorea sei alles nur eine »Kulisse«.

Oft wird Pjöngjang auch als »Schaufenster« bezeichnet, wodurch ebenfalls angedeutet wird, die Stadt habe etwas Unechtes und Inszeniertes an sich. (Wo kaufen die *echten* Nordkoreaner ihre Trolle?) Erschwerend kommt hinzu, dass in der nordkoreanischen Hauptstadt das Chaos aus Sinneseindrücken ausbleibt, das die meisten von uns aus der Heimat gewohnt sind: die Kakofonie aus Großstadtgeräuschen, Neonreklamen, zugemüllten Gehsteigen, Straßencafés, verschiedenen Hautfarben und Kleidungsstilen. Kontraste. Konflikte. Menschlichkeit.

Reisen wir mit diesem mentalen Gepäck nach Nordkorea, ist es kaum verwunderlich, dass Pjöngjang und der Rest des Landes uns beunruhigend durchorganisiert und stromlinienförmig vorkommen. Und natürlich mag die nordkoreanische Wirklichkeit kontrolliert und von einer übergeordneten Macht gesteuert sein, aber *künstlich* ist sie deshalb nicht. Sie ist aus Fleisch und Blut, aus Stahl und Beton. Vielleicht muss man es nicht extra erwähnen, aber nur zur Sicherheit: Pjöngjang und seine Einwohner sind auch dann noch da, wenn wir in unserem Hotelzimmer das Licht ausgeknipst haben.

Apropos, wir erreichen jeden Moment unser Hotel, wo unsere jetlaggeschundenen Körper Energie tanken können. Aus praktischen Gründen – zum Beispiel um ein Auge auf uns zu haben – werden fast alle westlichen Besucher, die nicht mit ausreichend Vorlauf um eine andere Lösung gebeten haben, in einem der extra für sie herausgepickten Hotels einquartiert. Die meisten landen im **YANGGAKDO INTERNATIONAL HOTEL** (mit eintausend Zimmern das größte des Landes), das sich einsam und majestätisch auf der kleinen gleichnamigen Insel im Taedong erhebt. Damit liegt das Yanggakdo-Hotel quasi in der Mitte der Stadt, ungefähr dort, wo der Fluss eine leichte Biegung durch den Südwesten von Pjöngjang macht. Allerdings ist die Insel nur durch eine einzige Brücke mit dem Festland verbunden, und ein Abstecher ins Zentrum ist ein beschwerliches Unterfangen, solange man nicht mit dem Rest der Reisegruppe und in sicherer Verwahrung im Touribus unterwegs ist. Da es auch keine Wohngebiete auf Yanggak gibt, ist die Insel das ideale Touristenreservat, das im Volksmund auch scherzhaft *Alcatraz* genannt wird – ein Spitzname, dem ein tragisches Ereignis im Jahr 2016 einen noch unheimlicheren Klang verleihen wird. Aber dazu später mehr. Trotz seiner zentral-isolierten Lage beherbergt das Hotel einige gute Cafés und Restaurants (darunter ein sich drehendes Restaurant auf dem Dach), die einem erste zaghafte Schritte in die (womöglich) erstaunlich vielfältige Welt der nordkoreanischen *Haute cuisine* ermöglichen.

ESSEN UND TRINKEN

★

Nur wer Hunger kennt, weiß, wann er satt ist.
KIM JONG-IL

★

In Nordkorea werden Sie die meisten Mahlzeiten im Hotel einnehmen. Dort wird Ihnen auffallen, dass die Bedienungen (übrigens ausschließlich Damen) trotz aller Liebenswürdigkeit und Hilfsbereitschaft in der Regel kein einziges Wort in einer Fremdsprache mit Ihnen wechseln. Auch die englischsprachigen Speisekarten, die mit so unappetitlichen Formulierungen wie »raw sliced crap«, geschnittener Mist in Scheiben, oder »strange flavor chicken«, komisch gewürztes Huhn, aufwarten, sind mit Vorsicht zu genießen. Betrachten Sie das Ganze als Herausforderung! Nordkorea ist ein sauberes Land, und das Klima ist dem skandinavischen erstaunlich ähnlich. Das Risiko, dass Sie sich etwas einfangen – abgesehen von einem gewöhnlichen Reisedurchfall–, ist also eher gering.

Der Mangel an Fremdsprachenkompetenz ist übrigens gar nicht so absurd, wie er im ersten Moment erscheinen mag. Sprachkenntnisse ermöglichen Informationsfluss, und genau deshalb sind derlei Qualifikationen nur ausgewählten Personen vorbehalten, die in streng regulierten Zusammenhängen mit Ausländern verkehren. Die für Touristen zuständigen Guides und Aufpasser arbeiten übrigens immer in Zweierteams, damit sie nicht nur die Reisegruppe, sondern sich auch gegenseitig überwachen können.

Wenn Sie Ihre Guides zu einer kleinen Vergnügungstour in die Stadt überreden können – was Sie unbedingt versuchen sollten –, wird Ihnen sicher auffallen, dass viele Restaurants und

Bars eine sehr intime, fast schon klaustrophobische Atmosphäre haben, das genaue Gegenteil der lichtdurchfluteten skandinavischen Offenheit. Der Grund könnte sein, dass in Nordkorea fast alle Lebensbereiche überwacht werden, sodass die Menschen sich nicht auch noch in ihrer Freizeit exponieren wollen. In vielen Lokalitäten sind die Tische durch Trennwände voneinander abgeschirmt, aber häufig gibt es kleine separate Räume, die nicht nur Privatsphäre schaffen, sondern auch ein Statussymbol sind. Trotz Gemeinsamkeiten mit einigen chinesischen (Nudeln oder Dumplings) und japanischen (Maki und Tempura) Speisen hat die koreanische Küche ihre ganz eigene Identität. In fast jedem Gericht sind Chili und Knoblauch die Hauptdarsteller.

Eine Besonderheit ist die Vielfalt an Beilagen, aus denen manchmal die gesamte Mahlzeit zu bestehen scheint. An dieser Stelle soll nun aber keine Endlosliste exotisch klingender Gerichte folgen, die Sie im Laufe Ihres hektischen Aufenthalts ohnehin nicht alle probieren können. Im Sinne der berüchtigten »VOR-ORT-ANLEITUNGEN« des nordkoreanischen Staatsoberhaupts habe ich deshalb eine kleine, aber feine Auswahl klassischer und vor allem *authentischer* Rezepte getroffen, die Ihnen einen Vorgeschmack auf das »geheimnisvollste Land der Welt« geben soll. Und vielleicht können Sie mit dem einen oder anderen Gericht ja sogar Familie und Freunde erfreuen:[17]

---

17 Sämtliche Rezepte aus: *Korean Culinary Book #1: Best Recipes of Pyongyang*, Pjöngjang 1998. Etwaige Fragen, Beschwerden, Kommentare oder Erstattungsgesuche sind an den Herausgeber, den Kochverband der Demokratischen Volksrepublik Korea, zu richten. Entweder per Telefon ((+850) 2381 86 89) oder per Fax ((+850) 2381 47 99).

REZEPT
Kalte Pjöngjang-Nudeln
(Pyongyang Raengmyon)

★

So, wie ich ihn kennengelernt habe, ist Mister Win an guter Küche genauso wenig interessiert wie an Kunst und Kultur. Seine tägliche Diät könnte von einem westlichen Rockstar aus den Siebzigern stammen: massenweise nordkoreanische Kumgangsan-Zigaretten, Taedonggang-Bier, *Soju*-Shots (das koreanische Nationalgetränk) und zum Abschluss ein paar schweinische Witze. Essen scheint ihn geradezu zu langweilen – eine weitere Eigenschaft, durch die er sich von seinen Landsleuten abhebt. Nordkoreaner legen eigentlich viel Wert auf gute Küche, sowohl als Geschmackserlebnis als auch als nationales Identitätsmerkmal. Eine der wenigen Ausnahmen, die die Regel bestätigen, ist das Pjöngjanger Spezialgericht, das Mister Win mit großem Genuss verspeist. Ich zitiere den Kochverband der Demokratischen Volksrepublik Korea:

>*Charakteristisch für das Gericht sind die Buchweizennudeln.*
>*Sie sind bekannt für ihre feste, leicht gummiartige Konsistenz und ihren kräftigen Geschmack. Serviert wird das Gericht üblicherweise in einer speziellen Messingschale. Pjöngjang-Nudeln passen zu jeder Tageszeit und sind das perfekte Anti-Kater-Essen.*«

– gut möglich also, dass Mister Win nicht *nur* wegen des besonderen Geschmacks auf das Gericht schwört. Auch in den oberen Schichten des Regimes haben die Pjöngjang-Nudeln Anhänger gefunden, und beim Gipfeltreffen zwischen Kim Jong-un und dem südkoreanischen Präsidenten Moon Jae-in im April 2018 wurden sie als nordkoreanischer Beitrag serviert.

ZUTATEN
Kalte Pjöngjang-Nudeln
(1 Portion)

★

1 l	Wasser
100 g	Rindfleisch
100 g	Schweinefleisch
50 g	Hühnerfleisch
1 El	Salz
1 ½ El	Sojasauce
1 El	Zucker
1 El	feingehackte Frühlingszwiebeln
1 El	klarer Essig
50 g	Kohl-Kimchi
50 g	Rettich-Kimchi
60 g	Gurke
1 Tl	koreanisches Chilipulver (*gochugaru*)
2	Knoblauchzehen
1 Tl	Pfeffer
40 g	*Nashi*-Birne
1 El	Natron
400 g	Buchweizenmehl
100 g	hartgekochtes Ei

ZUBEREITUNG
Kalte Pjöngjang-Nudeln

★

1. Wasser in einen Topf füllen und das Rinder-, Schweine- und Hühnerfleisch hinzugeben. Aufkochen und bei geringer Hitze köcheln lassen, bis das Fleisch fast zerfällt. Das Fleisch aus der Brühe nehmen und beiseitelegen. Anschließend die Brühe mit Salz, Sojasauce, der Hälfte der Frühlingszwiebeln und Pfeffer würzen und abkühlen lassen.

2. Das Fleisch in dünne Scheiben schneiden, das Hühnerfleisch in die Brühe legen, damit es nicht trocken wird. Kimchi ebenfalls klein schneiden (etwa so groß wie das Fleisch). Die Gurke der Länge nach zu dünnen Streifen und anschließend zu kleineren Stücken verarbeiten. Kimchi und Gurke mit Salz, Essig, Chilipulver, der anderen Hälfte der Frühlingszwiebeln, Knoblauch und Zucker vermengen. Die Nashi-Birne in streichholzgroße Streifen schneiden und in eine separate Schüssel geben.

3. Zubereitung der Nudeln[18]: Das Natron in einer Schüssel mit warmem Wasser (70 °C) auflösen, das Buchweizenmehl einrühren und die Mischung zu einem festen Teig verarbeiten. Die Arbeitsfläche mit etwas Buchweizenmehl bestreuen und den Teig so lange kneten, bis er schön geschmeidig ist. Den Teig durch eine Nudelmaschine ziehen und die Nudeln in kochendes Wasser geben. Vorsichtig umrühren, damit die Nudeln nicht aneinanderkleben. Sie sind gar, sobald sie an der Oberfläche schwimmen. Nach dem

---

18 Natürlich können Sie auch mogeln und fertige Buchweizennudeln (Soba-Nudeln) in einem gut sortierten Asia-Shop oder Reformhaus kaufen.

Abgießen die Nudeln gründlich mit kaltem Wasser abschrecken und gut abtropfen lassen.

4. Nudeln vor dem Servieren einmal in die abgekühlte Brühe tauchen und anschließend in eine Servierschale legen. Mit der Kimchi-Gurken-Mischung, dem Fleisch, der Nashi-Birne und dem Ei vermengen. Die Schale mit Brühe auffüllen (von der Seite, die Brühe also nicht direkt über das Topping gießen). Die fertigen Pjöngjang-Nudeln mit Essig, Sojasauce und Senf servieren und nach Belieben würzen.

VERBRÜDERUNG

★

Wo auch immer der Samen Wurzeln schlägt,
entfaltet er seine Zweige und
öffnet seine Blüten zur Sonne.
KIM JONG-IL

★

Lieber Mister Win,
darüber, wie und wann wir uns begegnet sind, wie wir Freunde
und Brüder wurden, will ich hier nicht allzu viel verraten. Einen
nicht ganz unbedeutenden (und hochprozentigen) Anteil hatten
lange Abende in Hotelbars und Restaurants in verschiedenen Teilen Deines Landes. Was uns ebenfalls verbindet, ist unser ausgeprägter Siegeswille, nicht umsonst bedeutet »Win« in unserer
Verkehrssprache, Englisch, gewinnen. Ob verrauchtes Hotelbillard,
bierdunstiges Tischtennis oder Kleinfeld-Fußball auf Parkplätzen –
unzählige Male sind wir in den unterschiedlichsten Disziplinen
gegeneinander angetreten, weil Du (immer in Businesshemd und
Sonntagsschühchen) darauf bestanden hast. Manchmal haben wir
auch einen Schießstand besucht, wo uns Luftgewehre, Pistolen,
modifizierte Kalaschnikows und lebende Hühner zur Verfügung
standen. *Win or lose*!

Wir brechen auch unter Menschen – egal, ob wir sie kennen
oder ihnen gerade erst die Hand geschüttelt haben – gern das Eis,
indem wir ein paar Witze reißen oder durch unsere, meist von Dir
angestachelten, spielerischen Zankereien:

Du: »Ach, das ist nur so ein norwegischer *nong taegi.*«

Ich: »Pfff! *Er* ist Koreas Großer Nong Taegi.[19] Ich bin Nor Wei Widaehan *Nol Sae.*«[20]

Mit unserer »The Katzenjammer Kids«[21]-Nummer haben wir schon den verkniffensten Vizeministern ein Lächeln entlockt. Ein weiterer Grund, warum ich den Namen Win so passend finde. Den Ausdruck Widahaen wie in »Der Große Führer (Widaehan Suryyong) Kim Il-sung« benutze ich ganz bewusst, denn in Nordkorea kennt ihn jedes Kind. Gezündet hat der Witz aber nie so richtig.

Bei meiner letzten Nordkoreareise habe ich mir einen Spaß daraus gemacht, dass die fleißigen Gepäckkontrolleure am Pjöngjanger Flughafen noch nie von George Orwell gehört haben. Bestimmt erinnerst Du Dich daran, wie ich damals *All Art is Propaganda* ins Land geschmuggelt habe. (Keine Sorge, ich habe das Buch wieder mit nach Hause genommen!) Ich habe sogar ernsthaft mit dem Gedanken gespielt, es mit *1984* zu versuchen, aber das Cover der Ausgabe, die bei mir im Regal steht, verliert hinter keiner Sprachgrenze der Welt seine Aussagekraft (Big Brothers allgegenwärtiges, von roten Sternen und Stacheldraht umkränztes Auge vor nachtschwarzem Hintergrund).

Wie auch immer, da Nordkorea und Orwell in meinem Teil der Welt häufig im selben Atemzug genannt werden, habe ich *1984* vor ein paar Monaten mal wieder zur Hand genommen, etwa zwanzig Jahre nach meiner ersten Lektüre. Schon auf Seite zwei wird die Hauptfigur, der Antiheld und Beamte Winston Smith, wie folgt

19 Wörtlich übersetzt: »selbstgebrannter Schnaps« (der übrigens in der nordkoreanischen Provinz genauso verbreitet ist wie in der norwegischen). Im übertragenen Sinn auch »Prolet«, »Hinterwäldler« oder »Dorftrottel«.

20 *Nol sae* ist nordkoreanischer Slang für »Schlitzohr« oder »Playboy«, also jemand, der »Wein, Weib und Gesang« nicht abgeneigt ist.

21 *The Katzenjammer Kids* gehören zu den ältesten modernen Comics. Die Hauptfiguren, Zwillinge namens Hans und Fritz, zeichnen sich vor allem dadurch aus, dass sie gegen sämtliche Autoritäten aufbegehren.

beschrieben: »Er trat ans Fenster: eine schmächtige Gestalt, deren Magerkeit durch den blauen Overall der Parteiuniform nur noch verstärkt wurde.«[22].[23]

Du selbst bist etwas kleiner als der Durchschnitt, schmächtig und Anfang bis Mitte vierzig. Allerdings trägst Du keinen blauen Overall, sondern die mindestens ebenso universelle und anonymisierende Uniform, die Staatsdiener auf der ganzen Welt kleidet: weißes Hemd, Schlips und eine um Deine straßenköterdürren Beinchen schlackernde Anzughose. Win-ston. Win-dow. Windongji. Mein Fenster nach Nordkorea. So wie Orwells Winston bist auch Du ein typischer Vertreter »der äußeren Partei«, der ideologischen Mittelklasse zwischen der geheimnisvollen, allmächtigen Elite, der »inneren Partei«, und der breiten und verschwiegenen (oder geknebelten) Masse aus Arbeitern, Bauern und Lumpenproletariat – oder, so Winston, der »Proles«.

In meiner Gesellschaft gehöre auch ich zur äußeren Elite. Wo ich herkomme, besitzen wir Künstler – so bezeichne ich mich nur ungern und auch nur aus Mangel an Alternativen – sowie Akademiker, Medienleute und andere Vertreter der sogenannten »Mittelklasse« oft eine oberflächliche Macht über Herz und Seele der Menschen. Die wenigsten von uns haben Geld, geschweige denn politische Relevanz, und trotzdem können Kunst und Kultur die Allgemeinheit (»die Proles«) im Positiven und natürlich auch im Negativen beeinflussen. Aus dem Grund verleiht man uns eine Art intellektuellen Adelstitel (oder wir verleihen ihn uns selbst), den manche »kulturelles Kapitel« nennen. Das kulturelle Kapital ist (leider) ein ausschließlich immaterieller, symbolischer Reichtum und lässt sich nur in ungefähren, kaum konjunktursensiblen Größeneinheiten messen. Zudem ist er nur für jene von Wert, die an

22 George Orwell: *1984*. Übersetzt von Michael Walter. Berlin 2004, S. 8.

23 Die Demokratische Volksrepublik Korea wurde tatsächlich im selben Jahr gegründet, in dem Orwell sein Buch fertigstellte, nämlich 1948. Orwell vertauschte die letzten zwei Ziffern, und so entstanden Titel und Zeitrahmen der Handlung.

ihn glauben – was im Grunde auf alle Währungen zutrifft. Wir sind nicht diejenigen, die sich in Brüssel oder Davos treffen. Wollen wir auch gar nicht. Macht behagt uns nur bis zu dem Punkt, an dem sie Verantwortung mit sich führt, und deshalb haben die wahren Machthaber auch keinen Grund, uns ernst zu nehmen. Kurzum: In der Hierarchie meiner Gesellschaft bin ich von der »inneren Partei« und den »Proles« genauso weit entfernt wie Du in Deiner.

Auf Deinem schmächtigen Körper wirkt Dein Kopf eine Nummer zu groß, Dein Gesicht ist weder hübsch noch hässlich. Im Winter ist Dein Teint blass und leicht gelblich, aber im Sommer verleihen Dir die Wochen (angeordneter) Freiwilligenarbeit unter freiem Himmel eine strahlende Bräune. An dieser Arbeit nimmt jeder Nordkoreaner regelmäßig teil, abgesehen von der inneren Elite. Seit ich Dich kenne, befindet sich Deine Haarpracht auf einer Art schleichendem Rückzug, aber Dein verbliebenes Haar ist so schwarz wie das eines Teenagers. Es hat einige Reisen nach Nordkorea gebraucht, bis mir auffiel, dass es bei Euch kaum grauhaarige Menschen gibt, unabhängig vom Alter.

Habt Ihr irgendwo einen Jungbrunnen? Wenn nicht, kann ich mir das Phänomen nicht anders erklären, als dass jedes Jahr eine wahre Tönungs-Sturzflut über Euch hereinbricht. Keine Ahnung, ob Haarfärbemittel unter Artikel 4.5 der EU-Importbeschränkungen gegen Nordkorea fällt: *Luxury perfumes, toilet waters and cosmetics, including beauty and make-up products.* In dem Fall hätte die restliche Welt eine reelle Chance, Nordkoreas wunden Punkt zu treffen![24]

Wenn Du lachst, klingt es wie das Rasseln einer kiesgefüllten Blechdose – langgezogene, röchelnde Schluchzer, tief aus dem Bauch –, als würdest Du eine veritable Salve Raucherhusten abfeuern. Aber obwohl man Dich so gut wie nie ohne eine (starke, nordkoreanische) Zigarette sieht, habe ich nicht mitbekommen,

---

24 COUNCIL OF EUROPEAN UNION REGULATION (EC) No 329/2007 of 27th March 2007, concerning restrictive measures against the Democratic People's Republic of Korea.

dass Du Probleme mit den Atemwegen hättest. Vermutlich hast Du Deine Flimmerhärchen schon vor Jahrzehnten weggeräuchert.

Überhaupt hast Du etwas von einem Antihelden, dem Underdog im Kampf gegen das Establishment, dem Kleinganoven mit dem Herz aus Gold, den wir, das Publikum, anfeuern. Wenn Deine Gesichtsmuskeln eine ihrer seltenen Ruhepausen einlegen, umgibt Dich ein Hauch von Melancholie. Von einem »traurigen Clown« zu sprechen, wäre vielleicht übertrieben, vielleicht eher von einer jüngeren ostasiatischen Version von Harry Dean Stanton (vertrau mir, mit dem kann man sich durchaus vergleichen lassen). Du selbst bezeichnest Dich als Fuchs, und im Großen und Ganzen stimme ich Dir zu. Eine Kreuzung aus Fuchs und Straßenkatze.

Das Ministerium, in dem Du arbeitest, ist für die nordkoreanische Regierung ein zentrales Werkzeug bei den ersten zaghaften Schritten in Richtung *Soft Power*. Deine Hauptaufgabe besteht darin, verschiedene Kooperationen mit der Außenwelt anzustoßen, mit dem Schwerpunkt auf Kultur im weitesten Sinn. Ich schätze, am liebsten würde das Ministerium nichts anderes tun, als nordkoreanische Artisten, Akrobaten, Musikvirtuosen, Turner und andere Wunderkinder zu hochkarätigen und im Idealfall leicht angestaubten Kulturfestivals in der Welt zu schicken. Doch nicht zuletzt wegen des leicht angekratzten Rufs Eures Landes ist Euch mittlerweile klar, dass ihr auch in die umgekehrte Richtung eine gewisse Aufgeschlossenheit signalisieren müsst. Also ist das Ministerium – zumindest auf dem Papier – darauf erpicht, Kulturschaffende aus dem Ausland (im Idealfall weltberühmte Selbstzahler) nach Nordkorea einzuladen und langfristige Kooperationen mit internationalen Kunst- und Kulturinstitutionen aufzubauen. Dementsprechend hat in Nordkorea niemand so viel Kontakt zu Leuten wie mir – Künstlern, Forschern, Sportlern, Journalisten, Geschäftsleuten und internationale Freundschaftsgesellschaften – wie Ihr.

Euer Ministerium setzt sich aus verschiedenen Abteilungen zusammen, die die Außenwelt untereinander aufteilen und kaum Kontakt zueinander haben: Es gibt die europäische Sektion, die nordamerikanische Sektion und so weiter und so fort. Die Mitarbeiter der jeweiligen Sektion sind wiederum Ansprechpartner für ein bestimmtes Land oder eine bestimmte Region. Nach welcher Methode verteilt Ihr die Länder eigentlich? Ich vergesse jedes Mal, Dich das zu fragen. Wer zuerst kommt, mahlt zuerst? Oder mit Zettel aus dem Hut wie beim Wichteln? »Ach, was für ein Pech, Kamerad Kang. Zwei Jahre hintereinander Weißrussland? Aber gratuliere zu Frankreich, Kamerad Paek!« Oder erfolgt die Vergabe auf Leistungsbasis, und besonders fleißige Mitarbeiter werden im Folgejahr mit Großbritannien belohnt, während Faulpelze Albanien aufgedrückt bekommen?

Wie auch immer, ich hatte nie den Eindruck, dass Du als Verantwortlicher für Norwegen beziehungsweise die Nordischen Länder viel um die Ohren hattest. Jedenfalls nicht, bis ich auf die Bildfläche trat.

Und vielleicht war ja genau das der Sinn der Sache. Vielleicht hattest Du Dich ausdrücklich um einen ruhigen Posten beworben, oder Deine Vorgesetzten dachten, die Nordischen Länder – dieser reiche, leicht träge, aber doch ansehnliche Teil Europas – seien die perfekte Sektion, um dort einen potenziellen Unruhestifter wie Dich zu »parken«: Über die Jahre habe ich Dich so oft bei Konzerten, Theateraufführungen und Ausstellungen – sogar bei denen, die wir selbst organisiert hatten – ein Nickerchen halten sehen, dass ich guten Gewissens behaupten kann, dass Du an Kunst und Kultur monumental desinteressiert bist. Allerdings bist Du mit Leidenschaft dabei, diese Veranstaltungen *zu realisieren* – oft gegen alle Widerstände. Auch in dieser Hinsicht haben wir einiges gemeinsam, wobei es mir zumindest bei meinen eigenen Aufführungen in der Regel gelingt, die Augen offen zu halten. Du magst Menschen, Partys und Nervenkitzel und hast keine Probleme mit einer Discokugel. Du warst zur Stelle, als jemand wie ich jemanden wie Dich im Ministerium gebraucht hat, einen anderen nol sae – einen nordkoreanischen Playboy.

SEX
(In Nordkorea!)

★

Die Stärke der Jugend ist,
dass sie immer mehr gibt, je mehr man sie fordert, wie ein Brunnen,
der mehr Wasser spendet, je tiefer man gräbt.
KIM JONG-IL

★

Hetero

Eine in ganz Korea bekannte und beliebte Redewendung lautet: *nam nam, buk nyo.* Männer aus dem Süden, Frauen aus dem Norden. Eine Anspielung auf die Teilung des Landes, deren Tragik auch darin besteht, dass die schönsten Frauen im Norden und die schnuckeligsten Männer im Süden leben. Na ja, wenigstens müssen die glücklichen Nordkoreaner sich fürs Erste keine Sorgen machen, Einwanderer aus dem Süden könnten ihnen die Frauen wegschnappen.

Die beliebtesten Pjöngjanger Datingspots sind die Bänke und Treppenstufen am Ufer des Taedong. In Nordkorea führen sich Frischverliebte äußerst brav auf, aber mit etwas Glück erwischen Sie das eine oder andere Paar beim Händchenhalten. Küssen in der Öffentlichkeit ist verpönt und bisher ungesehen, und seine(n) Liebste(n) nach Hause ins Kinderzimmer einzuladen, ist völlig undenkbar, aus Platzmangel und vor allem kulturell bedingt.

Totalitäre Systeme sind von Natur aus puritanisch und konservativ. Die Machthaber wissen nur zu gut, dass der menschliche Sexualtrieb unkontrollierbar ist, und deshalb gilt Sex aus puren

Lustgründen als etwas Verwerfliches. Die Hauptursache, warum in der Schule kaum bis gar kein Sexualkundeunterricht stattfindet, ist dementsprechend weniger kulturell als ideologisch bedingt, denn hinter verschlossenen Türen sind die Nordkoreaner kein besonders prüdes Völkchen. Trotzdem bleiben die meisten, Frauen wie Männer, bis zur Hochzeitsnacht jungfräulich.

In einer Raucherpause vor dem Luxushotel Koryo hatte ich einmal das Vergnügen, einen ausgesprochen unorthodoxen Mitarbeiter der malaysischen Botschaft dabei zu belauschen, wie er seinem nordkoreanischen Kollegen einen improvisierten und ausschweifenden Vortrag darüber hielt, wie wichtig und befriedigend es sei, der Frau einen Orgasmus zu bescheren. Der schnellste Weg zum Erfolg? »*You have to lick! Lick a lot! And suck! And move your tongue in small circles! Like this!*«, erklärte der Malaie dem immer nervöser lächelnden Nordkoreaner aus voller Kehle.[25]

Prävention – im Sinne von Schwangerschaftsverhütung statt -abbruch existiert im Prinzip nicht. Deshalb war es für Mister Win wie Weihnachten, als ich ihm einmal als Mitbringsel aus Norwegen ein Päckchen Kondome überreichte. Ob er sie zusammen mit seiner Frau testete, ist eine andere Frage.

In Nordkorea sind sexuelle Kontakte mit Ausländern ein Tabu, über das sich häufig lustig gemacht, das aber selten bis nie gebrochen wird. Falls Sie vorhaben, Mitglied des »Pjöngjangs-Clubs« zu werden (Touristen, die in Nordkorea Sex hatten), müssen Sie gründlich planen und sich an Eingeschmuggeltem erfreuen. Natürlich gilt das nicht für Heteros:

---

25 »Sie müssen lecken! Lecken und saugen! Und Ihre Zunge kreisen lassen! So ungefähr!« Für etwas Bonusmaterial siehe: http://www.yhchang.com/CUNNI LINGUS_IN_NORTH_KOREA.html

Homo

Wie in allen Ländern und Kulturen kommen mit ziemlicher Sicherheit auch in Nordkorea jeden Tag homosexuelle Mädchen und Jungen zur Welt. Leider werden die wenigsten ihre Sexualität jemals innerhalb der Landesgrenzen ausleben können. Die meisten Schwulen und Lesben, denen Sie in Nordkorea begegnen werden – und rein aus statistischen Gründen werden Sie das tun –, sind wahrscheinlich verheiratet und haben Kinder. Ihre Guides werden treudoof behaupten: Homosexualität, so etwas gibt's in Nordkorea nicht. Dieser Logik folgend, gibt es auch keine Rechtsvorschriften zum Schutz *von* LGBTIQ-Personen (wie zum Beispiel in den Nordischen Ländern) oder andersherum zum Schutz der Gesellschaft *vor* LGBT-Personen (wie in Russland und den meisten muslimischen Ländern). Da Nordkorea von der Globalisierung und der weltweiten Informationsflut weitgehend unberührt geblieben ist, wissen ohnehin die wenigsten, was Homosexualität eigentlich ist. Nicht einmal die Homosexuellen selbst, die weder über den Schlüssel zum Verständnis ihrer Gefühle noch über den notwendigen Begriffsapparat verfügen, um diese zu beschreiben. Das soll nicht heißen, die nordkoreanische Kultur wäre homophob. Wenn Geflüchtete den Alltag in ihrer nordkoreanischen Heimat beschreiben, entsteht das Bild einer relativ entspannten Mentalität, zumindest was etwaige Abweichungen von der sexuellen Norm angeht. Mir wurde von »Cross-Dressern« auf dem Land erzählt oder auch von »Lebensgefährten«, die zusammen alt wurden. Und dann wäre da noch das gigantische[26] stehende[27] Heer. Sexualität ist wie ein Bach. Ab und an ändert sie ihren Lauf, aber aufhalten lässt sie sich nicht. Bei bis zu zehn Jahren Wehrpflicht in abgelegenen Kasernen ist es wenig überraschend, dass der eine oder andere Soldat früher oder später

26 Hihi!
27 Hihihi!

Sex mit einem anderen Mann hat. Davon abgesehen ist die Ästhetik der nordkoreanischen Propaganda deutlich mehr *Camp*, als ihren Urhebern klar sein dürfte, und ein beträchtlicher Teil der nordkoreanischen Propagandakunst mit all ihren muskelbepackten Arbeiter- und Kriegshelden ist nur wenige Kleidungsstücke von einem asiatischen *Tom of Finland* entfernt.

Als homosexueller Tourist haben Sie keine Diskriminierungen zu befürchten, solange Sie es nicht auf Provokation anlegen. Selbst wenn Sie sich im Leopardentanga und mit einer Federboa um den Hals auf den Kim-Il-sung-Platz stellen und aus voller Kehle *I will survive* schmettern, werden Sie damit eher Verwunderung als Prügel ernten. (Nicht, dass ich den Selbstversuch gewagt hätte.) Trotzdem gelten für alle dieselben Regeln, und wenn Sie in Nordkorea jemanden ins Bett kriegen wollen, sollte dieser jemand ebenfalls Nicht-Nordkoreaner sein.

Zur totalen Enthaltsamkeit besteht jedoch kein Grund. Als Extra-Service für alle lebensfrohen Leserinnen und Leser mit besonders ausgeprägter Libido hier ein kleiner Guide im Guide, eigens für dieses Buch verfasst, und zwar von einer echten Koryphäe, meinem französischen Freund und Kooperationspartner Jean Valnoir.[28] Mesdames et messieurs:

Masturbationsanleitung für Pjöngjang

Abgesehen von Alkohol, Karaoke und dem Schießen auf lebende Hühner[29] bietet Nordkorea ein eher begrenztes Unterhaltungs-

---

28 Die Frage, ob er anonym bleiben wolle, beantwortete unser werter Lehrmeister mit: »Und MICH VERSTECKEN??? Ich weiß, dass Feigheit durchaus eine französische Tradition ist, gerade deswegen. Ich bin stolz auf meine Handfertigkeit! Trag sie hinaus in die Welt!«

29 Jean meint den Schießstand MEARI SHOOTING RANGE, an dem man nicht nur auf gewöhnliche Zieltafeln und leere Flaschen, sondern auch auf allerhand Federvieh – vom Huhn bis zum Fasan – schießen kann. Mit etwas Glück erlegt man auf diese Weise sogar sein Abendessen.

angebot. Intime Abenteuer mit der Lokalbevölkerung sind ein mehr oder weniger unmögliches Unterfangen. Wer ohne bessere Hälfte anreist, seine erotischen Tagträume aber trotzdem verwirklich will, hat deshalb nur eine Wahl: Selbstbefriedigung. Pornografie, an der sich viele Menschen erfreuen und die oft zur Untermalung der Selbstliebe eingesetzt wird, ist in Nordkorea streng verboten. Deshalb möchten wir Ihnen ausdrücklich diverse Vorsichtsmaßnahmen ans Herz legen, wenn Sie diesen schändlichen Schweinkram ins Paradies des Proletariats einführen wollen.[30] Wie die meisten Nordkoreaner sind auch die Zollbeamten am Flughafen nicht besonders computeraffin. Sie interessieren sich primär für Gedrucktes und größere Gegenstände wie DVDs oder CDs. Einen klitzekleinen USB-Stick in einem Seitenfach Ihrer Tasche oder Ihres Rucksacks werden sie daher kaum beachten. Wählen Sie deshalb digitale Lösungen! In der Regel werden Laptops nur sehr oberflächlichen Checks unterzogen. Die Zollbeamten haben nämlich weder Zeit noch Kapazitäten, um die Festplatten sämtlicher Geräte zu kontrollieren, mit denen die Leute heutzutage in der Weltgeschichte herumreisen. Sie begnügen sich mit ein, zwei Dateien aus einem Ordner Ihrer Wahl (dafür können Sie einen Ordner mit einem unverfänglichen Namen wie VIDEO einrichten). Dennoch empfehlen wir Ihnen, Ihre »künstlerischen« Videodateien auf einem unzugänglichen Teil Ihrer Festplatte aufzubewahren. Am besten speichern Sie das Material als .zip-Datei und ändern die Endung des Dateinamens in .doc, .xml oder .psd. Verschieben Sie die Datei anschließend in einen Ordner, in dem sie dank der neuen Endung zwischen den »echten« Dateien nicht auffällt. Wer auf Nummer sicher gehen will, kann außerdem eine Datenverschlüsselungssoftware wie TrueCrypt, Veracrypt oder (den weniger sicheren) Bitlocker verwenden, mit der sich ausgewählte Dateien quasi unsichtbar machen lassen.

30 Hihi!

Das führt uns zur nächsten Frage: Wo in Nordkorea kann und sollte man sich den schmutzigen Freuden des Individualismus hingeben? Bekanntlich lässt sich über Geschmack nicht streiten, und es sei jedem selbst überlassen, wann es sich richtig und notwendig anfühlt, »selbst Hand anzulegen«. Aber Achtung: In einem mit eiserner Hand – oder in diesem Fall wohl eher mit eiserner *Faust* – regierten Land zahlt man für öffentliches Masturbieren einen hohen Preis, vor allem, wenn auf Ihrem Smartphone-Display gerade eine formvollendete »interracial orgy« zu sehen ist. Ein (möglichst) privater Ort wie Ihr Hotelzimmer ist deshalb immer zu bevorzugen – vorausgesetzt, Sie müssen es sich mit niemandem teilen. Doch trotz aller Vorsichtsmaßnahmen, wie zum Beispiel einem über den Knien flatternden Bettlakenzelt, bleibt das Regime allgegenwärtig: Als ich während meiner dritten Nordkoreareise, genauer gesagt am 3. September 2017, zum dritten Mal an jenem Tag eine Partie Taschenbillard spielte, vibrierte plötzlich mein Bett. Der Grund, wie sich später herausstellte, war ein Erdbeben, verursacht durch den größten Atomtest in der Geschichte des Landes, nur wenige hundert Kilometer von meinem Pjöngjanger Hotelzimmer entfernt.[31]

Nützliche Zusatzinformationen:

In den ersten Jahren, in denen in Nordkorea mobiles 3G-Netz angeboten wurde (ausschließlich für Touristen und Ausländer!), existierten keinerlei Restriktionen und keine Internetzensur, vermutlich, weil die Regierung noch keinen blassen Schimmer hatte, was im World Wide Web so los war. Ohne Probleme konnte man mitten auf dem Kim-Il-sung-Platz Seiten wie YouPorn öffnen (diskret, versteht sich). Wir haben es selbst probiert! Dieses goldene Zeitalter war jedoch schnell Geschichte, und heute sind

---

31 Doch nicht einmal das von einer Atombombe ausgelöste Erdbeben konnte Valnoirs drittes »happy end« an diesem Tag vereiteln. *La République en Marche!*

die meisten Pornoseiten blockiert, genauso wie YouTube, Facebook und andere soziale Medien.

Aber keine Sorge: Obwohl sich hartnäckig das Gerücht hält, in Nordkorea seien alle Hotelzimmer videoüberwacht, ist da mit neunundneunzigprozentiger Wahrscheinlichkeit nichts dran. Wenn doch, müssen die nordkoreanischen Aufpasser wohl Unmengen an Aufnahmen von (hauptsächlich männlichen) Touristen beim Onanieren über sich ergehen lassen. Abschließend sei erwähnt, dass Papiertaschentücher und Servietten kein Bestandteil der zahlreichen Importrestriktionen sind, mit denen Nordkorea zu kämpfen hat. Sie finden sie in den meisten Geschäften, die Sie in Pjöngjang besuchen dürfen, und in Sachen Weichheit und Saugfähigkeit stehen sie dem westlichen Standard in nichts nach.«[32]

32 Die MASTURBATIONSANLEITUNG FÜR PJÖNGJANG ist natürlich aus der männlichen Perspektive des Autors verfasst. Trotzdem hoffen und glauben wir, dass der Inhalt, abgesehen von manchen Verhaltensregeln praktisch-hygienischer Natur, auch für die weibliche Leserschaft relevant ist.

REZEPT
Tangogisuppe

★

Wie in vielen ostasiatischen Ländern stehen auch in Korea etliche Gerichte auf der Speisekarte, die der Legende nach »der Paarung förderlich« sind. Hundefleisch gilt auf der gesamten Halbinsel als traditionsreiche und beliebte Zutat. Auch wenn das sexuelle Angebot begrenzt sein mag, müssen Sie also zumindest beim *Essen* nicht auf Doggystyle verzichten. Wörtlich übersetzt bedeutet *tan gogi* »süßes Fleisch«, vermutlich wegen des appetitlicheren Klangs, vielleicht aber auch wegen des leicht wildartigen, süßlichen Geschmacks. In Südkorea wird ein ganz ähnliches Gericht *gaejangguk* (schlicht: Hundesuppe) oder auch *bosintang* (gesunde Suppe) genannt. Die Suppe ist nahrhaft und stärkend, und außerdem wird Hundefleisch eine aphrodisierende Wirkung nachgesagt, vor allem bei Männern. Je zarter das Fleisch, desto länger und leidenschaftlicher die Nacht. Der nordkoreanische Kochverband formuliert dies ein wenig subtiler:

> *Tangogisuppe ist dafür bekannt, dass sie sättigend, nahrhaft und leicht verdaulich ist. Es heißt, sie sei so nährstoffreich, dass schon ein winziger Tropfen der Kraftbrühe wahre Wunder für die Gesundheit bewirkt.«*

Mit anderen Worten: Man sollte sie wohl dosieren!

ZUTATEN:
Tangogisuppe

★

5 kg	Hundefleisch am Knochen
50 g	feingehackter Schnittlauch
50 g	gepresster Knoblauch
2 El	Salz
1 ½ El	Koreanisches Chilipulver (*gochugaru*)
2 Tl	schwarzer Pfeffer

Würzpaste

4	gepresste Knoblauchzehen
3 El	feingehackter Schnittlauch
3 El	kleingehackte Frühlingszwiebeln
2 El	Chilipulver
3 El	Doenjang (fermentierte Sojabohnenpaste) oder Gochujang Chilipaste
1 ½ El	gehackte koreanische Minze (*agastache rugosa*)
2 El	feingehackter Koriander
4 El	Perillasamen gehackte Frühlingszwiebeln, gehackter Knoblauch und Pfeffer zum Servieren

ZUBEREITUNG
Tangogisuppe

★

1. Fleisch am Knochen von Fett und Innereien befreien und diese zur Seite legen. Mit kaltem Wasser abspülen. Einen Topf mit Wasser füllen, das Fleisch hineinlegen und aufkochen lassen. Bei geringer Temperatur drei Stunden köcheln lassen, bis das Fleisch schön zart ist. Regelmäßig Fett und Schaum abschöpfen (das Fett kann später für die Gewürzpaste verwendet werden).

2. Fleisch aus dem Topf nehmen und die Brühe aufbewahren. Knochen und Knorpel entfernen und eine Portion Fleisch für die Paste beiseitelegen. Das restliche Fleisch klein schneiden oder mit der Hand zerrupfen.

3. Innereien (Nieren, Leber, Herz) in Würfel schneiden und mit Frühlingszwiebeln, Knoblauch, Salz, Chilipulver und Pfeffer in einem Wok oder einer großen Pfanne in heißem Öl scharf anbraten.

4. Zubereitung der Würzpaste: Das beiseitegelegte Fleisch und die gebratenen Innereien fein hacken oder in einer Küchenmaschine zerkleinern. Die Farce mit Knoblauch, Schnittlauch, Frühlingszwiebeln, Chilipulver und dem abgeschöpften Fett in einen Topf geben und mit einer Tasse Brühe auffüllen. Das Ganze so lange kochen, bis eine dickflüssige Paste entsteht.

5. Das Fleisch wieder in die Kraftbrühe legen und nach Belieben mit *doenjang*-Paste würzen. Erneut aufkochen lassen und eventuellen Schaum abschöpfen. Nach Belieben mit kleingehackten Frühlingszwiebeln, Knoblauch und Pfeffer würzen.

6. Eine Portion in eine vorgewärmte Terrine oder einen Suppenteller füllen. Einen Esslöffel Würzpaste einrühren und mit feingehacktem Koriander, koreanischer Minze und Perillasamen bestreuen. Wohl bekomm's!

Obwohl unterschiedliche Zubereitungsarten von Hundefleisch auf der gesamten Halbinsel verbreitet sind, werden Ihre nordkoreanischen Guides Ihnen höchstwahrscheinlich keine Restaurants ans Herz legen, die eins dieser traditionellen Gerichte servieren. Es heißt nämlich, dass Koreaner während der großen Hungersnot anfingen, Hund zu essen, weil es schlichtweg nichts anderes gab. Aber wer weiß – vielleicht wollen sie uns dekadente, leichtsinnige Touristen aus dem Westen auch nicht mit natürlichem Viagra überfüttern. Aufgrund der begrenzten Möglichkeiten, den aphrodisierenden Effekt zu kanalisieren (siehe voriger Abschnitt), könnten die Folgen nicht nur lästig, sondern regelrecht gefährlich sein.

Ein guter Freund, der in einem Reisebüro (im Westen) arbeitet, hat mir einmal geschildert, wie er die mehrstündige und andachtsvolle Tour durch das Kumsusan-Mausoleum, inklusive Verbeugung vor den einbalsamierten Leichnamen der zwei verstorbenen Kims, mitgemacht hatte – und zwar mit einem heftig pochenden Ständer. So wie ich ihn kenne, war der Verzehr von Hundesuppe eher nicht der Grund. Als er sich später am Abend einem (ebenfalls europäischen) Kollegen anvertraute, lachte der nur: »Was?! Du auch …?«

Aber natürlich sind wir dekadenten bürgerlichen Imperialisten aus dem Westen nicht die Einzigen, die hin und wieder übermächtige animalische Triebe verspüren. Hier eine Anekdote mit unserem lebenslustigen Chauffeur, einem kleinen Lustmolch namens Mister Han, in der Hauptrolle:

Die meisten Reisen durchs Land unternehmen Touristen wie wir in einem Minibus. Der Fahrer ist fest bei der Gastgeberorganisation angestellt und steht uns während des gesamten Aufenthalts zur Verfügung. Das Chauffieren ausländischer Delegationen und Touristengruppen ist in Nordkorea ein eigenständiger Berufszweig. Die meisten Fahrer sind höfliche, schweigsame und zurückhaltende Männer mittleren Alters, die keiner Fremdsprache mächtig sind und sich nur selten unter die Reisegesellschaft mischen. Als ich einmal mit einem Reporterteam eines norwegischen Fernsehsenders unterwegs war, saß allerdings ein Mann hinter dem Steuer, der sich als äußerst untypischer Vertreter seiner Zunft erwies. Mister Han war ein fröhlicher *nong taegi*[33] wie aus dem Bilderbuch: breitbeinig auf seinem Fahrersitz (»manspreading«), leutselig und erfrischend frei von Bescheidenheit. Er strahlte etwas Unkompliziert-Bäuerliches und zugleich Selbstsicheres aus, und wir stellten uns vor, wenn er Amerikaner wäre, dann auf jeden Fall Südstaatler.

Unsere – ausschließlich aus Männern bestehende – Reisegruppe fand schnell einen Draht zu Mister Han, und wir tauschten regelmäßig kerlige Schulterklapser und feste Händedrücke mit ihm aus, meistens auf seine Initiative. Eines Tages erfuhren wir in letzter Minute von einer Willkommensparade für die Tischtennisnationalmannschaft, die im WM-Finale die Erzrivalen aus dem Süden geschlagen hatte und soeben in Pjöngjang gelandet war. Wir mussten uns beeilen und sprangen unverzüglich in den Minibus, damit Mister Han uns rechtzeitig zur Parade am anderen Ende der Stadt fahren konnte. Ehe Mister Han den Motor startete, fiel sein Blick jedoch auf unseren Kameramann Truls, der sich gerade im Mittelgang vorbeugte, um in seiner Equipmenttasche nach einem Objektiv zu suchen. Dabei rutschte dem eigentlich schlanken und einigermaßen trainierten Truls das T-Shirt ein Stück hoch und entblößte einen Streifen schweinchenrosa Haut, kleine Speckröllchen und den Ansatz eines Maurer-Dekolletees.

Während Truls hochkonzentriert seine Tasche durchsuchte, begaffte Mister Han die unfreiwillige Strip-Show eine Weile. Schließlich lehnte er sich vor und begann beherzt, ja beinahe wollüstig Truls' Speckröllchen zu kneten, mit dem Gesichtsausdruck eines Schweinehändlers, der soeben ein ganz besonderes Prachtexemplar entdeckt hat. Dass in einem Radius von rund zwei Quadratmetern vier weitere erwachsene Männer saßen und die Szene mit großen Augen beobachteten, kümmerte Mis-

---

33   Also »Playboy«, siehe S. 57.

ter Han nicht die Bohne (vielleicht war sogar das Gegenteil der Fall.) Truls, wie so viele Kameramänner mit einem fast schon autistischen Tunnelblick gesegnet, kramte unbeirrt nach dem gewünschten Objektiv, während Mister Han alle Hände voll damit zu tun hatte, sich minutenlang an seinen Speckröllchen zu schaffen zu machen.

Das Ganze erinnerte immer mehr an den Anfang der berüchtigten Vergewaltigungsszene in *Beim Sterben ist jeder der Erste* (»Quieken wie ein Schwein!«).[34] In Mister Hans Gesichtsausdruck lag aber nichts Böses, sondern nur pure kindliche Freude. Schließlich fand Truls sein Objektiv (innerlich seufzte er bestimmt erleichtert auf), und der Bus konnte losfahren. Die Show war vorbei.

Nach diesem unvergesslichen Ereignis ernannten wir anderen Teilnehmer der Reisegruppe den nichtsahnenden Mister Han zum inoffiziellen Ehrenmitglied der soeben gegründeten Pjöngjang-Sektion des Norwegischen Bear Clubs.[35]

Allerdings sollten sich keine weiteren Gelegenheiten für hemmungslose Liebkosungen westlichen Hüftgolds bieten – was nicht an Mister Hans Vorlieben lag. Es stellte sich nämlich heraus, dass er fuhr wie eine gesengte Sau, und selbst unsere nordkoreanischen Gastgeber, die die holprigen Landstraßen auf dem nordkoreanischen Land gewohnt waren, hatten von Mister Hans Fahrkünsten schnell die Nase voll.

---

34 *Deliverance* (»Beim Sterben ist jeder der Erste«), Regie: John Boorman, USA 1972.

35 Die sogenannte Bear-Community bezeichnet die Gemeinschaft der »Bären«: stark behaarter homo- oder bisexueller Männer. www.norwaybears.com.

PERIPHERIE
Der Rest des Landes

★

Wo unser Mutterland ist,
da sind auch unsere Partei, unsere
Regierung, unser sozialistisches System und
das Wohl unseres Volkes.
KIM JONG-UN

★

Sowohl westliche Medien als auch die nordkoreanische Propaganda – die in mehrerlei Hinsicht in Wechselwirkung zueinander stehen – konfrontieren uns mit so heftigen Übertreibungen, dass wir leicht dem Irrglauben erliegen, Nordkorea sei eine Mini-Supermacht mit dem Ziel und der Fähigkeit, *Lebensraum* zu erobern. Reist man jedoch unvoreingenommen ins Land, begreift man schon nach wenigen Tagen, dass die Wahrheit anders aussieht. Vom Kim-Il-sung-Platz – Schauplatz der berüchtigten Militärparaden und Herzstück des Landes und der Idee Nordkorea – ist man mit dem Bus schon in einer Viertelstunde in der Provinz, wo Ziegen auf dem Mittelstreifen grasen und ganze Dörfer ihre Kleidung auch im tiefsten Winter im Fluss waschen. Während der drei- bis vierstündigen Fahrt von Pjöngjang in die drittgrößte Stadt Kaesŏng sieht man kaum andere Fahrzeuge, weder auf den Straßen noch auf den Äckern.

Und dieses Dritte-Welt-Land, das sich krampfhaft an Zuständen festkrallt, die bestenfalls an eine Gesellschaft aus der letzten Hälfte des vorigen Jahrhunderts erinnern, soll allen Ernstes den Weltfrieden bedrohen? Nehmen wir Fernreisenden diese Vorstellung als Souvenir mit nach Hause, machen wir damit niemanden glücklicher als die Generäle in Pjöngjang.

In Nordkorea sammeln wir die meisten Eindrücke im Fahren, durch einen Blick aus dem Fenster des Vans oder Touristenbusses, der für einige Tage unser Habitat ist. Land und Leute gleiten vorbei und verschwinden in der Ferne. Am Horizont tauchen riesige Hochhäuser auf, und am Straßenrand erblicken wir Menschen, die wir niemals wiedersehen und über die wir nie etwas erfahren werden. Die meisten »Nordkorea-Schnappschüsse« nehmen wir aus der Entfernung und auf holprigem Untergrund auf, und deshalb sind sie verschwommen, unscharf und rätselhaft.

Apropos: Warum werden die Straßenverhältnisse nicht verbessert? Die Antwort liegt nahe: Solange das nordkoreanische Regime die Wahl hat, wird es Kontrolle immer über Wohlstand stellen. Die Mobilität der Bevölkerung zu begrenzen – und damit auch das Risiko für unvorhersehbare Entwicklungen –, war der Regierung schlichtweg wichtiger, als die Infrastruktur, den Blutkreislauf des Gesellschaftsorganismus, auszubauen. Obwohl Nordkorea sich in den letzten zehn Jahren der Außenwelt geöffnet hat, nach dem bescheidenen nordkoreanischen Standard sogar in aufsehenerregendem Ausmaß, sind weite Teile des Landes für Touristen wie auch viele Nordkoreaner unzugänglich geblieben.

Wenn wir uns eine Karte vorstellen, auf der die für Touristen geöffneten Verkehrswege markiert sind, sehen wir ein Blatt vor uns, dessen Nervatur aus den wenigen befahrbaren Straßen zwischen den größeren Städten Pjöngjang, Kaesŏng, Wŏnsan und Namp'o besteht, die entweder im Zentrum oder im Süden der Republik liegen. Die nördliche Grenze verläuft zwischen Sinŭiju im Nordwesten und Rasŏn im Nordosten entlang der Grenzflüsse zu China, mit einer kleinen Einbuchtung ein Stück westlich vom heiligen Berg Paektusan. Den Eindruck, Nordkorea habe einiges zu verbergen, hat der Staatsapparat selbst forciert, oft durch reflexartige, vollkommen überflüssige Geheimniskrämerei, die unsere Neugier nur noch mehr weckt. Gleichzeitig verwandelt unsere vorgefasste Meinung, Nordkorea sei nur eine Fassade, eine Art Truman Show, die die »eigentliche« Wahrheit kaschiert, jeden einzelnen Sinneseindruck in eine potentielle Fährte:

Hinter dem nächsten Hügel liegt doch bestimmt irgendwas Sensationelles! Oder in dem Innenhof da drüben? In diesem oder jenem abgelegenen Dorf?

Hier kommt die Antwort. Sind Sie bereit?

Trommelwirbel ... Na ja, wahrscheinlich nicht.

In der Regel finden Sie nur Menschen in ihrem spartanischen, kräftezehrenden und vor allem monotonen nordkoreanischen Alltag. Langeweile, gepaart mit einer moderaten Portion diffuser, unterschwelliger Angst, ungefähr so wie im ehemaligen Ostblock.

Oft wollen die Leute von mir wissen: »Darfst du denn auch normale Menschen treffen?« Auch diese Frage gründet auf einem verbreiteten und nicht ganz haltlosen Vorurteil, nämlich dass einen die nordkoreanischen Guides nur mit handverlesenen Vertretern einer nicht weiter spezifizierten Elite sprechen lassen. Wie so oft steckt auch in dieser Annahme ein Funken Wahrheit, der jedoch unter einer dicken Schicht Übertreibung vergraben ist, denn wer sind eigentlich »normale Leute«?

Hier gibt es ebenfalls nur eine Antwort, und zwar ein entschiedenes »tja«.[36] Aber fangen wir bei uns selbst an: Wie viele »normale Leute« außer Kellner, Guides, Hotelangestellte, Tuk-Tuk-Fahrer, Masseure, Prostituierte und Bettler treffen wir eigentlich, wenn wir als Touristen unterwegs sind? Mit wie vielen »dürfen« wir sprechen?

Wenn es tatsächlich zu einer Unterhaltung kommt, worüber reden wir dann? Sogar junge Backpacker auf Weltreise bleiben am liebsten unter sich. Ein anderer wichtiger Faktor, der so offensichtlich ist, dass er leicht übersehen wird: Für die Mehrzahl der Nordkoreatouristen ist der erste gleichzeitig der letzte Besuch. Im Rahmen des üppigen, akribisch durchchoreographierten

36 Oder vielleicht: *Nyo*?

Reiseprogramms verkehrt man fast ausschließlich mit den zwei, drei englischsprachigen Guides/Dolmetschern/Aufpassern des staatlichen Reiseunternehmens, die die Touristengruppe den gesamten Aufenthalt über betreuen. Ansonsten kommt man allerhöchstens in Kontakt mit dem (oft nur Koreanisch sprechenden) Personal der Museen, Denkmäler und sonstigen Reiseattraktionen, die man besichtigt. Zu deren Arbeitsbeschreibung gehört, dass sie sich in den höchsten Tönen über die Staatsführung äußern, egal, ob sie hauptberuflich als Guide arbeiten oder spontan herausgepickt wurden, um Ihnen ihren Arbeitsplatz, eine Fabrik, eine landwirtschaftliche Produktionsgemeinschaft oder etwas Ähnliches vorzustellen.

Was Ihnen vielleicht wie ein Einblick in den größten gehirngewaschenen Kult der Welt vorkommt, ist für diese Menschen ein Job, den sie pflichtbewusst ausführen. Wenn Wildfremde wie wir »freiheraus« mit der Bevölkerung eines so streng kontrollierten, autoritär regierten Landes wie Nordkorea sprechen, kommt es schnell zu einem Phänomen, das der Satiriker P. J. O'Rourke sehr treffend als »Meinungsumfrage in einem Land, in dem nur bestimmte Meinungen zugelassen sind« beschreibt.

Schönen guten Tag, Frau und Herr Unterdrückte Lokalbevölkerung – ich bin ein geheimnisvoller und bedrohlicher Spion. Für wen ich arbeite, wissen allein die Götter. Demonstriert ihr hier und jetzt eure *übertriebene* Loyalität gegenüber dem Regime, das jede Faser Eures Daseins kontrolliert? Oder wollt ihr wie *Säulen* der Opposition dastehen, und wir zerreißen schon mal eure Lebensmittelmarken?[37]

Die Vielfalt der Menschen ist unerschöpflich, auch innerhalb eines Landes, eines Volks, einer Sprache oder einer distinkten Kultur, und ein Dachdecker aus einem norwegischen Kaff wie Mysen kann mindestens genauso viele Gemeinsamkeiten mit

37   P. J. O'Rourke: *Give War a Chance*, New York 1992.

einem Kollegen in der Mongolei haben wie mit einem Akademiker aus Oslo. So gesehen sind Mister Win und ich uns in unserem jeweiligen »Außen-Elitarismus« gar nicht so unähnlich.

Mister Win gehört zu den wenigen nordkoreanischen Männern, die nicht den zehnjährigen Wehrdienst geleistet haben, und ich glaube, dass er sich hin und wieder dafür schämt. »Für die Armee war er leider zu clever«, hat sein Chef einmal halb im Scherz gesagt. Stattdessen wurde er für ein Studium an der Kim-Il-sung-Universität ausgewählt, was in Nordkorea meist den Startschuss für eine Diplomatenlaufbahn oder eine vergleichbare Karriere mit breitem internationalem Kontaktnetz bedeutet. Mister Wins Englischkenntnisse legen allerdings die Vermutung nahe, dass er nicht unbedingt Klassenbester war. Und irgendwann muss irgendjemand »da oben« bedauerlicher-, aber verständlicherweise zu dem Schluss gekommen sein, dass Mister Win eher nicht als gestriegelter und stubenreiner Außendiplomat taugt.

Sein jetziger Job ist ein wohlkalibrierter Kompromiss zwischen dem, der er ist, und den Privilegien, die ihm im nordkoreanischen Klassensystem zustehen. Mister Win hat nämlich einen makellosen familiären Hintergrund: Sein verstorbener Vater war höherer Offizier der Volksarmee.

Viele seiner Ministeriumskollegen stammen aus ähnlichen Verhältnissen. Sie sind die Kinder von Offizieren, Botschaftssekretären oder Parteifunktionären, also Vertretern der mittleren bis oberen Schichten von Orwells »äußerer Partei«. Sie sind sicher verankert in der »loyalen Klasse«, wie diese Schicht in Nordkoreas eigenem Kastensystem heißt. Ganz gleich, welches Anliegen uns nach Nordkorea führt, wir Ausländer haben vorrangig mit diesen Beamten zu tun und nicht etwa mit superkorrupten, überprivilegierten Staatsmafiosi. Die »Loyalen« sind Arbeiter, deren Lebensstandard dem eines norwegischen Grundschullehrers entspricht. Der clevere Staat gibt ihnen gerade so viele Privilegien, dass sich die Schufterei auszahlt, *und oft noch ein bisschen mehr*: potentiell nützliche Kontakte mit Ausländern, sporadische

Auslandsreisen im Rahmen kultureller Verbindungsarbeit sowie gelegentlichen Zugang zu einer Handvoll Valuta. Manchmal, in Momenten der Selbsterkenntnis, geht mir durch den Kopf, dass es bei uns staatsfinanzierten Künstlern in Norwegen gar nicht so viel anders ist ...

Eine Reise nach Nordkorea ist eine Zeitmaschine, und wie in vielen anderen Entwicklungsländern braucht man sich bloß von einem Stadtteil in den nächsten zu begeben, um die Epoche zu wechseln: In Pjöngjang gibt es kleine Inseln der modernen Welt, ein paar größere Inseln aus den Neunzigern, noch größere aus den Achtzigern sowie ganze Viertel aus den Fünfziger- und Sechzigerjahren. Und verlässt man die Stadt, fühlt man sich binnen weniger Minuten in die Dreißiger oder noch weiter in die Vergangenheit zurückversetzt.

Andererseits besteht ein großer Unterschied zu den meisten Entwicklungsländern, immerhin scheint Nordkorea tatsächlich *wie aus der modernen Welt gefallen*, mit der das Land einst auf einer Höhe und zumindest halbwegs selbstverständlich verbunden war.

GLÜCKSLAND
(Morten der Erste)

★

Das Mutterland ist die wahre Mutter der Menschen
und die Wiege des Lebens und des Glücks.
KIM JONG-IL

★

1977. Am internationalen Flughafen Sunan, ein paar Meilen östlich von Pjöngjang, steigt in der Morgendämmerung ein hochgewachsener, vermutlich gejetlagter und etwas steifer Norweger aus der sowjetischen Koryo-Maschine, die soeben nach einem achtstündigen Flug aus Moskau gelandet ist. Der junge Mann, er trägt einen für die damalige Zeit ultrahippen dunklen Velours-Anzug mit Schlaghose, heißt Morten Jørgensen und ist Wahlkampfsekretär der Sosialistisk Venstreparti (»Sozialistische Linkspartei«, kurz SV). Im Herbst finden die Parlamentswahlen in Norwegen statt, und für Mortens Partei sieht es gar nicht gut aus, weshalb ihm eine kurze Auszeit vom heimischen Alltag mehr als gelegen kommt. In den kommenden Tagen wird er zusammen mit Hunderten mehr oder weniger prominenten Politikern und Linksaktivisten an der großen Weltkonferenz der Juche-Ideologie über die Worte und Lehren des Großen Führers Kim Il-sung teilnehmen.

Sein halblanges strohblondes Haar, das in Kombination mit der modischen Kleidung und seiner saloppen Art womöglich schon jetzt einen Hinweis auf seine spätere Karriere gibt, leuchtet im Blitzlichtgewitter der Fotografen der nordkoreanischen Parteizeitung. Dutzende, in Reih und Glied stehende Schulmädchen in koreanischen Volkstrachten überreichen ihm und den anderen Gästen verkniffen lächelnd Blumensträuße in knisternder Cellophanfolie. Morten ist weder der erste Norweger noch der Erste seiner Partei, der auf nordkoreanischem Boden Blumen bekommen (oder verschenkt) hat, aber er ist einer der wenigen, die dem Großen Führer die Hand schütteln dürfen:

»Mitten im Wahlkampf wurde die SV zu einer Weltkonferenz in Pjöngjang eingeladen. Das Thema lautete in etwa ›Die Gedankenwelt des Kim Il-sung‹. Der Parteivorstand, allen voran Berge Furre und Hanna Kvanmo, meinten, dass es … sagen wir, etwas unglücklich wäre, wenn die Zeitungen über einen Parteibesuch in Pjöngjang, dem Zentrum einer gefürchteten und berüchtigten kommunistischen Diktatur, schreiben würden. Auf der nächsten Hauptversammlung wurde deshalb beschlossen, dass es das Klügste wäre, eher unbekannte SV-Mitglieder nach Nordkorea zu schicken. Und plötzlich meinte jemand: ›Willst Du's nicht machen, Morten?‹, und ich sagte: JA!

In linken Kreisen kursierten über die Nordkoreareisen die wildesten Gerüchte, klar wollte ich hin!

Für mich war das Ganze ein Erlebnis, ein Abenteuer. Der Leiter unserer Delegation war Professor Steinar Stjernø, ehemaliger Rektor der Uni Oslo und damaliger Vizevorsitzender der SV. Ein bescheidener Mann, ›der Anonyme‹ im Parteivorstand. Weil die Koreaner ganz besessen von Titeln waren, wurde ich zum *General Secretary of the Election Campaign* und Steinar zum *Member of the Executive Committee of the Central Committee of Socialist Left Party Norway*. Für die großen norwegischen Zeitungen wie Dagbladet oder VG war die Reise keine große Sache, wir waren ja nur zwei einfache Parteifunktionäre.

Ich weiß noch, wie erleichtert Hanna Kvanmo war. Hätten wir die Einladung ausgeschlagen, wären wir ja quasi vor der Presse und der Öffentlichkeit zu Kreuze gekrochen. Außerdem dachte man, dass kleinere Länder wie Kuba und Nordkorea ein bisschen Unterstützung gebrauchen könnten. Klar war die Demokratische Volksrepublik Korea mit Vorsicht zu genießen, aber immerhin wurde dem Kapitalismus dort die Stirn geboten. Außerdem: Hätte die SV angefangen, einen Bogen um alle Länder mit schlechtem Ruf zu machen, hätte das über kurz oder lang zu Problemen geführt. Also beschloss man, dass es das Beste war, mit allen Kontakt zu halten. An der Konferenz nahmen einige Länder teil, an denen unsere Partei großes Interesse hatte. Unter anderem hatten wir ein Treffen mit einem Vertreter der Bewegung der revolutionären Linken MIR aus der damaligen Militärdiktatur Chile. Zudem waren Mitglieder der Palästinensischen Befreiungsorganisation PLO, mehrere afrikanische Freiheitsbewegungen und einige Staats- und Regierungschefs verschiedener afrikanischer Länder anwesend. Zu der Zeit hatte Nordkorea ein sehr gutes Verhältnis zu einigen afrikanischen Ländern und betrieb sogar Entwicklungshilfe. Handel fand bevorzugt mit unabhängigen Nationen statt und nicht mit Europa. Steinar und ich verbrachten die meiste Zeit mit der dänischen Delegation. Die bestand aus einem Gewerkschaftler und dem Schriftsteller Arne Herløv Petersen, der in den Siebzigern vom *Ekstrabladet* einen Preis für den besten erotischen Roman gewonnen hat. Ein witziger Typ.

Die Konferenz dauerte drei, vier Tage und fand in einem riesigen Saal im gigantischen Parteipalast statt. In den hinteren Reihen saßen rund eintausend koreanische Parteifunktionäre, weiter vorne die Delegierten aus etwa hundert Ländern. Wir wohnten in einem Hotel mit Seidenlaken und Goldfischteichen, Privatkellnern, Privatchauffeuren und schwedischen Volvos, für die die Koreaner mit Sicherheit keine Krone bezahlt hatten. Auf den Straßen waren kaum normale Autos unterwegs, fast nur Fahrräder, Karren, Militärfahrzeuge, Landwirtschaftsmaschinen und Lastwagen. Privatwagen gab es damals nicht, nur Parteiautos. Steinar wurde in einer eigenen Limousine herumkutschiert, und mein Fahrer drehte mit mir immer eine Extrarunde. Er wollte mir eine Freude machen, und er wurde von niemandem überwacht. Dadurch verschaffte er mir einen echten Einblick in das Land. Wenn wir vorbeifuhren, winkten Kinder und Alte uns zu. Die Leute blieben lächelnd stehen. Jugendliche in Schuluniformen begrüßten mich mit einem Militärgruß. Und ich hatte nie den Eindruck, dass sie dachten: ›Ach, da kommen die Bonzen, die müssen wir wohl grüßen.‹ Wenn ich ihnen zurückwinkte, flippten sie fast aus vor Freude. Ich hatte den Eindruck, dass von der Limousine nichts Tyrannisches, sondern eher die Aura eines geliebten Königs ausging. Kurz vor der Nordkoreareise hatte ich Urlaub in Jugoslawien und auch Station in Russland gemacht, und in beiden Ländern hatten mich Polizisten und Militärs mit Maschinenpistolen angehalten – weil ich bei Rot über die Straße gegangen war! Die meisten, die ich in Moskau die Straßen entlangschlurfen sah, hatten unzufrieden und traurig gewirkt. Sicher, ich habe nur das Nordkorea von 1977, also *vor* Kim Il-sungs Tod, kennengelernt, und damals hatten es die Nordkoreaner verglichen mit den meisten Nachbarländern noch ziemlich gut: kostenlose Gesundheitsversorgung, kostenlose Schulen und Kindergärten und -tagesstätten, die so groß wie Schlösser waren, buchstäblich!

Die Jugendlichen marschierten in ihren rot-weiß-blauen Schuluniformen durch die Stadt und sangen, dass es schallte, ohne dass ein Lehrer zu sehen war. Niemand sah unterernährt aus, und alle wirkten sehr sportlich. Sowohl Pjöngjang als auch Kaesŏng machten einen ungeheuer gepflegten Eindruck. Alles war sauber, man hätte förmlich von der Straße essen können. Der norwegische Gemeinschaftssinn mit seinen kollektiven Putzaktionen war ein feuchter Pups dagegen! Der Durchschnittskoreaner schien so viel Verantwortung fürs Allgemeinwohl zu tragen, dass es fast schon ans Manische grenzte. Für jede Form von Materialismus sah es allerdings schlecht aus: Im Pjöngjanger Großmarkt umfasste der Bestand gerade mal einhundert Waren. Na ja, dafür war man sehr stolz auf das Gebäude.

Später sind wir oft gefragt worden: *Wart ihr die ganze Zeit auf der Konferenz, oder hat man euch auch das Land gezeigt?* Die Antwort: Wir bekamen alles zu sehen. Fabriken, Bauernhöfe, Theater, Konzerte, Oper. Kindergärten und gigantische Horte. Für Nordkorea waren Kim Il-sungs Tod und der Fall der Berliner Mauer entscheidende Wendepunkte, die im selben politischideologischen Raum eintrafen, wenn auch nicht zur selben Zeit. Wenn ich heute Fernsehaufnahmen aus Nordkorea sehe, erkenne ich das Land kaum wieder. Es sieht aus wie Ostberlin oder Moskau 1977. Damals war das anders. Als ich dort war, kam ich mir vor wie in einer Art christlichem Ferienlager. Die Menschen wirkten so unfassbar glücklich. Wie es heute aussieht, weiß ich nicht. Ich habe nur ein paar Videos gesehen, und die waren schockierend.«[38]

Dreißig Jahre, einen Sündenfall, eine Staatstrauer, einen neuen Führer, mehrere Naturkatastrophen, einen Systemkollaps und eine Hungersnot später gleicht das »christliche Ferienlager« an manchen Orten einer postapokalyptischen Gesellschaft à la *Planet der Affen: Revolution*, bevölkert von Überlebenden mit fettigen Haaren, schlechten Zähnen, zerschlissener Kleidung, Strom aus selbstgebauten Aggregaten und einer Mischung aus Sehnsucht nach der Vergangenheit und Scham über die Gegenwart. Große Teile des ländlichen Nordkoreas sind die Ruinen einer Utopie, die es in halbwegs intakter, gleichwohl musealer und einbalsamierter Form nur noch in Pjöngjang und größeren Städten wie Kaesŏng oder Wŏnsan gibt. Nordkorea ist ein Liliput mit dreiundzwanzig Millionen Einwohnern, im Kalten Krieg gegen den Rest der Welt. Nach der ersten Runde vor fast einem halben Jahrhundert halten die USA, nach wie vor die einzige echte Supermacht, die Pausetaste bei 1:1 gedrückt.

Eine ähnlich starrsinnige, politisch unkorrekte und mitunter selbstverstärkende Asterix-Mentalität gibt es natürlich auch in unserem Teil der Welt, nämlich in solchen Ländern, in denen fast die gesamte Außenpolitik von der blutigen Geschichte des Landes und dem permanenten Druck durch den feindseligen Nachbarn gesteuert ... Solche Gedanken schwirren einem durch den

38 Die Schilderung von Morten Jørgensens Geschichte basiert auf dem Interview »Jenseits von Sibirien ist der Osten rot« mit Jon Rognlien, das als elektronisches Zusatzmaterial in *Den store ML-boka* (Oslo 2009) enthalten ist, sowie auf Gesprächen mit Unterzeichnetem.

Kopf, wenn man in einem japanischen Minibus aus den Siebzigern von Pjöngjang aus den sogenannten »Reunification Highway« heruntertuckert. Die vierspurige Schnellstraße verläuft so gerade, als hätte man sie mit dem Lineal gezogen, immer südwärts, in Richtung der südkoreanischen Hauptstadt Seoul und einer weit entfernten Zukunft, in der man die Landminen räumen und die Grenze öffnen wird. Der Highway ist wie ausgestorben. Während der dreistündigen Fahrt in die demilitarisierte Zone (DMZ) besteht der entgegenkommende Verkehr allenfalls aus ein paar Ziegen am Straßenrand sowie ein, zwei ausrangierten chinesischen Militärlastwagen, auf denen Bauern und Soldaten von der einen Baustelle zur nächsten kutschiert werden. Am symbolischen Grenzübergang PANMUNJEOM, einer militärischen Siedlung in der DMZ, steht ein in zwei Heere geteiltes Volk zu beiden Seiten eines gut zehn Zentimeter hohen Betonblocks, buchstäblich Nasenspitze an Nasenspitze, und versucht, sich gegenseitig in Grund und Boden zu starren.

Der meiste Kontakt mit der Außenwelt findet am äußersten Rand der Grenze zu China und Russland statt. Dort sind erste Anzeichen einer gewissen Modernität zu erkennen. Außerhalb der Großstädte und fernab der wichtigsten Straßen zwischen Pjöngjang, Kaesŏng und Wŏnsan besteht ein Großteil des gelinde gesagt bescheidenen Verkehrs aus alten chinesischen Lastwagen mit hölzernen Ladeflächen und Holzvergasern (das gleiche Prinzip wie in Norwegen während des Zweiten Weltkriegs).

Aus dem Bus- oder Zugfenster sieht man unzählige kahlgeschlagene Berghänge und endlose magere Äcker. Die spärlich besiedelte Landschaft trägt ihren Teil dazu bei, dass wir uns die Demokratische Volksrepublik als »geheimnisvoll«, »kulissenartig« und »leere Bühne« vorstellen. Während andere südostasiatische Länder wie Kambodscha riesigen Flickenteppichen aus küchengartengroßen Ackerstücken mit kleinen Katen darauf gleichen, finden sich in Nordkorea, das auf Grundlage einer sozialistischen Planwirtschaft strukturiert ist, riesige Monokulturen. Dort werden zum Beispiel Mais, Reis oder Äpfel angebaut. Die Dörfer gehen dazwischen fast unter, und da die meisten Menschen sich nur zu Fuß fortbewegen können und ohnehin keine Möglichkeit und keinen Grund haben, ihre Alltagssphäre zu verlassen, sieht man sie höchstens vereinzelt am Straßenrand.

Der Boden ist rötlich, sandig und für intensive landwirtschaftliche Nutzung kaum geeignet, denn humusreiche Schwarzerde, also Mutterboden, ist im zu rund achtzig Prozent aus Gebirge und unwegsamem Gelände bestehenden Nordkorea Mangelware. Trotzdem sind die Nordkoreaner genauso stolz auf ihre Berge wie wir Norweger. Die Berge sind ein letzter Schutzwall vor feindlichen Heeren und ein Sehnsuchtsort in der Ferne, sie trennen zwei Geliebte voneinander und wachen still über Geheimnisse, Straflager und Atomtests.

Auf unseren Streifzügen durch neun von zwölf nordkoreanischen Provinzen konnte ich im Schatten dieser Berge an meinen nordkoreanischen Gefährten immer wieder diesen leicht verletzten und trotzigen Stolz entdecken. Den Stolz auf eine Geschichte, eine Landschaft und eine Regierung, deren Schicksalsfäden so dicht miteinander verwoben sind, dass man sie nur noch mit einer Axt trennen kann.

HISTORISCHE FELDLINIEN I:
KIM der Erste
Juche I (1912) – Juche 83 (1994)

★

Wenn die Wale kämpfen, wird die Krabbe zermalmt.
ALTES GESAMTKOREANISCHES SPRICHWORT

★

Einer der vielen nordkoreanischen Selbstwidersprüche besteht darin, dass die Propagandamaschine das Land lautstark als souverän, unabhängig und selbstversorgend anpreist, obwohl (oder gerade weil?) die Geschichte seit dem Spätmittelalter das genaue Gegenteil beweist. Die Koreaner waren ihren größeren und mächtigeren Nachbarn schon immer ausgeliefert und von ihnen abhängig, mal als Okkupierte, mal als Verbündete. Vielleicht ist genau das der Grund für die überkompensierende Selbstverherrlichung – Korea ist seit jeher die Krabbe zwischen Walen.

Das zwanzigste Jahrhundert steckte noch in den Babyschuhen, als die Weltpolitik im Jahr 1904 durch den Russisch-Japanischen Krieg erschüttert wurde. Zankapfel war die Herrschaft über das schwache und introvertierte Kaiserreich Korea, das seit Jahrhunderten hauptsächlich unter chinesischem Einfluss gestanden hatte, sowie die strategisch wichtigen Marinestützpunkte in der chinesischen Nachbarregion Mandschurei. Im Jahr darauf erlitt die europäische Großmacht eine vernichtende Niederlage gegen den asiatischen Emporkömmling, die als erster großer Konflikt des Jahrhunderts gilt. Zar Nikolai II. sah sich gezwungen, einen erniedrigenden Verzichtsfrieden abzuschließen, was dazu führte, dass Korea zu einem japanischen »Protektorat«

beziehungsweise zu einem Marionettenstaat wurde. Fünf Jahre später wurde die Halbinsel vollständig in das japanische Kaiserreich eingegliedert, existierte also nicht mehr als eigenständiger Staat. Die vierzigjährige Kolonialherrschaft endete erst im Jahr 1945 mit der Kapitulation des japanischen Kaiserreichs vor den Alliierten.

Im koreanischen Nationalgedächtnis bildet diese schmerzhafte und widersprüchliche Epoche das Fundament eines Führerkults und eines Nationalmythos über heroischen Widerstand, das über drei Generationen hinweg beständig zementiert wurde. Die allgegenwärtige Staatspropaganda hat die Führerfigur so eng mit dem Land verknüpft, dass sich diese zwei Narrative nicht mehr voneinander trennen lassen:

★

Der große Leiter Kim Il-sung
ist stets an unserer Seite!
NORDKOREANISCHES SCHLAGWORT

★

1912–1945:
Die japanische Besatzung

Nordkoreas Pate – und zwar in jeder Beziehung – wurde am 15. April 1912 als Kim Song-chu[39] im Dorf Chilgol unweit des Pjöngjanger Vororts Mangyŏngdae geboren. Dass man in Chilgol oder im Rest von Korea irgendetwas vom Untergang der Titanic mitbekam, der sich am selben Tag ereignete, ist wohl eher unwahrscheinlich. Die Staatspropaganda erklärte später das Haus von Song-chus Großeltern in Mangyŏngdae, in dem er als Kind eine Zeitlang gelebt hatte, zur offiziellen Geburtsstätte. Heute ist das Haus ein Nationalmonument und Teil eines Freilichtmuse-

---

39   Chinesisch für »Sohn des Himmels« und »Säule«.

ums. Außerdem gilt es als wichtigste Wallfahrtstätte des Landes, natürlich abgesehen vom **KUMSUSAN-PALAST DER SONNE (KUM-SUSAN PALACE OF THE SUN)**, dem furchteinflößenden Mausoleum, in dem Kim Il-sung in seinem Kristallsarkophag den ewigen Präsidentenschlaf schläft. (Selfie mit Discokugel? Gestattet, aber nur vor dem Gebäude und nicht im Allerheiligsten!) Seit 2012 hat er dort einen Gruftnachbarn, nämlich seinen Sohn Kim Jong-il, den Ewigen Generalsekretär der Partei der Arbeit Koreas (PdAK).

Anfang des zwanzigsten Jahrhunderts war Korea eine isolierte, vorindustrielle und durch und durch sozialkonservative Gesellschaft, in Schach gehalten durch ein strenges Klassensystem. Die meisten Menschen waren leibeigene Bauern und unter einem schwachen und desinteressierten Kaiser der Willkür des korrupten Adels (*yangban*) ausgeliefert. Ob ein koreanischer Gutsherr oder ein japanischer Kolonialbeamter sie ausnutzte, oder ob sie von einem koreanischen Kaiser oder einem japanischen Gouverneur ignoriert wurden, dürfte im Alltag kaum einen Unterschied für sie gemacht haben.

Um die Legende vom jungen koreanischen Patrioten, der sich aus bescheidenen Verhältnissen emporkämpft, zu untermauern, wird in der nordkoreanischen Staatsmythologie und in Kims ausführlichen, zum Bestseller avancierten[40] Memoiren immer wieder betont, wie bettelarm die Familie gewesen sei[41] – was natürlich eine Übertreibung ist. Familie Kim war vielleicht nicht gerade wohlhabend, gehörte in der größtenteils selbstversorgenden nordkoreanischen Gesellschaft aber mindestens zur unteren Mittelschicht. Song-chus Vater war Lehrer und seine Mutter die Tochter eines Rektors. Ein wichtiger Aspekt, der in nordkoreanischen Geschichtsbüchern kaum erwähnt wird, ist dagegen der religiöse Hintergrund der Familie: Song-chus Angehörige mütterlicher- wie väterlicherseits waren praktizierende Christen. Ame-

---

40 ... in Nordkorea.
41 Kim, Il-sung: *With the Century, Memoir (Band I-VIII)*, Pjöngjang 1992.

rikanische Missionare leisteten damals ganze Arbeit, vor allem im Norden der Halbinsel, und Pjöngjang wurde oft als »koreanisches Jerusalem« bezeichnet. Auch Song-chu selbst war fleißiger Kirchgänger und soll in seiner späten Jugend sogar Organist gewesen sein. Eines seiner größten Vorbilder, Josef Stalin, hatte als Jugendlicher selbst ein Priesterseminar besucht und sein offiziell atheistisches Staatssystem auf ein stark religiös inspiriertes Prinzip der Heiligen- und Gottesverehrung gegründet.

In seinen Memoiren spielt Kim Il-sung den christlichen Hintergrund später jedoch stark herunter. Das kirchliche Engagement der Eltern, schreibt er, sei nur eine Art Deckmantel für den Widerstand gegen die japanischen Kolonisten gewesen. Vielleicht ist das nicht einmal aus der Luft gegriffen, schließlich warfen die Japaner den koreanischen Christen vor, sie hätten sich von westlichem Gedankengut korrumpieren lassen. Dass sich christliche und nationalistische Koreaner nicht immer eindeutig voneinander unterscheiden ließen, scheint daher verständlich.

Außerdem gibt es Belege dafür, dass die Kim-Familie Gegner der japanischen Okkupation und Befürworter der koreanischen Unabhängigkeit war. So wurden Kims Vater und zwei seiner Onkel zu verschiedenen Zeitpunkten von den Japanern wegen »unabhängigkeitsfördernder Handlungen« festgenommen.

Andererseits ist ebenfalls belegt, dass die japanische Besatzung zu einer umfassenden Modernisierung des Landes führte. Straßen und Fabriken wurden gebaut, Industrien etabliert sowie Häfen und Gruben angelegt. Moderne Landwirtschaftsmethoden hielten Einzug, und die Sprösslinge der koreanischen Elite – die nicht mehr allein auf den Adel beschränkt war –ins Ausland geschickt, um höhere Lehrstätten in Tokio und anderen japanischen Städten zu besuchen. Da der gebirgige Norden der Halbinsel reich an Mineralien, Kohle und anderen kostbaren Rohstoffen war, konzentrierte man sich vor allem auf diese Gegend, und der Süden, der außer günstigen Bedingungen für Reisanbau nicht viel zu bieten hatte, verwandelte sich in eine Art Hinterland, mit Ausnahme der Hauptstadt Seoul natürlich.

Dieses ressourcenmäßige und wirtschaftliche Ungleichgewicht zwischen den zwei Koreas sollte dem Norden auch über den Koreakrieg und Wiederaufbau hinweg bis zu Beginn der siebziger Jahre in die Karten spielen.

Wie in allen Konstellationen aus Kolonie und Kolonialmacht kam es zu wechselseitiger Migration. Japanische Kolonialbeamte und deren koreanische Untergeordnete dominierten die Führung, und Korea erlebte eine wahre Einwanderungswelle japanischer Siedler. Im Gegenzug ging eine nicht minder große Anzahl armer Koreaner nach Japan, um ihr Glück in den Großstädten zu suchen. Im heutigen ethnisch homogenen Japan besteht die mit Abstand größte Minorität aus Koreanern (den *zainichi*, »Residierenden«), genauer gesagt den Nachkommen von Einwanderern und Sklavenarbeitern aus der Kolonialzeit.

Doch ganz gleich, wie viele technische Fortschritte die japanische Annexion der Koreanischen Halbinsel auch beschert haben mag, herrscht im Süden wie im Norden Einigkeit darüber, dass sie vor allem mit Rassismus, Diskriminierung und Unterdrückung einherging. Sporadisch aufkeimende Aufstände wurden mit allen Mitteln zerschlagen und kleinere Guerillagruppen von der Besatzungsmacht zielsicher ausgeschaltet. Die meisten verbliebenen Widerstandskämpfer flohen über die Grenze in die weitläufige und wenig bevölkerte Mandschurei. Viele schlossen sich Maos Guerillaheer an.

Nachdem in Japan im Laufe der Zwanziger- und Dreißigerjahre die Idee von der Überlegenheit der japanischen Rasse immer präsenter wurde, entwickelte sich das Land zu einem zunehmend aggressiven faschistischen System – ein Etikett, dass heutzutage gern für Nordkorea verwendet wird ... Korea zu besetzen, reichte nicht mehr aus. Jetzt galt es, auch die koreanische *Kultur* der »überlegenen« japanischen zu assimilieren, und das Ausmaß der Unterdrückung war deutlich größer als zum Beispiel während der Besetzung Norwegens durch die deutsche Wehrmacht. Japanisch wurde zur alleinigen Unterrichts- und Amtssprache, und alle Koreaner bekamen japanische Namen. (Ein vergleichbares

Vorgehen in unseren Breitengraden ist wohl am ehesten der Umgang der Norweger mit den Samen.) Das waren die Verhältnisse, in denen junge Koreaner wie Kim Song-chu aufwuchsen und gegen die sie aufbegehrten. Schon lange bevor Kim Kommunist wurde, sei er Patriot gewesen, heißt es beim Nordkoreaexperten Bradley Martin. Und Kim selbst schrieb kurz vor seinem Lebensende: »Kein Gefühl in der Welt ist stärker, edler und heiliger als der Patriotismus.«

Man ist versucht zu behaupten, Kim Il-sung sei *schon immer* in erster Linie koreanischer Nationalist und in zweiter Linie ein mittelmäßiger Kommunist gewesen.[42] Seine Familie war früh in die Mandschurei emigriert, ein Grenzland voller nationalistischer Exilkoreaner und Widerstandsgruppen, die sich der in China aufstrebenden kommunistischen Guerilla angeschlossen hatten. Als Kim sechzehn war, kam er, angeleitet von seinem chinesischen Lehrer, der später im kommunistischen China zu einem hochkarätigen Historiker avancierte, erstmals mit für ihn wichtigen Inspirationsquellen in Berührung: den Werken Lenins, sowjetischen Autoren wie Gorki sowie Schriften hochrangiger Mitglieder der Kommunistischen Partei Chinas. Wenige Jahre danach, um genau zu sein, 1931, besetzte das Japanische Kaiserreich die gesamte Mandschurei und errichtete dort den Marionettenstaat Mandschukuo. Etwa zur selben Zeit schloss Kim Song-chu sich der antijapanischen Partisanenbewegung an. Später wurde er Chef seiner eigenen, hauptsächlich aus Exilkoreanern bestehenden Kompanie, die formell der chinesischen kommunistischen Guerilla unterstellt war. Jetzt nahm er den Namen an, unter dem er später berühmt, berüchtigt und verehrt werden sollte. Il-sung bedeutet so viel wie »aufgehende Sonne«, bis heute eine zentrale Metapher der nordkoreanischen Propaganda. Sein Geburtstag wird dementsprechend mit großem Pomp als »Tag der Sonne«

---

42 Aber 1949, als es ihm gelang, seine Macht mit sowjetischer Unterstützung auszubauen, hatte er ironischerweise den Großteil seines Lebens im Ausland verbracht und sprach nicht einmal mehr fließend Koreanisch.

zelebriert, der seines Sohns Kim Jong-il als »Tag des strahlenden Sterns«.

Obwohl es kaum zuverlässige Quellen aus dieser fernen Zeit in einem der isoliertesten Teile der Welt gibt und sich der spätere Personenkult um Kim Il-sung vor allem durch maßlose Übertreibungen hervortat, sind sich selbst unabhängige Historiker einig, dass Kim Il-sung tatsächlich eine zentrale Rolle im antijapanischen Widerstand gespielt hat. Es heißt, er sei ein tüchtiger und mutiger Kommandant und bei seinen Soldaten sehr beliebt gewesen.

In Korea hatten die Japaner inzwischen nahezu totale Kontrolle. Die koreanischen Guerillaführer waren entweder tot, hatten kapituliert oder waren, wie Kim, nach China geflohen. Von mobilen Stützpunkten in der unwegsamen Mandschurei wurden symbolisch aufgeladene, aber militärisch unbedeutende Angriffe auf okkupiertes Territorium ausgeführt. Anschließend zog man sich wieder hinter die Grenze zurück. Dem jungen, frechen und charismatischen Il-sung bescherten die militärischen Aktionen eine immer heller strahlende Heldenglorie, sowohl im In- als auch im Ausland. Zudem unterstützte er die Streitkräfte der Kommunistischen Partei Chinas bei ihren Operationen gegen die Japaner, wofür Mao sich zwanzig Jahre später im Koreakrieg mit Zins und Zinseszins revanchierte.

Il-sungs Jahre als Guerillakommandant waren prägend für seinen Charakter und sein Weltbild, und neben dem Koreakrieg bildet diese Zeit eine der wichtigsten Säulen des nordkoreanischen Selbstverständnisses: David im Kampf gegen den übermächtigen Goliath. Kim galt als einer der wenigen herausragenden Widerstandshelden, die sich einer Besatzungsmacht entgegenstellten, die in Sachen systematische Brutalität und Rassismus deutlich weiter ging als später die Deutschen in Norwegen. Auf diese Weise verschaffte er sich Sympathien, die ihm auch noch lange nach der Befreiung von den Japanern sicher waren.

Im Laufe des Zweiten Weltkriegs wurden Hunderttausende Koreaner von Japan als Zwangsarbeiter eingesetzt. Einen besonders wunden Punkt im koreanischen Selbstbewusstsein stellen allerdings die sogenannten »comfort women« (»Trost-« oder »Freudenmädchen«) dar: Zehntausende Frauen aus okkupierten Gebieten, darunter zahlreiche Koreanerinnen, wurden als Sexsklavinnen für die im asiatisch-pazifischen Raum stationierten japanischen Truppen missbraucht. Jetzt hatte Japan sich nicht nur im übertragenen, sondern auch im buchstäblichen Sinn an Korea vergangen. Die Folge war ein nationales Trauma, das das Verhältnis der beiden Koreas mit Japan bis heute vergiftet. Und dass die übergriffigen Japaner sich erst fünfundfünfzig Jahre später entschuldigten (nur bei Südkorea wohlgemerkt), macht die Sache auch nicht besser. Zumal 2010 die wenigsten Täter oder Opfer von damals noch am Leben gewesen sein dürften.

Der Großteil der Koreaner jedoch versuchte, das Beste aus der Situation zu machen und sich der Okkupationsmacht anzupassen, so wie Norwegen unter den Deutschen. Kaum jemand konnte sich damals vorstellen, dass die japanische Kolonialherrschaft schon in naher Zukunft enden würde, weshalb die spätere nordkoreanische Darstellung von Kim Il-sung als kompromisslosem und konsequentem Kämpfer gegen die japanischen Besatzer gar nicht so weit hergeholt ist.

Doch zunächst schien der Kampf immer ungleicher und aussichtloser: Bis 1940 hatten die Japaner auch in der Mandschurei/in Mandschukuo den organisierten Widerstand ausgeschaltet, und Kim blieb nichts anderes übrig, als mit dem Rest seiner Kompanie nach Osten in die Sowjetunion zu fliehen. Dort wurden sie in die Sowjetarmee eingegliedert und in einem Ausbildungslager bei Chabarowsk, unweit der chinesischen Grenze, stationiert. Kim wurde Kommandeur eines Bataillons, das sich aus Kims mandschurischen Waffenbrüdern, pro-sowjetischen Koreanern und chinesischen Kommunisten mit Verbindungen zu Maos Guerilla zusammensetzte.

Ungefähr an dieser Stelle vollführt Kim in seinen Memoiren ein für ihn typisches Manöver, indem er ein paar Fakten aufpoliert und zu Mythen aufbauscht, die die nordkoreanische Ge-

1a-d Sechzehnjährige Schülerinnen und Schüler der Pyongyang Middle School Nr. 1. Die Schulpflicht beträgt in Nordkorea elf Jahre, verteilt auf Vorschule, Grundschule und »Mittelschule« (= Gymnasium).

2 Verkörperung der Staatsideologie.
Über zehntausend mit farbigen Pappschildern ausgestattete Schülerinnen und Schüler der Pjöngjanger Mittelschulen werden zu menschlichen Pixeln und bilden die lebende Kulisse der Massengymnastikvorführung Arirang, die bis 2013 jährlich arrangiert wurde.

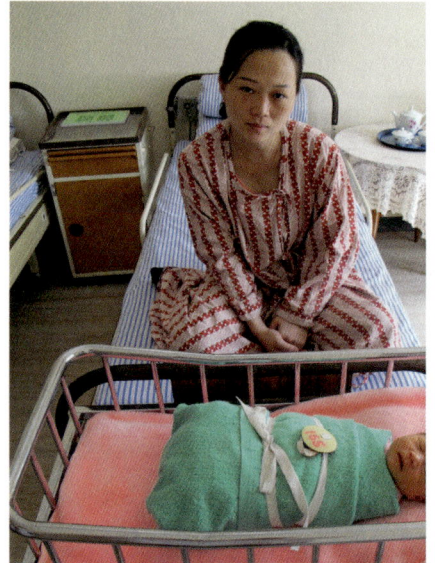

3 Stolze und erschöpfte Mutter kurz nach der Entbindung im Pyongyang Maternity Hospital, einer der wenigen nordkoreanischen Kliniken, die dem internationalen Standard entsprechen. Die Tradition, Neugeborene auf diese Weise einzuwickeln, wurde vermutlich aus der ehemaligen Sowjetunion übernommen.

4 Geschichtsstunde im Kinderhort Kyongsang. Das Diorama zeigt die (vermeintlichen) Geburtsstätten der Staatsführer in Mangyŏngdae beziehungsweise auf dem Berg Paektu. Die Bilder an der Wand stellen Höhepunkte aus ihrer Kindheit dar.

5 Organisierter Spaß: Massentanz, hier vor dem Indoor Stadium in Pjöngjang, ist fester Bestandteil der meisten offiziellen Feierlichkeiten. Die braven Choreographien beruhen meist auf koreanischen Volkstänzen, doch ab und zu lässt sich auch ein kleiner Disco-Move einbauen.

6 King on the dancefloor: eine eher informelle und spontane Variante des Massentanzes (vorwiegend für ältere Semester) in einem der Pavillons im Moranbong-Park. Dank seiner weitläufigen Grünanlagen ist der Park zu einem beliebten Ausflugsziel an Feiertagen und zu besonderen Anlässen geworden.

7 Ein Offizier der nordkoreanischen Grenztruppen in der »Waffenstillstandsstadt« Panmunjeom. Die Grenze zwischen Nord- und Südkorea teilt die blauen Baracken exakt in der Mitte. Das tempelartige Gebäude dahinter ist ein südkoreanischer/amerikanischer Observationsposten.

8 Happy birthday GROSSER Führer, hihi, hoho! Ausdrucksstarkes und freudianisches Ballonarrangement an Kim Il-sungs Geburtstag.

9 Kleidungsfabrik in Pjöngjang. Abgesehen von Rohstoffen wie Mineralien, Kohle und Fisch sind die meisten nordkoreanischen Produkte wegen veralteter Technik und strenger Sanktionen nicht zum Export geeignet. An der Wand im Hintergrund: *Lasst uns loyal gegenüber der Führung des Großen Kameraden Kim Jong-un sein!*

10-11 Beim Friseur. Entgegen dem Mythos, Frisuren würden reguliert und alle Männer müssten Kim Jong-uns Haarschnitt tragen, dienen diese Tafeln ausschließlich zur Inspiration der Kunden. Ein Geschlecht ist offensichtlich klar im Nachteil.

12 Einer der vielen Lesesäle der Großen Studienhalle des Volkes, eine Kombination aus Nationalbibliothek, Volkshochschule und Lernbegegnungsstätte. Die Mädchen tragen Uniformen der Eliteschule Mangyongdae Revolutionary School, an der auch Militärkunde auf dem Stundenplan steht.

13 Reklame: *Lang lebe die siegreiche Sŏngun-Politik (Militär zuerst)!*
Beliebtes Propagandamotiv für Plakate, Briefmarken und Werbetafeln.

14 Party: Bei der Militär- und Volksparade auf dem Kim-Il-sung Platz zum sechzigsten Jahrestag der Gründung der Demokratischen Volksrepublik Korea wird schweres Geschütz aufgefahren, inklusive ziviler menschlicher Pixel. Im Hintergrund: das Monument der Chuch'e-Ideologie.

15 Alltag: Arbeitsmannschaften und Rekruten auf dem Weg zu Bauarbeiten. Trotz ihrer enormen Größe ist die Armee schlecht trainiert und mangelhaft gerüstet. Die Soldaten besitzen keine Kampferfahrung und werden vorwiegend als unbezahlte Aushilfen in Industrie und Landwirtschaft eingesetzt.

16 Von Kindesbeinen an werden fast alle Nord-koreaner*innen daran gewöhnt, vor Publikum aufzutreten. Der Staat investiert viel Geld in die Förderung von Talenten in Musik, Tanz und in der Bildenden Kunst. Moderne Ausdrucksformen sind akzeptiert, solange man sie nicht beim Namen nennt (z. B. Rock, Pop oder Jazz).

17 Rushhour. Öffentlichen Personenverkehr gibt es nur in den größten Städten, und auch dort ist er schlecht ausgestattet. Trotzdem herrscht immer Gedränge, denn den we-nigsten stehen Autos oder andere Alternativen zur Verfügung. Auf dem Land muss man per Anhalter, auf einem der seltenen Lastwagen, mitfahren, wenn man eine weitere Strecke zurücklegen will.

3

18 Semesteranfang an einer der vielen Pjöngjanger Universitäten. Die Uniformen aus der Grund- und Mittelschule werden gegen weniger formelle, aber nach wie vor standardisierte Kleidungstücke eingetauscht.

19 Wie in anderen Gesellschaften mit ausgeprägter sozialer Kontrolle sind Schuhe – vor allem bei Frauen – ein Mittel, Individualität auszudrücken. Das Bild wurde aufgenommen bei der Gedenkfeier zum Sieg (sic) im Großen Krieg für die Befreiung des Vaterlands (Koreakrieg).

20 »And never the twain shall meet …" Eine Konzeptkünstlerin aus dem Westen teilt sich im Rahmen eines Austauschprogramms ein Atelier mit einem nordkoreanischen Maler an der Pyongyang University of Fine Arts. Freie Kreativität von außen ist allerdings kein in Nordkorea willkommenes Konzept.

21 Eine Spur, die sich nicht verwischen lässt: Steinplaketten von Solidaritätsgruppen aus aller Welt am Fuß des Monuments der Chuch'e-Ideologie. Falls jemand aus dem Osloer Juche-Milieu der siebziger Jahre diese Zeilen liest: Bitte melden! Ich würde gern mehr über die Zeit erfahren!

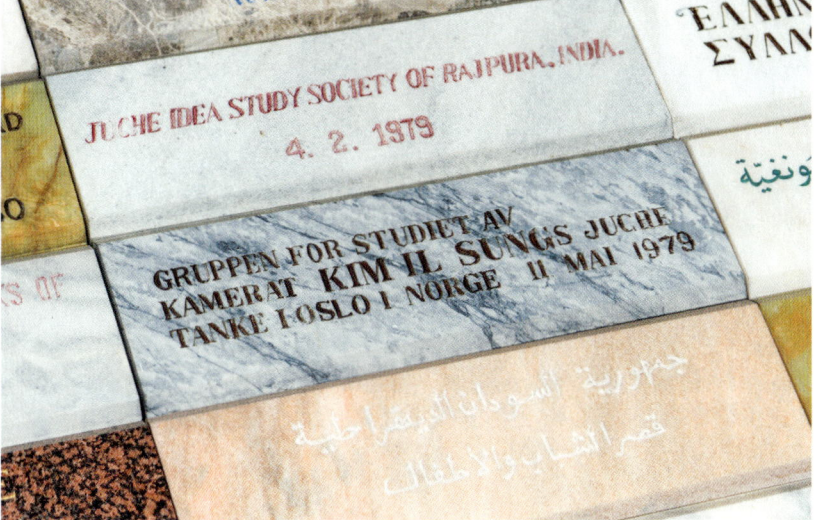

22 Die schönsten Strände der Halbinsel sind ein – buchstäblich – wohlgehütetes Geheimnis. Entlang der acht Meilen zwischen Wonsan und der DMZ ist zwischen Küste und Straße ein (womöglich elektrischer) Maschendrahtzaun gespannt, laut Guides, um Angriffe von Seeseite abzuwehren.

23 Nordkorea als Schiff: Admiral Yi Sunsins sagenumwobenes Schildkrötenschiff.

24 Sie dachten, im »isoliertesten Land der Welt« bliebe Ihnen Karaoke erspart? Weit gefehlt. Leider unterscheidet die Volksrepublik sich in dieser Hinsicht nicht von den anderen Ländern der Region. Eine gute Stimme ist nicht zwingend notwendig – einfach den Echoeffekt voll aufdrehen!

25 Porträt des Führers als junger Widerstandsheld: Kim Il-sung, Kim Jong-suk und der kleine Kim Jong-il in einem fiktiven Augenblick in der Nähe des Berg Paektu während des Widerstands gegen die japanische Besatzung.

26 Die Kehrseite der Medaille. Kim Il-sung samt Geschwür während eines Staatsbesuches im Jahr 1984 im damals sozialistischen Ungarn. Der Fotograf war mit Sicherheit Ungar, denn Nordkoreaner haben die Existenz des Geschwürs partout geleugnet.

27 »General Kim Jong-il, der leuchtende Oberkommandant der Sŏn'gun-Ära«. Damit Kim trotz Mangel an militärischer Erfahrung mit seinem Vater mithalten konnte, musste die Propaganda besonders tief in die Trickkiste greifen.

28 Alltag. Den vietnamesischen Präsidenten mit Liza-Minelli-Sonnenbrille, Hausmeisteruniform und hochhackigen Schuhen zu begrüßen, kann sich nicht jeder erlauben.

29 Lasst die Kinder zu uns kommen: Die Heldenreise einer Kim-Figur vom kerligen Kriegshelden über den verantwortungsvollen Staatsführer zum fürsorglichen (Groß-)Vater.

30 Angeln an der Südostküste in der DMZ mit einem guten koreanischen Freund. Die Insellandschaft wird Kŭmgang-Meer genannt. Rechts: der Autor.

31 Handys und Smartphones sind schon lange in nordkoreanischen Großstädten verbreitet, allerdings kann man nur innerhalb des Landes telefonieren. Beachten Sie den Micky-Maus-Aufkleber an der Rückseite!

schichtsschreibung bis heute prägen. Der offiziellen und einzigen anerkannten Wahrheit zufolge setzte Kim den Kampf gegen die Japaner bis zum Ende des Zweiten Weltkriegs von »geheimen Stützpunkten« auf dem heiligen Berg Paektu im Norden des Halbinsel fort, bis *er* – und nicht etwa die Amerikaner oder Stalins Rote Armee – die Okkupanten 1945 zur Kapitulation zwang. Während Kim die feindlichen Kugeln förmlich um die Ohren sausten, soll in einem dieser Guerillalager außerdem sein Sohn Jong-il zur Welt gekommen sein. Über die Jahre in der Sowjetunion heißt es dagegen, sie hätten vor allem dazu gedient, dass Kim nach dem fast zehnjährigen Katz-und-Maus-Spiel mit dem übermächtigen Feind in rauem Klima und bei Temperaturen, die im Winter nicht selten vierzig Minusgrade erreichten, wieder auf die Beine kommen konnte. Gleiches galt für die rund zwei Dutzend Waffenkameraden, die zusammen mit ihm geflohen waren. Viele von ihnen wurden später wichtige Mitstreiter im nordkoreanischen Machtapparat, genauso wie seine spätere Frau Kim Jong-suk, die sich Kims Kompanie einige Jahre zuvor angeschlossen hatte. Die Hochzeit fand kurz nach der Ankunft in der Sowjetunion statt, und offiziell heißt es, Jong-il sei 1942 im Lager Wjatskoje zur Welt gekommen.

Die fünf Jahre in relativem Wohlstand und Sicherheit ermöglichten es Kim Il-sung, ein Netzwerk aufzubauen und Allianzen mit der sowjetischen Militärführung zu schmieden, bei der er bereits Eindruck geschunden hatte. Gegenüber Übergeordneten galt er als zuvorkommend und folgsam, gleichzeitig genoss er den Respekt seiner eigenen Männer. Vermutlich holte er sich Inspiration vom katzbuckeligen Personenkult um den gottgleichen »Vater des sowjetischen Volkes« Stalin, der der selbstaufopfernden Loyalität der Japaner gegenüber ihrem Kaiser glich. Eine weitere Importware, die später eine Schlüsselzutat in Kims »selbstversorgendem« Staatssystem wurde.

1945–1950:
Befreiung und Teilung

Als die Atombombenabwürfe auf Hiroshima und Nagasaki die Japaner im August 1945 zur Kapitulation zwangen, verabredeten die neuen Supermächte USA und Sowjetunion, die Koreanische Halbinsel so lange in zwei Besatzungszonen aufzuteilen, bis die Ordnung wiederhergestellt wäre und freie Wahlen abgehalten werden könnten. Die Amerikaner übernahmen die Kontrolle über den Süden bis zum achtunddreißigsten Breitengrad, den Norden besetzte die Rote Armee.

Die »Befreiung« des Landes stellte sich also als Übergang von einer Okkupation zur nächsten heraus – wie in einer Endlosschleife der Bestätigung, dass Korea zum Dasein als Krabbe zwischen Walen verdammt war. Obendrein war das Land zum ersten Mal seit Jahrhunderten in zwei gleich große Teile gespalten.

Etwa einen Monat nach der japanischen Kapitulation ging vor der Hafenstadt Wŏnsan im Osten von Nordkorea ein sowjetisches Kriegsschiff vor Anker. An Bord war auch Kim Il-sung. Der Legende nach betrat er zum ersten Mal koreanischen Boden in Friedenszeiten, nach wie vor in sowjetischer Gouverneursuniform. Ein ausgefuchster Hollywoodproduzent hat einmal gesagt, Glück ist, wenn Möglichkeiten auf Vorbereitung treffen[43]. Die Sowjets brauchten eine loyale koreanische Galionsfigur mit makelloser Personalakte, die sich als Patriot verkaufen ließ und sich im Gegensatz zum versammelten Rest der koreanischen Elite nicht durch die gemeinsame Sache mit den Japanern kompromittiert hatte. Für Kim Il-sung sprach außerdem, dass er nach den Jahren im Exil kein koreanisches Netzwerk hatte und damit von seinen Gönnern vollkommen abhängig war – zumindest in den ersten Jahren. Ehe er sich's versah, war Kim in die Rolle ge-

---

43 Robert Evans in: *The Kid Stays in the Picture*, Dokumentarfilm, USA 1994.

schlüpft, in der die Sowjets ihn besetzt hatten. Zeitgleich wurde das Verhältnis zwischen den USA und der Sowjetunion immer angespannter und nahm Kurs auf den Kalten Krieg. Die Koreanische Halbinsel wurde zu einem begehrten Stück Land in einer strategisch wichtigen Region, und keine der beiden Supermächte wollte sich freiwillig zurückziehen. Anstatt die versprochenen gesamtkoreanischen Wahlen abzuhalten, teilten sie Korea deshalb in zwei Staaten.

Natürlich waren Kim Il-sung und sein südliches Pendant Rhee Syng-man von dieser Entwicklung nicht gerade begeistert. Genauso wenig wie die jeweiligen Bevölkerungen. Die Teilung wurde als unrechtmäßig und naturwidrig betrachtet, und sowohl Kim als auch Rhee wollten unbedingt derjenige sein, der die zwei Koreas wiedervereinte. Seit der Proklamierung der zwei Staaten im Herbst 1948 war die demilitarisierte Zone (DMZ) am achtunddreißigsten Breitengrad Schauplatz größerer und kleinerer Aufeinandertreffen von nord- und südkoreanischen Einheiten gewesen, und nun bettelten Kim und Rhee bei ihren jeweiligen Schutzpatronen in Moskau beziehungsweise Washington um Erlaubnis, einen gepfefferten Angriff starten zu dürfen. Sehr zur Frustration des kriegslustigen Rhee weigerten sich die Amerikaner, seine Streitkräfte mit schwereren Waffen auszustatten, da sie zu recht befürchteten, er könnte bei der erstbesten Gelegenheit kopflos auf Nordkorea losgehen.

Kim hingegen bekam ein Daumen-hoch. Im Frühjahr 1950 hatten die USA gemäß dem Abkommen zwischen den beiden Großmächten sämtliche Streitkräfte aus Südkorea abgezogen, und Stalin ging davon aus, die Luft wäre rein. Also gab er Kim seinen Segen. Schon seit geraumer Zeit rüsteten die Sowjets das Arsenal von Kim Il-sungs **KOREANISCHER VOLKSARMEE** (Korean People's Army KVA) mit Klein- und Großwaffen auf, sodass die KVA den Gegnern aus dem Süden zahlen- und ressourcenmäßig weit überlegen war. Außerdem profitierte Kim davon, dass in China die Kommunistische Partei unter Mao Zedong 1949 die Macht ergriff. Mit einem Mal hatte er zwei der bevölkerungsreichsten

Länder der Welt im Rücken, in ideologischer, militärischer und nicht zuletzt auch geographischer Hinsicht, schließlich war die längste Landesgrenze die zur nordostchinesischen Mandschurei. Mit China verband Nordkorea außerdem, dass Kim Il-sung in der Mandschurei Seite an Seite mit Maos Streitkräften gekämpft und ihm in der Schlussphase des Chinesischen Bürgerkriegs militärische Unterstützung geleistet hatte. Aus diesem Grund wurde die Koreanische Volksarmee nach Maos Sieg durch Tausende heimgekehrter und kampferprobter Soldaten verstärkt.[44] Zwischen Südkorea und den USA hingegen lagen nicht nur sieben Zeitzonen, sondern mit dem Pazifik auch der größte Ozean der Welt.

1950–1953:
Der Große Krieg für die Befreiung des Vaterlandes
(Der Koreakrieg)

Am Morgen des 25. Juni 1950 überquerten nordkoreanische Panzer die Demarkationslinie am achtunddreißigsten Breitengrad. Kim Il-sung rechtfertigte die Offensive als Reaktion auf einen massiven Angriff der südkoreanischen Armee, der Nordkorea zur Verteidigung zwang. In Nordkorea gilt diese Behauptung bis heute als anerkannte Wahrheit und spielt eine wichtige Rolle in der Legende von Kim Il-sung als Militärgenie und Beschützer des nordkoreanischen Volkes: *Ohne dich kein Mutterland.*

Die schwächere, schlecht gerüstete und wenig trainierte südkoreanische Armee konnte nichts gegen Kims *Blitzkrieg* ausrichten. Drei Tage später eroberte die Koreanische Volksarmee Südkoreas Hauptstadt Seoul und rückte von dort aus ungehindert Richtung Süden vor. Der Krieg schien für Kim ein einziger Spaziergang zu sein. Doch nur zwei Tage nach dem Angriff autorisierte der UN-Sicherheitsrat auf Initiative der USA mit der Re-

---

44 Mao soll das Verhältnis zwischen China und Nordkorea später als »so nah wie Lippen und Zähne« beschrieben haben.

solution 85 ein militärisches Eingreifen durch UN-Truppen zur Unterstützung von Südkorea.

Schon vorher hatte sich US-Präsident Truman vom Kongress genehmigen lassen, US-Truppen nach Südkorea zu verlegen. Rasch wurden Soldaten von Militärstützpunkten in Japan abkommandiert. Das erste große Aufeinandertreffen amerikanischer und nordkoreanischer Streitkräfte fand rund eine Woche nach Kriegsausbruch statt, doch der Siegeszug der KVA war damit noch nicht zu Ende.

Bis Anfang September eroberten die Nordkoreaner neunzig Prozent der Halbinsel und drängten die Überbleibsel der südkoreanischen Armee und der US-Divisionen in ein kleines Gebiet um die Hafenstadt Busan im Südosten zurück. Dann jedoch wurde die KVA Opfer ihres eigenen Erfolgs: Der unerwartet rasche Vormarsch hatte die Nachschublinien verwischt, und die KVA geriet an der Front um das sogenannte Busan-Perimeter in die Klemme.

Die UN-Truppen hatten nun die Möglichkeit, sich hinter der Verteidigungslinie zu stabilisieren, unterstützt durch amerikanische Bomber sowie Schiffe voller Soldaten und Waffen aus Japan. Auf diese Weise konnten sie vom Busan-Perimeter zu einem erfolgreichen Gegenangriff ausholen.

Gleichzeitig unternahmen die Amerikaner unter dem Kommando des legendären und umstrittenen Generals MacArthur eine enorme Seelandung bei Incheon, einer schlecht gerüsteten Küstenstadt ein Stück südlich von Seoul. Für die KVA hatte dieses überraschende Kneifzangenmanöver katastrophale Folgen, und es kam zu einem panischen Rückzug in den Norden, um nicht endgültig von den Nachschubquellen abgeschnitten zu werden. Tausende nordkoreanische Soldaten desertierten oder gerieten in Gefangenschaft. Die UN-Truppen rückten in den Norden vor, mit derselben Geschwindigkeit und Effektivität wie zuvor die Nordkoreaner in die entgegengesetzte Richtung. In Moskau raufte Stalin sich die Haare über das Fiasko und die scheinbare Unfähigkeit des nordkoreanischen Generals und suchte die Schuld bei den sowjetischen Militärberatern, die er Kim zur Verfügung gestellt hatte.

Auf beiden Seiten kam es zu Massakern und schweren Kriegsverbrechen. Der Vormarsch der nordkoreanischen Armee war einhergegangen mit Massenhinrichtungen von (hauptsächlich südkoreanischen) Kriegsgefangenen und sogenannten »unzuverlässigen Elementen«, Intellektuellen, Beamten oder Lokalpolitikern, die als Gefahr für die neue Ordnung eingestuft wurden. Jetzt, da die Nordkoreaner sich zurückzogen, wiederholte sich das Ganze mit entgegengesetztem Vorzeichen. Die schmutzige Arbeit ließen die Amerikaner meist ihre südkoreanischen Alliierten erledigen. Tausende echte und vermeintliche Kommunisten und Sympathisanten wurden hingerichtet.[45] Doch von Massentötungen, Folter und summarischen Hinrichtungen einmal abgesehen, richtete das amerikanische Bombardement die mit Abstand größten Verwüstungen an, vor allem im Norden der Halbinsel, und forderte die meisten Menschenleben. Die Luftwaffe der nordkoreanischen Armee war quasi nicht-existent und miserabel gerüstet – was im Übrigen bis heute gilt. Die Sowjetunion half mit einer Handvoll MiG-Jagdflugzeugen aus, die hauptsächlich von sowjetischen und einigen wenigen chinesischen und nordkoreanischen Piloten geflogen wurden und den Amerikanern so gut sie konnten die Stirn boten. Stalin hatte unmissverständlich klargemacht, dass er keine direkten Konflikte mit den USA riskieren wolle. Deshalb beschränkte sich die Rolle der Sowjetunion auf die Unterstützung mit Ausrüstung sowie beratende Funktionen. In der Luft hatten somit die USA und die UN-Koalition das Sagen.

---

45 Die meisten – einigermaßen – unabhängigen Historiker gehen davon aus, dass die Grausamkeiten vom südkoreanischen Heer verübt wurden, doch das fügt sich schlecht in die nordkoreanische Propaganda, die die Koreaner als die ewigen Opfer der Großmächte darstellt. Gleichzeitig deutet einiges darauf hin, dass die amerikanischen Truppen, die sich in der Nähe befanden, das Massaker zumindest teilweise hätten verhindern können, sich aber dazu entschlossen, nicht einzugreifen.

Am Boden sammelten sich die US-Truppen abermals am achtunddreißigsten Breitengrad. Streng genommen war das UN-Mandat, Südkorea vor der Auslöschung zu retten, bereits erfüllt, aber der ehrgeizige General MacArthur hatte Blut geleckt, und mit diskreter Unterstützung aus Washington fasste er den folgenschweren Entschluss, die Demarkationslinie zu überschreiten, weiter in den Norden vorzudringen und die Kommunisten endgültig aus Korea zu vertreiben.

Das nordkoreanische Verteidigungskommando war versprengt worden, und die panische Flucht Richtung Norden (die nordkoreanische Staatsmythologie spricht von einem »taktisch genialen Rückzug unter dem Kommando von General Kim Il-sung«) ebnete den Weg für die amerikanischen Bodentruppen, die im Spätherbst 1950 an einzelnen Frontabschnitten bis zur chinesischen Grenze vorgedrungen waren.

Seit die Amerikaner die Grenzlinie in Richtung Norden überschritten hatten, appellierte Kim Il-sung verzweifelt an Mao Zedong, ihm die Volksbefreiungsarmee zur Unterstützung zu schicken. Mao wiederum hatte US-Präsident Truman über diplomatische Kanäle gewarnt, dass er kein vereintes kapitalistisches Korea akzeptieren werde. Sollten die Amerikaner und die UN-Truppen in Nordkorea einmarschieren, sei das ein Verstoß gegen die UN-Resolution. Da seine Warnung nicht ernst genommen wurde, entsandte Mao Ende Oktober eine rund zweihunderttausend Mann starke Armee – eigens zu diesem Anlass in »Volksfreiwilligenarmee« umgetauft, um einen offenen Krieg mit den USA und der UN zu vermeiden – zu Kim Il-sungs Unterstützung nach Nordkorea.

Maos Soldaten waren nicht nur zahlenmäßig überlegen, sondern nach dem Sieg im Chinesischen Bürgerkrieg auch bestens im Training, und schon bald waren die US- und UN-Truppen in den Süden zurückgedrängt.

Ab Ende 1950 hatte die chinesische Armee in jeder erdenklichen Hinsicht die Kontrolle über die nordkoreanische Kriegsführung. Für Kim Il-sung stellte dies vermutlich eine schmerzliche persönliche Niederlage dar. (Die nordkoreanische Staatsmythologie spielt den entscheidenden Einsatz von China natürlich reichlich herunter, um die Legende von Kim als unübertroffenem Militärgenie nicht zu gefährden.) Die nordkoreanischen Truppen und die Armeeführung wurden zu Juniorpartnern in ihrem eigenen Krieg, eine weitere Spiegelung der Machtverhältnisse zwischen den USA und Südkorea auf der gegnerischen Seite. Wieder einmal war Korea die Krabbe – genauer gesagt zwei Krabben – zwischen Walen. In dem halben Jahr seit Kims spektakulärem Angriff war fast die gesamte Halbinsel mehrmals durch Truppen in der Offensive oder auf dem Rückzug verwüstet worden. Während des ersten Kriegsjahrs wurde Seoul insgesamt viermal von den Nordkoreanern eingenommen und vom Süden zurückerobert. An der Demarkationslinie am achtunddreißigsten Breitengrad stabilisierten sich allmählich die Fronten.

Die Situation war festgefahren, mit minimalen Bewegungen in diese oder jene Richtung. Zerknirscht erkannten beide Seiten, dass es kein Fortkommen gab. Am 27. Juli 1953 gingen sie deshalb einen Waffenstillstand ein.

Ein Friedensvertrag wurde allerdings nie geschlossen, und formal befindet sich Nordkorea noch heute, mehr als sechzig Jahre später, im Krieg mit den USA, Südkorea und Teilen der UN. Dies sollte man im Hinterkopf behalten, wenn man die alles durchdringende Militarisierung der nordkoreanischen Gesellschaft verstehen will: Das Land ist nach wie vor im Krieg, und daran wird auch ein Zirkushengst wie Donald Trump nichts ändern. Nicht solange Nordkorea einen Schutzpatron in China hat.

1953–1977:
Wiederauferstehung und Goldenes Zeitalter

Schätzungen zufolge hat die amerikanische Luftwaffe im Laufe des dreijährigen Koreakriegs mehr Bomben auf Nordkorea abgeworfen als auf die gesamte Asien-Pazifik-Region – inklusive

Japan – im Zweiten Weltkrieg. Die Verwüstungen waren so verheerend, dass amerikanische Piloten schon nach der Hälfte des Kriegs resigniert festgestellt haben sollen, es gebe ja gar nichts mehr zu zerbomben. Die Reaktion der Nordkoreaner: Sie vergruben sich in der Erde.

Während des Kriegs wurden in ausgeklügelten unterirdischen Tunnel- und Bunkersystemen Fabriken, Waffenlager, Schulen, Krankenhäuser und andere Infrastruktur errichtet. Über der Erde hingegen stand kein Stein mehr auf dem anderen. Dank eines, sagen wir, Gnadengeschenks der Dreistigkeit – und der souveränen Macht – feierten Kim Il-sung und die nordkoreanische Führung ihren strahlenden Sieg im »Großen Krieg für die Befreiung des Vaterlandes«, wie der Koreakrieg nördlich des achtunddreißigsten Breitengrads noch immer genannt wird, und zwar mit einer bombastischen Militärparade in den Trümmern von Pjöngjang. Auf Regen folgt Sonnenschein: Nach der totalen Verwüstung konnte Kim die Hauptstadt und den Rest des Landes nach seinen eigenen Vorstellungen wiederaufbauen. Die kommunistischen »Brüderstaaten«, die Sowjetunion sowie die neuen Satellitenstaaten in Osteuropa, schickten jede Menge materiellen und technologischen Beistand sowie Ingenieure, Architekten und Berater in allen möglichen Gesellschaftsbereichen. Gleichzeitig schaltete Kim Il-sung jede politische Opposition aus und zementierte die unantastbare absolute Macht, die seine Partei der Arbeit Koreas seither innehat. Die meisten Nordkoreaner verbinden Kims Amtszeit nach dem Koreakrieg mit Wiederaufbau, Solidarität und etlichen Aufopferungen, später aber auch mit Wohlstand und sozialer Sicherheit.

Wunderkinder

★

*Unsere Kinder sind die Könige und Königinnen unseres Landes
und unsere Hoffnung für die Zukunft.*
KIM IL-SUNG

★

Seine Rolle als Landesvater untermauerte Kim durch zahlreiche
außereheliche Kinder, die er sich über die Jahre mit diversen Geliebten und in einigen Fällen mit den Frauen von Untergebenen
zulegte.

Doch weit wichtiger für den Pakt zwischen Volk und Führer,
den die Staatspropaganda zu einem der zentralen Dogmen des
nordkoreanischen Staats erhob, war das Schicksal der Abertau-
send Kinder, die der Koreakrieg zu Waisen gemacht hatte.[46]

In ganz Nordkorea veranlasste Kim den Bau von Heimen und
Schulen für die »Kinder der Märtyrer für das Vaterland«. Die
Waisen erhielten nicht nur Nahrung, Kleidung, Unterricht und
Fürsorge, sondern wurden obendrein dazu erzogen, Kim als ih-
ren Vater zu betrachten. Ein besonders anschauliches Beispiel ist
die **MANGYŎNGDAE-SCHULE FÜR ELTERNLOSE KINDER DER REVOLU-
TIONÄREN KAMPFGEFÄHRTEN**, in der ein Großteil der zukünftigen
Elite des Militär- und Sicherheitsapparats ausgebildet wurde.[47]
So entstand eine Generation loyaler Anhänger, die dem Großen
Führer auf ewig in tiefer Dankbarkeit verbunden blieb. Die Vor-

---

46 Nach Schätzungen kam ein Viertel der nordkoreanischen Bevölkerung, die
1950 bei etwa zehn Millionen lag, ums Leben. Siehe Martin, Bradley K.: *Under
the Loving Care of the Fatherly Leader.* New York 2004.

47 Die Schule gibt es auch heute noch. Wegen der sinkenden Zahl elternloser
Kinder hat sie ihren Namen allerdings in **REVOLUTIONSSCHULE MANGYŎNGDAE**
geändert. Sie wird vor allem von Kindern der Elite und loyalsten Bürger besucht.

stellung von Kim als sich liebevoll um das Land kümmernder Vater war ihnen förmlich einprogrammiert worden.

Wieder einmal hatte die Staatspropaganda begriffen, dass sie das Rad nicht neu erfinden musste, und sich einfach darauf berufen, dass die konfuzianisch geprägte koreanische Kultur ohnehin auf Werten wie familiäre Loyalität und Respekt gegenüber den Eltern fußte. Einen Vater gilt es zu lieben und zu fürchten. Aber in der Regel braucht ein Kind zwei Elternteile. In seiner informativen Analyse der nordkoreanischen Propaganda *The Cleanest Race* legt Koreaexperte B. R. Myers etliche interessante Beobachtungen vor. Mitunter analysiert er, wie die Propaganda im Laufe der Zeit dazu überging, auch die *mütterliche* Seite der nordkoreanischen Führer zu betonen. Trotz unzähliger Malereien, Plakate, Statuen und Mosaike, die Kim Il-sungs heldenhaftes Vorgehen gegen die Japaner thematisieren, wird er fast nie in tatsächlichen Kampfsituationen gezeigt. Stattdessen sehen wir ihn, wie er jubelnde Kinder, versehrte Soldaten, gebrechliche Alte und überhaupt alles und jeden fürsorglich lächelnd an seine immer umfangreichere Brust drückt.[48]

Zum Berufsalltag der meisten Staatsoberhäupter gehört es, regelmäßig die Grundbausteine der Gesellschaft (Mikrobrauereien, Ölplattformen ...) mit einem Besuch und zumindest halbherzigem Interesse zu beehren. In Nordkorea ist dieses Phänomen unter dem Begriff **VOR-ORT-ANLEITUNG** bekannt, seit mittlerweile drei Generationen eine Art Aushängeschild der Kim-Dynastie.[49]

Egal, ob es um Gurken, Flaschen, Traktoren oder Atomraketen geht, die gesamte Produktion des Landes wird mit einer wertschätzenden Berührung, einem Lächeln oder Applaus bedacht – oft in Kombination mit einer Umarmung und tröstenden Worten für die aufgeregten und in Tränen aufgelösten Untergebenen. Das Gebaren der nordkoreanischen Führer erinnert dabei gleicher-

48 Myers, B. R.: *The Cleanest Race*. New York 2010.
49 Siehe z. B.: https://kimjongillookingatthings.tumblr.com/

maßen an eine gutmütige Großmutter wie an einen strammen General. Myers zufolge lässt die Kim-Führung sich ganz bewusst als kombinierte Vater- und Muttergestalt darstellen, um so die tief in der nordkoreanischen Kultur verankerte Familienloyalität zu tangieren, die sich auf den Staat und dessen Symbole übertragen lässt.

Eine solche Rollenverteilung zwischen Staat und Bürgern führt zugleich zu einer Infantilisierung der Bevölkerung. Die Menschen werden dazu gebracht, sich selbst als naive und unschuldige Kinder wahrzunehmen, die der Staat vor schädlichen Einflüssen, schlechten Freunden und bösen Mächten beschützen muss. Auf dieselbe Weise machen sich Religionen, Kulte und Sekten auf der ganzen Welt seit jeher die Rolle und Funktion der Familie zunutze, um ihre Mitglieder an sich zu binden.[50]

Lieber Mister Win,
weiß der Himmel, wie oft ich Dir und Deinen Kollegen im Ministerium zu erklären versucht habe, warum die Kinderaufführungen, auf die Ihr (zu Recht!) so stolz seid und zu denen Ihr uns auswärtigen Gäste immer wieder mitschleppt, bei den meisten von uns einen, räusper, bestenfalls *zwiespältigen* Eindruck hinterlassen.

Klar sind wir zutiefst beeindruckt von den fantastischen Talenten nordkoreanischer Kinder in Bereichen wie Musik, Tanz, Gesang, Kunst, Kalligraphie oder Sport, kurzum, in allem, was man einem Publikum vorzeigen kann. Bei Euch erwerben die meisten Kinder vom Kindergarten an Fertigkeiten, die in der westlichen Welt nur die allerprofessionellsten Kinder- und Jugendkünstler beherrschen. Das Gleiche gilt für Bühnenroutine. Hätte Morten I. während seines ersten Besuchs des gigantischen Schülerpalasts Mangyongdae zu einem beliebigen Zeitpunkt ein Radiergummi über die Schulter geworfen, hätte er damit garantiert einen zehn-

---

50 Denken Sie nur an »La Familia« der Mafia oder an Charles Mansons »The Family«.

jährigen Koreaner erwischt, dessen Gesangs- und Tanzkünste jedes noch so talentierte europäische Kind ganz schön alt aussehen lassen würden …[51]

Eure Massengymnastikschauen zu verschiedensten Jubiläen sind mit Fug und Recht zu Weltruhm gelangt und können mit dieser Größenordnung und Präzision wohl auch allein in der Volksrepublik Korea realisiert werden. Doch ohne die turnerischen, tänzerischen und akrobatischen Leistungen auf dem Rasen und der »Hauptbühne« im Stadion Erster Mai schmälern zu wollen, ist es doch vor allem das »Bühnenbild«, das jeden aus meinem Winkel der Welt, der daheim ein zehnjähriges Kind hat, in fassungsloses Staunen versetzt: Zehntausend Vierzehnjährige halten bunte Pappschilder empor und verwandeln sich in fleischgewordene Pixel. Ihre Bewegungen sind so durchchoreographiert, als säße Gott mit einer Fernbedienung im Himmel und steuerte sie. Kein einziger Fehler. Keine Ungenauigkeit. IL SIM DAN GYOL. Mit diesem Perfektionismus erzielt Ihr jedoch schnell das Gegenteil des (wie ich annehme) gewünschten Effekts: Auf ein ausländisches Publikum wirkt das Spektakel nämlich marionettenhaft und furchteinflößend – als schaue man dressierten Affen oder vorprogrammierten Androiden zu. Und dann all das Training, Training und nochmals Training, das solche Fertigkeiten und eine solche Selbstbeherrschung voraussetzen. Was in aller Welt geht da vor sich? Kinder, die niemals Fehler machen, sind wir bei uns zu Hause nicht gewohnt, musst Du wissen.

Wie vieles andere ist auch unsere Kindererziehung davon geprägt, dass wir nicht so festgelegte Vorstellungen von Richtig und Falsch haben wie Ihr. Und genau aus diesem Grund sind wir von Euren Kindervorführungen zwar beeindruckt, aber nie im Herzen berührt. Dass Euch das kränkt, kann ich durchaus nachvollziehen.

---

51 Anmerkung: Das Repertoire beschränkt sich bei solchen Aufführungen auf hyperpatriotische Märsche, liebliche Volkslieder, Hymnen zu Ehren des Führers und sowjetische Fahrstuhlmusik. In einem Pop-Battle hätten die Europäer daher einen ziemlichen Vorsprung – vorausgesetzt, das Battle würde in ihrer Heimat ausgetragen.

Aber ... die Kinder sind doch so talentiert! Ihr seid aufrichtig stolz auf Eure Kinder, so wie alle Eltern, zu allen Zeiten. Vor allem, wenn es um Eure eigenen, biologischen Kinder geht.

Deine Tochter liebst Du bedingungslos. Du versuchst, Deine Gefühle nicht offen zu zeigen, was Dir aber nicht gelingt, und genau deshalb empfinde ich Deine Vaterliebe als so authentisch. Ist Jong-sun in der Nähe, sprudelt Dein Herz förmlich über. Wenn wir in unseren Lieblingspub in Deinem Viertel einkehren, rufst Du sie an und bittest sie vorbeizukommen, angeblich um ihre – noch – bescheidenen Englischkenntnisse an mir auszutesten. Einmal hat sie mir einen Zettel in die Hand gedrückt, darauf stand: *Thank you for loving my apple.* Ein paar Tage zuvor hatte sie Dir einen grünen Apfel für mich mitgegeben, und ich hatte dich gebeten, ihr meinen Dank auszurichten. In erster Linie geht es Dir aber darum, sie bei Dir zu haben, Du bist stolz auf sie, genauso wie auf die so selbstverständliche wie fantastische Tatsache, dass Jong-sun auf der Welt ist. Inzwischen ist Deine Tochter eine junge Dame, die kürzlich ihr Studium an der Kim-Il-sung-Universität aufgenommen hat. Bald musst Du die berühmte Flinte rausholen, um die Jungs zu verjagen. Wie viele koreanische Mädchen und junge Frauen hadert auch Jong-sun mit ihrer Körpergröße. Sie ist klein und zierlich, wohlproportioniert, aber eher flachbrüstig – nach lokalem Standard also völlig normal. Ob ihre Größe damit zusammenhängt, dass sie in den späten Neunzigern geboren wurde, also in der Frühphase des sogenannten Beschwerlichen Marsches, würde ich Dich natürlich niemals fragen. Dass Dein Verhältnis zu ihr nicht auf Zucht und Ordnung basiert, merkt man sofort. Es wirkt eher freundschaftlich, und in Eurem spielerischen Gezänke erkenne ich uns beide wieder. Wenn sie Dir sagt: »Jotggasó«[52], meint sie eigentlich: »Ich mag dich, du alter Trottel!« Und dementsprechend reagierst Du auch. Ich setze große Hoffnungen in Jong-sun, das weißt Du. Sie wird ihren Weg gehen, was auch immer über kurz oder lang mit Nordkorea und »dem großen Ganzen« geschehen mag.

52 Leck mich!

Euch zusammen zu sehen, erinnert mich jedes Mal daran, wie stark und zugleich zerbrechlich Familienbande sind. Nehmen wir nur meine eigenen. Wenn ich Fremden meinen Familienhintergrund erklären will, brauche ich Stift und Papier, selbst in meinem Teil der Welt, wo geschiedene Eltern in den letzten Jahrzehnten zur Norm geworden sind. Mein Stammbaum ist ein Dickicht aus geraden, gestrichelten und Zickzacklinien, ungleichmäßigen, sich teils überschneidenden Kreisen und anderen geometrischen Formen. Halbbrüder und -schwestern, die Halbbrüder der Halbbrüder, Stiefeltern, Ex-Stiefeltern und so weiter und so fort. Ich bin ohne eindeutige, behütende oder dominierende Familienkonstellation aufgewachsen, was Vor- und Nachteile mit sich brachte. Erst als ich geheiratet habe und sowohl eigene als auch Bonuskinder hatte, dachte oder, besser gesagt, hoffte ich, dass ich es anders machen würde. Natürlich ist das einfacher gesagt als getan. Jeder hat sein Päckchen zu tragen. Vertrauen ist ein zerbrechliches Gut.

Nicht zuletzt musste ich auf die harte Tour lernen, was es heißt, jemanden sein eigen Fleisch und Blut zu nennen – in Nordkorea sprecht Ihr von Blutlinie –, und dass ein wichtiger Teil des Selbstbilds und der Identität eines Kindes im Guten wie im Schlechten davon abhängt, wer (oder was) die Eltern sind. Wir Reserveeltern mit unseren unbeholfenen, ja aufdringlichen Versuchen, Vertrauen zu gewinnen, konkurrieren oft vergebens mit der Loyalität des Kindes zu seinen biologischen Eltern.

Verständnis fängt immer mit Empathie an. Nicht mit Mitgefühl, der oft wohlmeinenden kleinen Schwester von Verachtung, sondern echter Empathie – der Fähigkeit, sich vorzustellen, wie das Gegenüber die Welt erlebt.

Vielleicht bist Du mit dem Vergleich nicht einverstanden, aber wenn ich Fremden erklären will, welche, meist aufrichtige, Loyalität Du und die anderen Kindern des Juche-Systems Eurem Land entgegenbringt, zitiere ich oft den australischen Filmklassiker »Bad Boy Bubby«[53]. Bubby, der Titelheld, lebt allein mit seiner al-

---

53 *Bad Boy Bubby*, Regie: Rolf de Heer, Australien 1993.

koholkranken Mutter in einer Kellerwohnung in einem herunter-
gekommenen Industriegebiet. Nie hat er eine Schule besucht oder
mit anderen Kindern gespielt, denn zeit seines Lebens hat seine
Mutter ihn von der Außenwelt isoliert. Ihr Verhältnis ist von Zu-
neigung und Furcht gleichermaßen geprägt, und das Auftreten
der Mutter schwankt zwischen jähen Wutausbrüchen, schreck-
lichen Misshandlungen und einer nahezu grenzenlosen Zärtlich-
keit und Fürsorge. Wir gegen die Welt, flüstert Bubbys Mutter ihm
oft ins Ohr, wenn sie ihn fest an sich drückt. Über seinen Vater,
den Bubby nie kennengelernt hat, spricht sie voller Hass und Bit-
terkeit, aber man versteht, dass er ihre große Liebe war. Bubby
muss seiner Mutter jeden Tag versprechen, niemals die Wohnung
zu verlassen. Die Welt sei voller Mörder, Monster, Not und Elend,
erklärt sie. Die Luft sei giftig, und sobald er hinaustrete, werde
er sterben. Deshalb ist die Tür auch stets mit zahlreichen Sicher-
heitsschlössern verriegelt. Natürlich glaubt Bubby seiner Mutter.
Vor diesem Hintergrund ist es kein Wunder, dass der inzwischen
fünfunddreißigjährige Bubby unter einer Entwicklungshemmung
leidet, er befindet sich auf dem geistigen Niveau eines Siebenjähri-
gen und zeigt eindeutige autistische Züge. In der Welt jenseits der
nordkoreanischen Grenzen gibt es zahlreiche berüchtigte Beispiele dafür, dass lange Kelleraufenthalte große Löcher in den lebens-
wichtigen Sozialisierungsprozess reißen und das Kind für immer
schädigen. Man denke nur an Kaspar Hauser oder die Fritzl-Kin-
der. Die Frage ist also: Therapiert man diese »Kellerkinder« mit
noch mehr Isolation? Was glaubst Du, Mister Win?

Über die Jahre versah Kim Il-sung sein elterliches Image also mit
einem dezent hermaphroditischen Touch. Zudem brachte er
von Natur aus eine große Portion Charisma mit. Als Staatsmann
ähnelte er der Jugoslawien-Ikone Tito: Er war jovial, freundlich,
aufgeschlossen und hatte ein Talent für seine »Vor-Ort-Anleitungen«. Vor allem in jüngeren Jahren war er stattlich (für koreanische Verhältnisse), überdurchschnittlich groß und hatte
ansprechende, ebenmäßige Gesichtszüge sowie eine sonore

Stimme. Sowohl in Nordkorea als auch in der westlichen Welt glaubten (und befürchteten) viele, dass er sich außenpolitisch und diplomatisch auf der Gewinnerseite befand, schließlich hatte der Kommunismus sich nach Maos Sieg in China fast über die halbe Welt verbreitet. Kim war ein Meister darin, die Wale zu seinem Vorteil gegeneinander auszuspielen, wie er *vor* und *nach* dem sowjetisch-chinesischen Zerwürfnis in den Sechzigerjahren unter Beweis stellte. Von beiden Ländern sicherte er sich Entwicklungshilfe und wirtschaftliche Freundschaftsdienste, indem er sich mal dem einen, mal dem anderen annäherte. Außerdem war Nordkorea durch große und vermutlich genuin patriotisch motivierte Aufopferungen die Re-Industrialisierung gelungen, und bis zur Mitte der Siebzigerjahre erzielte das Land ein höheres Bruttonationaleinkommen (BNE) als der Rivale im Süden.

Auch auf dem außenpolitischen Parkett verschaffte Kim dem Land Ansehen, nicht zuletzt durch sein großes Engagement in der Bewegung Blockfreier Staaten (Non-Aligned Movement), ein Forum für viele ehemalige afrikanische und asiatische Kolonien, die sich jüngst als Staaten konstituiert hatten. In einer Art XS-Variante des Abhängigkeitsverhältnisses zu den eigenen mächtigen Gönnern mauserte sich Nordkorea so zum Geberland. Der Personenkult um Kim Il-sung nahm immer größere Formen an, und Kim selbst bastelte weiter an seinem »Sozialismus à la Korea«, sprich der Juche-Lehre. Die Staatspropaganda rückte den Großen Führer und seine Lehre ins Zentrum einer kultgleichen Verehrung, die sich nicht mehr auf die eigene Bevölkerung beschränkte – von Nicaragua bis nach Bangladesch wurden sogenannte »Juche-Studienzirkel« ins Leben gerufen.

Nordkoreanische Botschaftsmitarbeiter versorgten die internationalen Anhänger fleißig mit übersetzten Ausgaben der Schriften des Führers und erstatteten in die Heimat Bericht über das neu gewonnene Ansehen. Auch in Norwegen gab es in den Siebzigerjahren Gruppen »zum Studium der Ideen von Kamerad Kim Il-sung« an den Universitäten in Bergen und Oslo. In Pjöngjang wurden internationale Konferenzen organisiert, zu denen

Hunderte Delegierte aus Juche-Gruppen und anderen »progressiven« (= linksorientieren) Organisationen und Parteien aus aller Welt eingeladen wurden. Für Reise- und Hotelkosten kam Nordkorea auf.

Einen der Eingeladenen haben wir bereits kennengelernt, Morten Jørgensen, der 1977 auf Einladung der Nordkoreaner am *International Seminar on the Juche Idea* in Pjöngjang teilnahm. Jørgensen nahm Nordkorea als wohlhabendes Land mit ausgeprägtem und vor allem *authentischem* Selbstvertrauen und einer aufgeschlossenen Haltung gegenüber Besuchern wahr:

»Die Ankunft war wie ein Schock. Ich hatte überall Maschinengewehre erwartet, aber nichts da. Nach den Tagen im grauen Moskau, wo die Leute mit leeren Gesichtern rumschlurften und niemand auf offener Straße lächelte, war ich angenehm überrascht. Ich hatte nie den Eindruck, unsere Gastgeber würden uns davon abhalten wollen, mit der Bevölkerung zu sprechen, oder dass sie irgendwas vor uns verbargen. Allerdings legten sie großen Wert auf *totale Kontrolle* über alles, was wir unternahmen.

Als wir es zum ersten Mal schafften, uns von den Vertretern des nordkoreanischen Außenministeriums abzuseilen und aus dem Hotel zu schleichen, konnte uns nichts mehr aufhalten. Es war fantastisch. Und fast schon gruselig, wie entspannt alles war. Ganz anders, als wir es erwartet hatten. Ich dachte, in Pjöngjang würden an jeder Ecke Polizei und Militärs stehen, wie in Jugoslawien oder in der Sowjetunion, aber da waren nur die Verkehrspolizistinnen. Ich wollte unbedingt herausfinden, ob das alles nur eine Kulisse war. Immerhin war es ja rein theoretisch möglich, dass die Regierung die Leute dazu verdonnert hatte, gute Miene zu machen. Also schlug ich einem der Dänen vor, uns rauszuschleichen. Natürlich hatten schon etliche Entsandte vor uns versucht, das Land ohne koreanische Aufpasser zu erleben, waren aber immer gescheitert. Wir warteten also den Moment ab, als im Hotel Ruhe einkehrte, wünschten den Nordkoreanern eine gute Nacht und stahlen uns langsam, Meter für Meter, in Richtung Hoteleingang. Und in dem Augenblick, als jemand hereinkam und dem Rezeptionisten kurz die Sicht versperrte, schlüpften wir nach draußen in die Dunkelheit. Erst mal verliefen wir uns, weil sich herausstellte, dass es in Pjöngjang keine Straßenschilder gibt. Den Grund erfuhren wir am nächsten Tag: um amerikanische Truppen im Fall einer Invasion zu verwirren. Außerdem sah alles so gleich aus, die Häuser, die Straßen ... deshalb folgten wir Geräuschen und Lichtern, und plötzlich fanden wir uns auf einer breiten Hauptstraße im Zentrum wieder. Und noch einmal: Nach dem Aufenthalt im tristen Moskau kam uns Pjöngjang im September wie der erste Sommertag auf der Karl Johans gate in Oslo vor. Es war surreal. Die Menschen saßen in der Hocke und spielten Würfelspiele, alte Frauen fegten die Straße, alles war erfüllt von Lachen und Musik und wirkte so unglaublich friedlich. Der Däne war ein junger, ziemlich großer und attraktiver Mann, ich hatte damals lange blonde Haare, und schon bald wurden wir von einer Horde kichernder Mädchen in Schuluniformen verfolgt – als wären wir Popstars. Aber plötzlich ... taucht mitten in der Fußgängerzone ein Drei-Sterne-General auf und brüllt die Mädchen an, mit erhobenem Zeigefinger. Erst dachte ich, sie würden in Tränen ausbrechen und schnell davonlaufen, aus Angst, ins Straflager zu kommen, aber stattdessen kicherten und kreischten sie nur und gingen dann in aller Ruhe weiter.

Das sollte also ein ranghoher Vertreter der nordkoreanischen Armee gewesen sein? Seine Uniform war mit reichlich Gold und Sternen dekoriert, aber trotzdem wirkte der General eher wie ein verstimmter Rektor auf dem Schulhof als wie der Repräsentant einer knallharten Diktatur. Die Begegnung schien uns ein Indikator dafür zu sein, wie es um das allgemeine Angstniveau in der Bevölkerung bestellt war. Der General schüttelte beschämt den Kopf, verbeugte sich kurz und machte eine Miene, als wollte er sagen, wie verkommen die Jugend doch sei. Mögen die werten Gäste Nordkoreas diesen Schandfleck der Gastfreundschaft des Landes verzeihen: Besuchern so einen Anblick zuzumuten, also wirklich!

Anschließend entdeckten wir ein sogenanntes ›Loch in der Wand‹, in dem ein älteres Ehepaar eine Art Eisdiele eingerichtet hatte. Sie servierten uns lächelnd Vanilleeis auf einer flachen Waffel. ›Was? Bezahlen? Aber nicht doch, hochverehrte Gäste!‹ Der General blieb übrigens der einzige Soldat, den wir zu Gesicht bekamen.

Die Koreaner wurden nicht müde zu betonen, was für ein Universalgenie Kim Il-sung sei, eine Art moderner Leonardo da Vinci. Jedes Mal, wenn es eine Reform oder Gesetzesänderung durchzusetzen gelte, werde ›der Große Führer‹ persönlich erscheinen. Und weil er für jedes Problem die perfekte Lösung parat habe, seien ihm die Sympathien des Volkes sicher. Mit anderen Worten: In der Demokratischen Volksrepublik lief alles wie am Schnürchen. Man stellte uns zum Beispiel einen achtzigjährigen Bauern vor, den allein die Erwähnung von Kim Il-sungs Namen in Ekstase versetzte. In seinem Distrikt war Korn angebaut worden, aber die Ernten waren äußerst mager ausgefallen, bis eines Tages der ›Große Führer‹ in seiner Limousine angerollt kam und verkündete: ›Ich habe Bodenproben entnommen und Wind und Wetter analysiert ... Leute, jetzt ist Schluss mit Getreide! Lasst uns Äpfel anbauen!‹ Seitdem verdiente der Bauer das Doppelte, musste weniger schuften, und obendrein waren die Äpfel unglaublich schmackhaft! Ich hatte den Eindruck, dass Kim Il-sung vor jeder anstehenden wichtigen Veränderung persönlich mit den Menschen ins Gespräch ging. Damit verschafft man sich natürlich Ansehen. Mir war aufgefallen, dass überall in Nordkorea kleine Messingschilder an den Wänden hingen, und einmal fragte ich, was es damit auf sich hatte. ›Hier war Kim Il-sung am 04.12.1966‹, übersetzte man mir. Überall! Die Schilder waren immer blitzblank poliert und das Erste, was der Ottonormalkoreaner uns zeigte, egal, wo wir hinkamen.

Nachdem wir Kim Il-sung persönlich die Hand geschüttelt hatten, veränderte sich etwas – selbst unser Dolmetscher behandelte uns anders. Ich schätze, sie selbst hatten nicht die Ehre. Wenn ich mir die Hände gewaschen und das Wasser in einer Flasche aufgefangen hätte ... in Pjöngjang hätte ich Gott weiß was dafür verlangen können, und manche hätten dem Wasser vermutlich so was wie metaphysische Eigenschaften attestiert. Ich hatte den Eindruck, dass fast die gesamte Bevölkerung Kim Il-sung als Heiligen betrachtete. Er hatte für sie den Krieg gewonnen und das Land wiederaufgebaut, er kümmerte sich um sie und gab ihnen kraft seiner außerordentlichen Regierungskünste zu essen. 1950 hatte eine Hungersnot geherrscht, Krankheiten hatten um sich gegriffen, aber jetzt gab es an jeder Straßenecke ein Krankenhaus oder eine kleine Klinik. Bei einer Präsidentschaftswahl hätte Kim garantiert siebzig Prozent der Stimmen bekommen, da bin ich mir sicher. Damals, in Nordkorea anno 1977, suchte ich überall nach Hinweisen auf Angst und Terror, aber ich konnte nichts dergleichen entdecken.«[54]

Mitten in dieser streng durchchoreographierten, aber augenscheinlich harmonischen und wohlhabenden Gesellschaft stach jedoch eine Sache – buchstäblich – hervor. Seit den Siebzigern fiel jedem, der Kim Il-sung aus der Nähe sah, zwangsläufig die immer größere kugelförmige Wucherung zwischen Nacken und Hinterkopf, unmittelbar unter seinem rechten Ohr, auf. Man nimmt an, dass er unter *Kalzinose* litt, Kalksalzablagerungen unter der Haut, die zu geschwürartigen Wucherungen führen. Nicht schön, aber relativ ungefährlich. Da Kims Geschwulst in der Nähe von Wirbelsäule und Gehirn saß, wollten vermutlich weder er noch nordkoreanische Chirurgen, denen ihr Leben lieb war, mit einer

---

54 Schon vor seiner Nordkoreareise hatte Morten sich immer unwohler mit der nach Konformität heischenden Politik seiner Partei gefühlt. Heute sagt er, die Begegnung mit der soeben erlösten Bevölkerung in Kim Il-sungs Paradies habe das Fass endgültig zum Überlaufen und ihn dazu gebracht, der Partei und der Politik im Allgemeinen kurz nach seiner Heimkehr abzuschwören. Stattdessen legte er eine lange und bewegte Karriere als Rockmusiker hin, u. a. mit der Band *Morten Jørgensen og Spekkhoggerne* (»Morten Jørgensen und die Schwertwale«) sowie als Autor des großen Achtzigerjahre-Rockromans *Sennepslegionen* (»Die Senflegion«). Der Refrain eines der bekanntesten Songs der *Spekkhoggerne* lautet: »Det er bedre å suge pikk enn å jobbe på fabrikk« (»Lieber nen Schwanz lutschen, als in der Fabrik schuften«).

Operation ein unnötiges Risiko eingehen. Zu dem Zeitpunkt, als Morten Jørgensen Kim die Hand schütteln durfte, hatte das Geschwür die Größe einer halben Grapefruit. Mit den Jahren wurde es immer größer, als wüchse dort ein böser siamesischer Zwilling oder die fleischgewordene Beleidigung für das Idealbild vom unfehlbaren Führer. Nicht hinzustarren wurde von Tag zu Tag schwerer. Auf einem der seltenen unbearbeiteten Bilder, das 1984 im Rahmen eines Staatsbesuchs geknipst wurde, hat das Geschwür schon die Größe eines kleinen Balls. Zehn Jahre später, kurz vor Kims Tod, sah es so aus, als wäre ihm ein zweiter Kopf gewachsen. In Nordkorea hat Kim Il-sungs Missbildung jedoch nie existiert. Die staatseigenen, also einzigen Medien, zu denen die Bevölkerung zu Kims Lebzeiten Zugang hatte, vermieden es konsequent, den Großen Führer aus bestimmten Winkeln zu zeigen. Sorgfältig wurde das Geschwür aus dem visuellen Gedächtnis des Landes gelöscht. Ausländische Diplomaten, die in der Ära Kim Il-sung nach Nordkorea entsandt wurden, berichteten später von nordkoreanischen Kollegen, die im Brustton der Überzeugung beteuert hätten, nie ein Geschwür gesehen zu haben. Die spärlichen Beweise dafür, dass es so real war wie Kim selbst, bestehen ausschließlich aus Fotografien und kurzen Filmausschnitten, die bei Staatsbesuchen im Ausland aufgenommen wurden. Mitte der Siebzigerjahre, als Nordkorea noch den Ruf hatte, ein einigermaßen intaktes Land zu sein, war Kims Geschwür allerdings auch noch keine Metapher, sondern schlicht und einfach ein Geschwür.

Lieber Mister Win,
das erste Gebot Eurer hausgemachten heiligen Juche-Schriften und der vielleicht einzige Satz in dieser hermetischen und knochentrockenen Amtssprache, die der Ottonormalkoreaner aus dem Stegreif aufsagen kann, lautet auf Englisch: »Man is the master of everything and controls everything«. Natürlich ist mit »man« nicht der Mensch im Allgemeinen, sondern ein ganz bestimmter Mann gemeint. Solltet Ihr Euch eines Tages eingestehen können, dass dieser Mann sterblich und gegen Makel (wie beispielsweise

ein ziemlich unappetitliches Geschwür) nicht gefeit war, ist Nordkorea womöglich ein Land wie jedes andere geworden, das endlich seinen rechtmäßigen Platz in der Welt einnehmen kann. Seinen *rechtmäßigen* Platz – nicht mehr, nicht weniger. Und in dem Moment wird auch das Geschwür seine destruktive Kraft als Symbol für die Gaukeleien und Lügen verlieren, auf die Eure Gesellschaft gegründet wurde. Die große Frage ist und bleibt jedoch, ob Euer System so einen Maskenfall überleben würde. Dies herauszufinden, scheint Euch bislang noch ein zu riskantes Unterfangen.

Wie die meisten Vertreter Deiner Gesellschaftsschicht, der »äußeren Elite«, bist Du in der Hauptstadt geboren, aufgewachsen und hast dort Dein ganzes Leben verbracht. 1977 hast Du noch die Grundschule besucht, und vielleicht warst Du ja eins der Kinder, die vom Straßenrand den exotischen Besuchern der Juche-Konferenz zuwinkten, als diese – vermutlich in Kolonnen aus blitzblank polierten, kastenförmigen Volvo 144ern – durch die strahlend saubere, von aufrichtigem Optimismus, Fröhlichkeit und Musik strotzende Stadt fuhren. Deinen eigenen Erzählungen nach warst Du ein kleiner Schlingel, der im Unterricht störte, sich in den Pausen prügelte und noch vor seinem zehnten Geburtstag vom Lehrer beim Rauchen erwischt wurde (pardon, von einer Lehrerin, das Grundschullehramt ist in Nordkorea natürlich ein Frauenberuf). Damit war Dein Weg besiegelt. Obwohl ich Dich und Dein Land mittlerweile ziemlich gut kenne, werde ich wohl nie so ganz verstehen, wie ein wildes Pflänzlein wie Du in so einem dürren, unfruchtbaren Beet gedeihen konnte. Wie bist du Der Großen Gartenschere entkommen? Hat Dich der Austausch mit auswärtigen Gleichgesinnten – also mit Leuten wie mir – gerettet? Spiele ich eine größere Rolle, als ich wahrhaben will?

Lauscht man den Beschreibungen des späteren Rockstars Morten Jørgensen vom Reich Deiner Kindheit, einem Nordkorea, in dem der dreißigjährige Aufschwung sich allmählich dem Ende zuneigte, scheint es gar nicht mehr so abwegig, dass selbst Du ein Teil dieses christlichen Ferienlagers warst, ein Fan oder *Fanatik*, wie es auf Russisch heißt. Zumal Du damals allen Grund gehabt hättest, stolz auf Dein Land zu sein. Denn Ihr Nordkorea-ner – abgesehen von wenigen Ausnahmen, die clevererweise den Mund hielten – konntet ja nicht ahnen, was der Außenwelt inzwi-schen sonnenklar war: Euer Paradies war bankrott. Ihr hattet auf Pump gelebt. Und ein beträchtlicher Teil der Zuweisungen kam von Norwegens ach so naivem Nachbarn im Osten, nämlich den Schweden.

Schwedenschulden

Im Frühjahr 1973 läutete Schweden als erstes westliches Land diplomatische Beziehungen zur Demokratischen Volksrepublik Korea ein. Norwegen und Dänemark folgten kurz darauf. Schon seit einigen Jahren ging Nordkorea auch in Staaten außerhalb des kommunistischen Ostblocks in die Charmeoffensive (oder besser gesagt: auf Shoppingtour), vor allem in Ländern mit so-zialdemokratischen, US-skeptischen Regierungen und starken Linksbewegungen. In Norwegen verkündete das *Dagbladet* im August 1973 die frohe Botschaft: »Der nordkoreanische interi-mistische Geschäftsträger Pak Gi-pil ist soeben in Oslo eingetrof-fen, um bis zur endgültigen Ernennung eines Botschafters die nordkoreanische Botschaft zu leiten. Er freue sich darauf, die bi-lateralen Beziehungen zwischen Norwegen und Nordkorea auf sämtlichen Gebieten auszubauen, erklärt er. Interesse bestehe vor allem am Import von norwegischen Schiffen und Schiffsaus-rüstung, er habe diesbezüglich bereits einen Bericht in Auftrag gegeben ...«[55]

Nichtsdestotrotz waren es die Schweden unter Olof Palme, die nach langer Lobbyarbeit und auf Drängen der schwedischen Wirtschaft als erstes westliches Land eine Botschaft in Pjöngjang eröffneten. Heute mag es seltsam klingen, aber damals galt Nord-korea, wie im vorigen Abschnitt beschrieben, noch als eines der

---

55 Dagbladet, 18.8.1973.

reichsten und scheinbar erfolgreichsten Länder in der gesamten Region. Zwar gab es durchaus schon erste Warnzeichen, doch vor denen verschloss die schwedische Wirtschaftslobby konsequent die Augen in der Hoffnung, beim neuen »asiatischen Tiger« sei reichlich Kohle zu holen.

Mit den selten thematisierten Nordkorea-Abenteuern der schwedischen Industrie beschäftigt sich die Journalistin Lovisa Lamm in ihrem Buch *Ambassaden i paradiset* (»Die Botschaft im Paradies«, 2012). Sie beschreibt, wie die Nordkoreaner bei den Schweden zum Beispiel Grabungsmaschinen und fünf luxuriöse *State-of-the-art*-Saunen mit eingebauter Stereoanlage und vollautomatisierten Temperaturreglern bestellten. Schwedens ganzer Stolz, der Autohersteller Volvo, verschiffte über tausend topmoderne 144er, und noch heute lässt sich der eine oder andere davon auf den Straßen von Pjöngjang und in anderen nordkoreanischen Städten erspähen.

Schon im Jahr vor der Botschaftseröffnung hatten große und kleine schwedische Unternehmen mit dem kauflustigen Nordkorea Verträge über die schwindelerregende Summe von siebenhundert Millionen Kronen (Stand: 1974, etwa 66,5 Millionen Euro) unterzeichnet. Für den Großteil des Betrags bürgte das sogenannte *Exportkreditnämnden* (Schwedische Behörde für Exportrisikogarantie), will heißen, der Staat sprang ein, wenn die Rechnungen nicht bezahlt wurden. Schon nach kurzer Zeit ging den sonst so zuversichtlichen Schweden auf, dass Nordkorea offensichtlich nie die Absicht gehabt hatte, auch nur eine einzige Krone springen zu lassen. Kein Wunder, schließlich war das Paradies bis zum Hals verschuldet und quasi bankrott.

Heute, nach rund vierzig Jahren bei laufenden Zinsen, schuldet Nordkorea unseren Nachbarn rund zweikommasieben Milliarden Kronen (ca. 250 Millionen Euro) – Schwedens mit Abstand größte unbeglichene Forderung.[56] Aus dem Grund hat man auch

---

56 *Nordkorea schuldet Schweden 2,7 Milliarden*, SVT Nyheter. URL https://www.svt.se/nyheter/utrikes/har-far-svt-forsta-intervjun-om-rekordskulden, 4. 5. 2017.

die Botschaft in Pjöngjang behalten, trotz schwindender Hoffnung, eines schönen Tages zumindest einen Bruchteil zurückzubekommen. Mitte der Neunziger wurde die Schwedische Botschaft allerdings umstrukturiert, und sie repräsentiert seitdem auch andere Länder, die diplomatische Beziehungen zu Nordkorea, aber keine eigene Botschaft haben. Zu den Klienten gehören die anderen nordischen Länder, aber am wichtigsten (und arbeitsintensivsten) sind die USA. Der respektlose und nicht zuletzt törichte Umgang mit internationalen Handelspartnern war jedoch nur ein Faktor, der Nordkorea zunehmend in Verruf brachte.

Im Jahr vor der Großen Juche-Konferenz, die Morten Jørgensen besuchte, war die jämmerliche Verfassung der nordkoreanischen Wirtschaft bereits durch eine lange Reihe beschämender internationaler Skandale in ihrer vollen Tragweite bloßgestellt worden. Einer davon schlug sich im Oktober 1976 in einer alarmierenden Schlagzeile der *Aftenposten* nieder: NORDKOREANISCHER SKANDAL ERREICHT NORWEGEN – ALLE DIPLOMATEN AUSGEWIESEN.

Eine Woche zuvor hatte die dänische Polizei nach monatelanger Ermittlungsarbeit zwei Mitarbeiter der nordkoreanischen Botschaft in Kopenhagen festgenommen, als diese »einhundertsiebenundvierzig Kilo Haschisch aus einem Diplomatenwagen in ein dänisches Fahrzeug umluden«.

Aber das war nur die Spitze des Eisbergs: Offensichtlich wurde schon seit geraumer Zeit mit Schmuggelwaren gehandelt. So konnte die dänische Polizei dokumentieren, dass Botschaftsmitarbeiter in den letzten acht Monaten vier Millionen Zigaretten zollfrei gekauft »und am 30. September weitere zweieinhalb Millionen bestellt hatten.«

Die *Aftenposten* kommentierte knapp: »So viele Zigaretten können die Nordkoreaner wohl kaum selbst rauchen.«

Die Ermittlungen und die Festnahme erfolgten in Absprache mit der norwegischen und schwedischen Polizei, die zeitgleich »ihre eigenen« nordkoreanischen Botschaften unter die Lupe nahmen, mit ähnlichen, aber weniger spektakulären Ergebnissen.

Die Osloer Polizei stellte fest, dass Botschaftsmitarbeiter »rund viertausend Flaschen Spirituosen sowie einhundertvierzigtausend Zigaretten umgeschlagen« hatten. Acht Hehler aus der Osloer Unterwelt wurden wegen Mittäterschaft verhaftet, und einer von ihnen gab an, dass er »weit mehr als einhundertfünfzigtausend Kronen an Botschaftsangestellte ausgezahlt« hatte.[57] Die ausgewiesenen Diplomaten wurden rasch durch neue Entsandte aus Pjöngjang ersetzt, aber das norwegisch-nordkoreanische Verhältnis hat sich bis heute nicht von dem Schock erholt. Eine Armlänge Abstand schien für beide Seiten die beste Lösung zu sein.

Bis zu einer geheimnisvollen Entdeckung in einem Osloer Treppenhaus gegen Ende der achtziger Jahre.

Die Schwedenhilfe: MORTEN der Zweite[58]

Einer der spektakulärsten Versuche, die angeschlagene nordkoreanische Wirtschaft (und damit auch die Ehre des schwedischen *Exportkreditnämnden*) zu retten, nahm seinen Anfang mit einer Blutspur in einem Treppenhaus im Osloer Stadtteil Frogner:

Seit dem großen Haschischskandal sind zwölf Jahre vergangen. Als der Architekt Morten Jølle auf dem Weg in sein Büro in der Vestheimgata 4 B ist, entdeckt er im Treppenhaus Blutstropfen und folgt der Spur zögerlich in die nächste Etage. Kein Zweifel: Sie führt geradewegs zur verschlossenen Tür der geheimnisvollen nordkoreanischen Botschaft. Morten sammelt sich kurz, atmet tief durch und klopft an. Von drinnen sind Schritte zu hö-

---

57 *Kommunistenstaat, der nicht bezahlt*, Aftenposten 12.10.1976.

58 Die Geschichte von Morten Jølle basiert auf Gesprächen mit seinem Freund und Geschäftspartner Anders Berg, der 2001, ein paar Jahre nach Jølles Tod, moderne Lachsaufzucht in Nordkorea einführte.

ren. Ein Botschaftsmitarbeiter, dem er im Treppenhaus ein paar Mal über den Weg gelaufen ist, macht auf und schaut ihn fragend, aber nicht unfreundlich an. Mortens Blick fällt auf eine Plastiktüte am Boden, um die sich eine dunkle Pfütze gebildet hat. Er räuspert sich. Ja, also, er habe Blut auf der Treppe gesehen und wolle nur sichergehen, dass alles in Ordnung ist. Dass niemand ... na ja ... verletzt ist. Für einen langen Augenblick ist es mucksmäuschenstill. Dann bricht der Nordkoreaner in herzhaftes Lachen aus. Er erklärt Morten, dass die – offensichtlich undichte – Plastiktüte voll mit frisch ausgenommenen Makrelen sei, die die Nordkoreaner am Filipstadkaia geangelt haben.

Damit war der Grundstein für eine neue Freundschaft gelegt, und zwischen dem norwegischen Architekten und den benachbarten Hobbyanglern herrschte von nun an ein kumpelhafter *nolsae*-Ton. Im Laufe der nächsten zehn Jahre reiste Morten rund zehnmal nach Nordkorea und agierte als Initiator und Mittelsmann für verschiedene mal mehr, mal weniger geglückte Joint Ventures mit den dortigen Behörden. Morten war nicht nur ein leutseliger und passionierter Abenteurer, er schien außerdem eine Schwäche für den unbeirrbaren Eigensinn der kleinen Volksrepublik zu haben.

Er verfügte über ein breites Kontaktnetz in der norwegischen Wirtschaft, und ohne zu zögern sprang er auf den Vorschlag seiner neuen Freunde und Partner aus der oberen Etage an, die Funktion einer Art norwegisch-nordkoreanischen Handelskammer zu übernehmen. In den folgenden Jahren reisten einige skeptische, aber neugierige Repräsentanten der norwegischen Klassifikationsgesellschaft *Det Norske Veritas* und anderer Wirtschaftsschwergewichte mit Morten nach Nordkorea, wo enthusiastisch neue Möglichkeiten auslotete. Außerdem gründete er eigens für seine Nordkoreaprojekte eine Spedition. Im Vorstand saß unter anderem der spätere Solarenergiemilliardär Reidar Langmo.

Jetzt, in der Dämmerstunde der alten Kommunistenwelt, ließen sich die wirtschaftlichen Verkalkungserscheinungen auch innerhalb Nordkoreas nicht mehr leugnen. Kein Wunder also, dass das Land jede Gelegenheit, sich wertvolle Valuta zu verschaffen, am Schopfe packte. Die armen Schweden und das *Exportkreditnämnden* hatten ihrerseits die Hoffnung aufgegeben, jemals auch nur eine Krone der inzwischen knappen Milliarde wiederzusehen. Beide Seiten hatten nichts zu verlieren, wenn sie etwas Neues ausprobierten, und als der tatkräftige Norweger ins Bild trat, der Chancen witterte, wo andere Probleme sahen, waren die Schweden und Norweger für seine Ideen deutlich empfänglicher als unter gewöhnlichen Umständen.

Götaverken, der ganze Stolz der Arbeiterstadt Göteborg und die einst größte Werft der Welt, hatte noch im Jahr 1975 fünfzehntausend Angestellte beschäftigt, aber 1989 Konkurs anmelden müssen. Ein neuer Eigentümer war auch jetzt, zwei Jahre später, noch nicht in Sicht.[59] Morten schmiedete einen Plan, der einen ebenso tollkühnen wie spektakulären Dreiecksvertrag vorsah: Er wollte die Staatsschulden der Nordkoreaner bei den Schweden konvertieren, indem seine Spedition sie *aufkaufte*. Außerdem wollte er Götaverken übernehmen, die Werft abmontieren und in der Hafenstadt Wŏnsan an der nordkoreanischen Ostküste wiederaufbauen. Dort könnte Nordkorea mit der schwedischen Werfttechnologie Schiffe für den internationalen Markt bauen. Die Einkünfte sollten von Mortens Spedition verwaltet werden, auf Basis eines gemeinschaftlich abgesegneten Ratenzahlungsplans: Der Großteil würde an die Norweger gehen und je ein paar Prozent an die Nordkoreaner und das *Exportkreditnämnden*, bis die Schulden beglichen wären. Morten würde Geld scheffeln, die Nordkoreaner könnten ihre Schiffsindustrie aufrüsten, und die Schweden würden zumindest einen Teil der Schulden zurückbekommen. Win-win an allen Fronten!

Zwischen 1991 und 1992 wurden tatsächlich diverse Verträge

---

59 *Bei Götaverken stempeln die letzten Mitarbeiter aus,* Göteborgsposten. URL https://www.gp.se/ekonomi/nu-st%C3%A4mplar-de-sista-ut-fr%C3%A5n-g% C3%B6taverken-1.84902, 4.5.2015.

zwischen Mortens Spedition, der Korea Songbak Trading Group, der Nordkoreanischen Botschaft in Schweden und dem Exportkreditnämnden unterzeichnet. Mortens Dreiecksplan schien aufzugehen.[60] Doch in letzter Minute machten die Schweden einen Rückzieher: Sie konnten die Werft mithilfe diverser Bürgschaften in Schweden behalten. Es soll sich buchstäblich um Stunden vor dem Startschuss zur Demontage gehandelt haben.

Vielleicht hatte Mortens Hyperoptimismus, bindende wirtschaftliche Verpflichtungen mit Nordkorea einzugehen, irgendwem im schwedischen Staatsapparat ein beunruhigendes Déjàvu beschert. Man könnte es dem Betreffenden nicht verübeln. Die Frage bleibt, was passiert wäre, wenn Morten die Werftübernahme tatsächlich hätte realisieren können. Aber trotz des Misserfolgs steckte er den Kopf nicht in den Sand. In den nächsten Jahren versuchte er sich an einigen weiteren Projekten, doch die meisten liefen ins Leere.

Das bankrotte Nordkorea konnte ab den Neunzigerjahren nur noch die allernötigsten Botschaftsvertretungen unterhalten. In den Nordischen Ländern fiel 1992 die erste Botschaft dem Sparkurs zum Opfer, und zwar ausgerechnet Mortens Anker in der Vestheimgata. Kurz darauf kamen das Jahr 1994 und die Große Sonnenfinsternis.

---

60 Ich habe die Dokumente mit eigenen Augen gesehen.

APOKALYPSE NOW:
Der Beschwerliche Marsch

★

Ohne dich kein Mutterland!
NORDKOREANISCHES PROPAGANDALIED

★

Wo waren Sie, als John F. Kennedy erschossen wurde / während der ersten Mondlandung / am 11. September 2001?

Kein Nordkoreaner, der älter als Mitte zwanzig ist, wird je vergessen, wo er am 8. Juli 1994 war und was er gerade tat, als die Welt in ihrer bisherigen Form zu Staub zerbröselte. Anderthalb Tage zuvor, an einem der heißesten Tage des Jahres, war Nordkorea verwaist: Der zweiundachtzigjährige Große Führer, Generalissimus, Väterliche Führer, Sonne des zwanzigsten Jahrhunderts, Präsident Kim Il-sung starb nach einer »Vor-Ort-Anleitung«, die er einer Kollektivfarm in der Nähe von Pjöngjang beschert hatte, an einem Herzinfarkt. Fünfundvierzig Jahre lang hatte er das Land regiert, was ihn zum mit Abstand am längsten amtierenden Staatsoberhaupt der Welt machte. Später wurde er von Fidel Castro, einem weiteren zähen sozialistischen Diktator und ehemaligen Guerillahelden, überholt.

Allein die älteren Generationen hatten einen Teil ihres Lebens unter einer anderen Führung verbracht, nämlich der nicht minder diktatorischen japanischen Besatzung. Die meisten Nordkoreaner kannten keine andere Gesellschaftsordnung und keinen anderen Führer als Kim Il-sung, und vermutlich hatten sie nie einen Gedanken daran verschwendet, dass etwas anderes überhaupt erstrebenswert, geschweige denn möglich war. Nicht zuletzt weil Kim und sein Staatsapparat die Vorbilder und Alliierten Stalin und Mao mittlerweile übertrumpft und einen Personenkult erschaffen hatten, der ganz und gar einzigartig auf der Welt war.

Die bis in die Finger- oder vielleicht eher Stiefelspitzen durchinszenierte Vorstellung über den unfehlbaren, allmächtigen Landesvater, der stets seine schützende Hand über Land und Volk gehalten hatte, endete nun mit einem finalen Akt, der direkt der Bibel zu entspringen schien (aus der sich Kim und die nordkoreanischen Staatsmythologen vermutlich ohnehin öfter Inspiration geholt hatten): Als »Pharao Kim« stirbt, senken sich Finsternis, Trauer und sieben Jahre Not und Elend über das Land. Einer ganzen Generation hatte man vom Kindergarten an eingetrichtert, außer Kim und der Partei der Arbeit Koreas könne sie nichts und niemand vor der bösen Außenwelt beschützen. Jetzt sollte das Schicksal der nordkoreanischen Staatspropaganda in die Karten spielen, und zwar auf gnadenlose Weise.

In einem totalitären Staat liegt es in der Natur der Sache, die Wirklichkeit schönzureden und schlechte Nachrichten unter den Teppich zu kehren. Als der Große Führer starb, hatte der Durchschnittsbürger deshalb nicht die geringste Ahnung, dass die nordkoreanische Wirtschaft sich seit fast zwei Jahrzehnten rückläufig entwickelte. Entgegen den vollmundigen Juche-Hymnen war die nordkoreanische Regierung nie in der Lage gewesen, das Land zu ernähren. Bereits gegen Mitte der Siebzigerjahre hatte sich langsam abgezeichnet, dass die träge Zentralregierung, der Mangel an privater Initiative, die gescheiterte Agrarpolitik sowie miserable Anbaubedingungen (die es natürlich schon immer gegeben hatte) die bis dahin erzielten, durchaus beachtlichen Fortschritte untergruben. Für den Großteil der Bevölkerung wurde daher ein streng organisiertes landesweites Rationierungssystem für Lebensmittel und andere Verbrauchsgüter eingeführt, das nach und nach die ohnehin marginale Geldwirtschaft verdrängte.

In der Vergangenheit war es Kim Il-sung und seinem Staatsapparat immer wieder gelungen, den offensichtlichen Verfall des

Landes durch den großzügigen »brüderlichen Beistand« von ihren einst alliierten, aber inzwischen miteinander rivalisierenden Gönnern Sowjetunion und China zu kaschieren. Die hatten sich beständig gegenseitig übertrumpft, um sich politischen Einfluss auf die strategisch wichtige Koreanische Halbinsel zu sichern. Als der Ostblock zwei Jahre später, angestoßen durch den Fall der Berliner Mauer, erschreckend rasant auf den Untergang zusteuerte, verschwand ein politischer Hauptverbündeter von der Bildfläche. Noch kritischer für das nordkoreanische Regime war jedoch, dass die Insolvenzmasse der Sowjetunion, die neu gegründete Russische Föderation, nicht damit fortfahren konnte oder wollte, das nordkoreanische Staatsbudget mit als »Langzeitkredite« getarnte Unterstützungen sowie Nahrung, Öl und Elektrogeräte zu Freundschaftspreisen zu füttern. Wie jeder andere auch sollte das völlig unvorbereitete und heruntergewirtschaftete Nordkorea nun bitte schön für sich selbst bezahlen. Die Voraussetzungen konnten nicht schlechter sein. Schließlich hatte sich die Volksrepublik bis zum Hals verschuldet. Infolgedessen wurde die Volksrepublik von der Weltgemeinschaft als wirtschaftlicher Pariastaat abgestempelt, noch lange bevor sie es in politischer Hinsicht wurde. Seit jeher hatte Nordkorea darauf vertraut, dass von irgendwoher »Langzeitkredite« kamen, die nicht unbedingt getilgt werden mussten – etwa so wie Griechenland in der Staatsschuldenkrise. Die Volksrepublik hatte auf Pump gelebt, und jetzt kam die Quittung. Die Kassen waren leer. Der Venenkatheter war ausgetrocknet. Die reichen Onkel waren selbst bankrott.

Der zweite große Wohltäter, China, hatte mit eigenen Problemen zu kämpfen. Beflügelt von den Bürgeraufständen, die die verkalkten Regimes in Osteuropa erschüttert hatten, kam es in Peking und anderen größeren Städten zu Studentendemonstrationen. Das erste echte Aufbegehren gegen das Machtmonopol der Kommunistischen Partei. Auch parteiintern entflammte ein erbitterter Kampf zwischen traditionalistischen und reformaffinen Funktionären. Die Demonstrationen wurden jäh niedergeschlagen, die Ordnung wiederhergestellt, und für die chinesische Regierung hatte innere Kontrolle nun eine weitaus höhere Priorität als politischer Einfluss auf andere Länder. Zudem war China im Begriff, sich von der sozialistischen Planwirtschaft, die der nordkoreanischen Wirtschaftspolitik durchaus ähnlich war, auf den erfolgreichen Staatskapitalismus von heute umzustellen. Kurzum, das Land hatte mit sich selbst genug zu tun.

Über Nordkorea brach die Dunkelheit herein wie ein weiteres alttestamentarisches Echo aus Kim Il-sungs Jugendbibel: Sieben magere Jahre mit Überflutungen, Dürre, Missernten und darauffolgender Hungersnot forderten eine unbekannte Anzahl an Menschenleben – Schätzungen variieren zwischen Hunderttausenden und Millionen. Selbst die nordkoreanische Natur schien an der Trauer um Kim Il-sung zu zerbrechen, ein weiterer Beweis dafür, dass dem Land die Macht ihres Paten über die Elemente fehlte. Eine der vielen tragischen Folgen der Teilung der Halbinsel geht damit einher, dass sich fruchtbarer Boden ausschließlich südlich der demilitarisierten Zone (DMZ) befindet. Die ohnehin mageren Ernten im bergreichen Nordkorea missglückten aufgrund von Rekorddürren mehrere Jahre in Folge. Zudem wurde das Land von Sturzfluten und Überschwemmungen heimgesucht, wie es sie noch nie zuvor gegeben hatte. Zum ersten Mal wurde Kim Il-sungs Juche-Prinzip der »nationalen Selbstversorgung« tatsächlich auf die Probe gestellt, denn jetzt musste Nordkorea ganz allein zurechtkommen. Die Folgen waren verheerend. In den Augen des ehrfürchtigen Volkes, das von den wahren Hintergründen keinen Schimmer hatte, schien das Mantra, das ihnen über Generationen hinweg von der Wiege bis zum Grab eingetrichtert worden war – »ohne den Großen Führer ist das Land verloren!« –, tatsächlich die Wirklichkeit widerzuspiegeln.

Die in der offiziellen nordkoreanischen Geschichtsschreibung als **DER BESCHWERLICHE MARSCH** bekannte Periode begann mit einer Hungersnot, wie sie vermutlich kein industrialisiertes Land je erlebt hatte. Die Folge war ein kurzer, aber heftiger Systemkollaps, der Nordkorea für immer veränderte. Der Name ist wieder einmal von einem internationalen Vorbild inspiriert, nämlich dem »Langen Marsch« von Maos Guerillaarmee im Chinesischen Bürgerkrieg. Ohne die künstliche Beatmung durch die Sowjetunion und China versagte im nordkoreanischen Gesellschaftskörper ein Organ nach dem anderen. Treibstoffmangel legte die Industrie lahm. Fabriken wurden dichtgemacht, Arbeiter ohne Abfindung vor die Tür gesetzt. Der Güter- und Personentransport schrumpfte auf ein sporadisches und unzuverlässiges Minimum zusammen. Das staatliche Rationierungssystem, der Lebensnerv der nahezu mittellosen Gesellschaft, kollabierte. Es gab ja nichts mehr zu rationieren. Die Energiekriese verdunkelte ganze Städte und Bezirke, denn die Stromerzeugungsanlagen stellten den Betrieb ein. Sogar im privilegierten Pjöngjang kam es zu regelmäßigen Ausfällen der Strom- und Wasserversorgung. Im ganzen Land wurden Wälder abgeholzt, um Brennstoff zu gewinnen – mit verheerenden ökologischen Folgen. Man nutzte jeden noch so kleinen urbaren Fleck – in den Großstädten wurden selbst auf den Mittelstreifen Beete angelegt, und in den ländlichen Regionen startete man Versuche, Berghänge nach dem Vorbild anderer südostasiatischer Länder mit optimaleren Anbaubedingungen in Terrassengärten zu verwandeln – ohne Erfolg. Die Bevölkerung sollte den Gürtel enger schnallen, und Schlagworte wie LASST UNS NUR NOCH ZWEI MAHLZEITEN AM TAG EINNEHMEN! wurden zu Mantras der Staatspropaganda. Doch nicht einmal nach der staatlichen Wegrationalisierung einer tägliche Mahlzeit gab es auch nur annähernd genug Nahrung.

Wie viele Menschen zwischen 1994 und 1998 an Unterernährung starben, werden wir vermutlich nie erfahren. Die meisten Schätzungen stammen aus Quellen, die selbst in den Konflikt involviert waren. So wie bei anderen von Menschen verschuldeten Katastrophen liegen die tatsächlichen Zahlen irgendwo zwischen beschönigten Unter- und maßlosen Übertreibungen. Eine nüchterne Schätzung berufener Experten beläuft sich auf eine halbe bis eine Million Opfer, bei einer damaligen Bevölkerungsgröße von etwa zweiundzwanzig Millionen.

Parallel zu den sozialen Institutionen zerbröckelte auch die soziale Kontrolle. Der Staat war außerstande, für die Menschen zu sorgen, und konnte sie immer weniger im Zaum halten. Zum ersten Mal seit dem Koreakrieg kehrte das Phänomen der *kochebi* (»Zugschwalben«) zurück: umherstreifende, verwaiste Straßenkinder, die sich vor allem an Bahnhöfen und anderen öffentlichen Plätzen in den Großstädten versammelten und durch Betteln und kleinere Delikte wie Diebstahl zu überleben versuchten. In ländlichen Gegenden brach die Ordnung vollkommen zusammen, Soldatenbanden plünderten auf der Suche nach Essbarem alles, was ihnen unterkam, häufig auf Geheiß ihrer Offiziere. Um das Problem anzugehen, stellte man Wachposten auf Äckern und Plantagen auf. Ihr Befehl: Erst schießen, dann Fragen stellen.[61] Die gesellschaftliche Rangordnung stand kopf: Plötzlich waren die bislang belächelten Bauerntölpel klar im Vorteil, da sie Zugang zu natürlichen Ressourcen hatten. Nicht dass es ihnen gutging, aber immerhin besser als der urbanen Bevölkerung, Beamten, Akademikern, Lehrern, Musikern und anderen Stadtmenschen. Wie so oft traf es die Jüngsten und Ältesten am schlimmsten. Bei den meisten Kindern und Jugendlichen, die den Beschwerlichen Marsch überlebten, führte die Unterernährung zu Wachstumsstörungen. Ich kenne etliche um die Jahrtausendwende geborene Nordkoreaner mit dem Gesicht eines Fünfzehn- und dem Körper eines Neunjährigen. Im Durchschnitt sind nordkoreanische Wehrpflichtige zehn Zentimeter kleiner als südkoreanische.

Für die meisten Menschen drehte sich der Alltag einzig und allein ums Überleben, inklusive denen, die das Privileg hatten, in der Hauptstadt zu leben. Der Pechvogel, der ausgerechnet jetzt, da Nordkorea im Zerfall begriffen war, den Thron besteigen sollte, war der Erstgeborene, Erbprinz und langjährige *spin doctor* des Großen Führers.

---

61 Eine Praxis, die in manchen Teilen des Landes bis heute angewendet wird.

HISTORISCHE FELDLINIEN II:
KIM der Zweite
Juche 83 (1994) – 100 (2011)

★

Der Geliebte Führer Kim Jong-il wird ewig bei uns sein!
NORDKOREANISCHES SCHLAGWORT

★

Seit er am 16. Februar 1942 auf dem Berg Paektu als Der Leuchtende
Stern geboren wurde, blickt das koreanische Volk voller Zuversicht in
eine ewiglich strahlende Zukunft, die Generation um Generation mit großen
Führern und Generälen gesegnet sein wird. Kim Jong-il kam auf dem Berg
Paektu zur Welt, dem heiligen Berg der Revolution, und ist im Geist
der Liebe zu seinem Land und seiner Nation aufgewachsen.[62]

In Wahrheit kam Kim Jong-il höchstwahrscheinlich in der damaligen Sowjetunion zur Welt, genauer gesagt in Wjatskoje, einem kleinen Dorf in der Nähe von Chabarowsk unweit der Küste, wo sein landesflüchtiger Vater Kim Il-sung in Stalins Roter Armee zum Oberst aufgestiegen war.

Jong-il hatte auch einen kleinen Bruder, der laut russischen Quellen im Alter von vier Jahren in einem Planschbecken auf dem Hof ertrank. Jong-il war der einzige Zeuge, und etliche westliche Biographen spekulieren, dass Jong-il seinen kleinen Bruder nach einem ausgearteten Spiel mit Absicht unter Wasser gedrückt und ertränkt habe.[63] Fest steht jedenfalls, dass Kim II. mit weit mehr

62   KOREA Magazine, Special Issue 2012.

63   Martin, Bradley: *Under the Loving Care of the Fatherly Leader*. New York 2004.

»persönlichen Problemen« als sein Vater Kim Il-sung und später sein Sohn Kim Jong-un zu kämpfen hatte. Er wagte sich in kein Flugzeug, und abgesehen von der kurzen Periode als Evakuierter während des Koreakriegs verließ er sein Land so gut wie nie – ein weiterer Unterschied zu seinem Vorgänger und seinem Nachfolger, die beide wichtige Lebensabschnitte im Ausland verbracht haben. Auch physisch hatte Jong-il mit seinem fröhlichen, maskulinen Vater nicht viel gemeinsam.

Er hätte als Wechselbalg durchgehen können – wäre sein Vater Aragorn gewesen, war er Gollum. Zudem soll er eine fiepsige Stimme gehabt haben, weshalb er in seinem ganzen Leben nur eine einzige öffentliche Rede hielt, die aus nur einem Satz bestand: »Lang lebe Koreas Volksarmee!«[64]

Vieles deutet darauf hin, dass Kim Jong-il Komplexe wegen seines Aussehens hatte, die mit dem Alter immer größer wurden. Ungefähr in der Mitte seines Lebens fing er an, seine lichter werdende Haarpracht zu einer Art Rockabilly-light-Tolle zu föhnen (oder besser gesagt: föhnen zu lassen), vermutlich um seine naturgegebenen ein Meter achtundfünfzig ein bisschen zu strecken. Außerdem möbelte er seine äußere Erscheinung mit ein paar hochhackigen Stiefeletten auf. Die damalige (nicht minder kleingeratene) amerikanische Außenministerin Madeleine Albright soll nach einem Staatsbesuch im Jahr 2002 gesagt haben, Kims Absätze seien höher als ihre eigenen gewesen. Über viele Jahre hatte er die schlichten Mao-Anzüge seines Vaters kopiert, doch gegen Anfang der Achtziger erfand er seinen eigenen Stil: Von nun an war sein Markenzeichen eine Art zweiteiliger, strampelhosenartiger und olivgrüner »Trainingsanzug«, der ihn wie eine Kreuzung aus Schulhausmeister, rangniedrigem Offizier und Riesenbaby erscheinen ließ. In späteren Jahren, vor allem nach seinem Schlaganfall 2008, schien Kim dann geradezu demonstrativ auf ästhetische Konsequenz und Schönheitsideale zu pfeifen. Vielleicht wollte er sich als bescheidener Führer geben, dem Äu-

64 Ebd.

ßerlichkeiten unwichtig waren, weil er sich voll und ganz aufs Regieren konzentrierte.

Dabei dürfte es Jong-il-Frisur und Schuhwerk nach zu urteilen – weiß Gott nicht an Eitelkeit gemangelt haben. Er ergänzte sein Outfit um eine selbst für westliche Verhältnisse reichlich schrullige Sonnenbrille, die er oft und gerne bei »Vor-Ort-Anleitungen« und Staatsbesuchen trug und die aussah, als hätten nordkoreanische Geheimagenten sie aus Elton Johns Garderobe stibitzt. Abgesehen von diversen anderen nationalen und internationalen Auszeichnungen, die er über die Jahre einheimste, durfte Kim Jong-il sich außerdem mit einem Spitzenplatz in einem der wichtigsten und spektakulärsten Internetrankings des zwanzigsten Jahrhunderts rühmen: *Top 25 Men Who Look Like Old Lesbians.*[65]

Nur um Haaresbreite landete er hinter Bruce Jenner, doch da Bruce inzwischen Caitlyn heißt und sich »vollumfänglich« als Frau identifiziert, steht die Goldmedaille nach altem Sportlerkodex nun dem rechtmäßigen Gewinner zu: Nordkoreas Geliebtem Führer.[66]

Das letzte *statement piece* war ein abgetragener grauer Parka mit lilafarbenem Futter, der Kim Jong-il in den letzten Jahren wie ein treuer Gefährte begleitete, außer vielleicht in den heißen Sommermonaten.

Dass der internationale Ruf des früher so angesehenen Nordkoreas in den siebzehn Jahren unter Kim Jong-ils Führung immer mehr Federn ließ, hatte verschiedene und komplexe Gründe. Auf viele hatte Kim keinen Einfluss, aber dass das »Gesicht des Landes« eine knapp anderthalb Meter große Mischung aus Mao-Imitator und später Liza Minelli war, machte die Sache nicht gerade besser. Ein Glück für Jong-il und eine ganze Galerie weiterer

---

65 https://www.cracked.com/article_15788_the-top-25-men-who-look-like-old-les bians.html

66 Leider müssen wir davon ausgehen, dass Kim Jong-il das Zeitliche segnete, ohne von dem Ranking und seinem schlussendlichen Sieg zu wissen.

klein geratener und – seien wir ehrlich – unansehnlicher Staatsoberhäupter, die die Vergangenheit uns beschert hat, dass echte Machtpolitik kein Schönheitswettbewerb ist. Obwohl Kim rein
äußerlich nicht viel von einem Filmstar gehabt haben mag, war
er am Kino und dessen Verwendungsmöglichkeiten für Propa-
gandazwecke äußerst interessiert. Schon in den Sechzigerjahren übernahm er als Vizedirektor – lies: Chef – der Abteilung für
Propaganda und Agitation die persönliche Aufsicht über die Entwicklung der nordkoreanischen Filmindustrie.[67] Auch andere
Spielformen darstellender Künste wie Musik, Tanz und Theater
hatten ab der Ära Kim Jong-il einen höheren Stellenwert als vorher – in gemäßigten, »sozialrealistischen« Formen versteht sich.
Die mannigfachen Inszenierungen der Volksmassen, die wir völlig zu Recht mit Nordkorea assoziieren, wurden unter Kim Jong-
ils Regie weiterentwickelt, vervielfältigt und institutionalisiert:
extravagante Militärparaden, penibel durchchoreographierte
Hintergrundbilder aus menschlichen Pixeln und nicht zuletzt
die geradezu surreal gigantischen Massengymnastikveranstal-
tungen mit Zehntausenden Mitwirkenden.

Die ganze Regalkilometer füllenden, unlesbar langweiligen
Memoiren, Essays und Reden zu so unterschiedlichen Themen
wie Agrarpolitik, Fünfjahresplänen für internationale Solidarität und Antiimperialismus, die der Ewige Führer hinterließ, sind
bis heute ein fester (mitunter der einzige) Bestandteil nordkoreanischer Bibliotheken und Buchläden. Von den drei Kims ist Jong-
il allerdings der Einzige, dem wir Titel wie *Über die Opernkunst*
(natürlich revolutionäre Opern wie in Maos China und kein bürgerlicher Quatsch à la Verdi), *Das Leben und die Literatur* oder *Der
Charakter und der Schauspieler* verdanken. Während Jong-il sich
diskret und geduldig als »Thronfolger« und Kulturchef des Landes positionierte – oder positioniert wurde –, agierte er gleichzeitig als Architekt des Personenkults um seinen Vater, den er später,
als er selbst an der Macht war, auf sich selbst übertrug. Es scheint,

---

67 Martin, Bradley: *Under the Loving Care of the Fatherly Leader*, S. 247.

als hätte er eine ausgeprägte Intuition für Inszenierung gehabt, und so wurde diese Dimension der nordkoreanischen Gesellschaft unter seiner Führung zunehmend präsenter.

Der gutmütige Landesopi Kim Il-sung, der allmählich den Herbst seines Lebens erreichte und seinem Erbprinzen Stück für Stück die Zügel übergab, ließ sich gern schmeicheln und huldigen. Kim Jong-il trieb die Glorifizierung seines Vater immer weiter, sicherte sich dessen Gunst und zementierte sein Image als vorbildlicher, loyaler Erstgeborener nach traditionellen koreanischen Werten. Nichtsdestotrotz zeigen Bilder und Videoaufzeichnungen, die ab den Siebzigerjahren entstanden, den mittlerweile ergrauten Kim Il-sung immer wieder mit einem warmen, gleichzeitig nachsichtigen bis besorgten Lächeln auf den Lippen. Als hätte er die katzbuckelnde Anbetung seiner Person nicht so ganz ernst nehmen können.

Kim Jong-ils Charakter und seine Talente prädestinierten ihn ganz offensichtlich eher für ein Dasein hinter als vor der Kamera, und sein introvertiertes Wesen spiegelte sich auch in der Rolle Nordkoreas auf der politischen Weltbühne wider. Zumal seine Amtszeit mit dem denkbar ungünstigen Aufeinandertreffen von weltpolitischen Umständen, Naturkatastrophen und historischen Ereignissen zusammenfiel, das als »Der Beschwerliche Marsch« in die Geschichte einging.

Mit dem Rücken zur Wand und Kim Jong-il am Ruder kämpfte das nordkoreanische Regime ums blanke Überleben. Noch nie war Nordkorea dem Untergang so nah gewesen wie in den ersten Jahren unter dem farblosen, in sich gekehrten Kim Jong-il, mit Ausnahme einer kurzen Episode während des Koreakriegs. Nur wenige Jahrzehnte zuvor hatte der Kommunismus noch die halbe Welt beherrscht, jetzt verrottete er auf der berühmten Müllhalde der Geschichte. Das Gros der tonangebenden Politiker und Wissenschaftler sah es nun beinahe als Naturgesetz, dass sich in den Ruinen des Sowjetimperiums und anderen Teilen der Welt der Marktkapitalismus und verschiedene Spielarten parlamentarischer Demokratie ausbreiten würden. In den internationalen Nachrichten galt Nordkorea als hartnäckiges, totalitäres und antiwestliches Überbleibsel des Kommunismus. Jetzt war es nur noch eine Frage der Zeit, bis der Staat endgültig kollabierte.

Das nordkoreanische Regime musste diese Prophezeiungen aufs Härteste bekämpfen. Zu diesem Zweck sollte der allmählich aufkeimende Missmut der hungernden Bevölkerung durch die Angst vor Bestrafungen überlagert werden. Plötzlich galt auf Bagatelldelikte wie den Diebstahl von Getreide und anderen Lebensmitteln die Todesstrafe. Aus den nichtigsten Gründen wurden vermeintliche Kriminelle in eins der berüchtigten »Lager für unzuverlässige Elemente« gebracht. Die Versuche des Regimes, die Zügel stramm zu ziehen, hatten etwas Verzweifeltes und Eitles an sich. Die Not griff um sich, jeder war sich selbst der Nächste, und schon bald waren Korruption, Schleichhandel und sogar Prostitution in fast allen Gesellschaftsschichten des »Arbeiterparadieses« an der Tagesordnung. Die Menschen befolgten weiterhin Befehle, aber anders als früher taten sie nun auch Dinge, die ihnen *nicht* aufgetragen wurden. Über die Grenze zu China schmuggelten sie neue Technologie, zum Beispiel kleine Videokameras, ins Land. Aufgrund des allgemeinen Zerfalls staatlicher Kontrollmechanismen war die Grenze weniger gründlich bewacht, und die hungrigen Grenzpolizisten ließen sich leichter bestechen. Über dieselbe Route fanden erschütternde Aufnahmen von spindeldürren Kinderkörpern und ausgemergelten Menschen, die sich wie Zombies über die Landstraßen schleppten, den Weg aus dem Land heraus und führten der Welt das Ausmaß der Katastrophe vor Augen. Kim Jong-il soll einmal gesagt haben, ein Bild – von lebenden Bildern ganz zu schweigen – sage mehr als tausend Schlagworte. Noch heute, ein Vierteljahrhundert später, werden mit Nordkorea vor allem Hunger und Armut assoziiert.

Die körnigen Videoaufnahmen von hungernden Kindern mit aufgequollenen Bäuchen, von miserabel ausgestatteten Krankenhäusern, dürren, zerlumpten Menschen und verfallenen Gebäuden zirkulierten dank der neuen Informationstechnologien schon bald in den internationalen Medien. Ebenso die Erzählungen nordkoreanischer Flüchtlinge über verhungerte Freunde und Angehörige, über summarische Hinrichtungen von Kleindieben und jenen, deren Fluchtversuche gescheitert waren.

Das neue Nordkorea-Narrativ manifestierte sich mit all seiner finsteren und gleichsam verlockenden Kraft, begünstigt durch die unvermeidliche Einseitigkeit schnelllebiger und dramatisierter Nachrichten.

Zwar hatte der internationale Ruf der Volksrepublik unter dem Konjunkturabschwung und den diplomatischen Skandalen seit Mitte der Siebzigerjahre gelitten, aber trotzdem hatte die Außenwelt Nordkorea bislang vor allem als leicht exzentrische, skurrile Diktatur betrachtet, die sich primär um sich selbst drehte und weder besser noch schlechter war als Länder wie Paraguay, Äthiopien oder Bulgarien. Jetzt aber ätzte sich der himmelschreiende Widerspruch zwischen den Lobeshymnen der Staatspropaganda und der trostlosen Realität, in der die Menschen sich von Unkraut und Insekten ernährten, ein für alle Mal ins Bewusstsein der Weltgemeinschaft.

Die Wahrheiten von gestern sind die Mythen von heute, deshalb gründen die meistverbreiteten und langlebigsten Vorurteile über das Land in mehr als zwanzig Jahre alten Bildern und Schilderungen aus der Zeit um den Beschwerlichen Marsch.

Der Graumarkt

1995 fasste die nordkoreanische Regierung sich ein Herz und bat die Welt offen um Hilfe – noch eine Abkehr von den bisherigen staatsprägenden Prinzipien. Tatsächlich gehörte Nordkorea in den späten Neunzigerjahren zu den weltweit größten Empfängern von Nahrungsmittelhilfe, die durch das UN World Food Programme (WFP) organisiert wurde. Der große Hunger stellte die

Volksrepublik schlichtweg auf den Kopf: Ein Großteil der Unterstützung kam ausgerechnet aus den USA, Nordkoreas Erzfeind Nummer eins (noch vor Südkorea!), obwohl die beiden Länder streng genommen im Krieg waren. Da Großpolitik aber selten eine Sache der Wohltätigkeit ist, kann man davon auszugehen, dass die großzügige Unterstützung kein reiner Akt der Nächstenliebe war. Sicher spielte auch die Angst vor einem unkontrollierten Systemkollaps eine wichtige Rolle, schließlich hätte dieser mit aller Wahrscheinlichkeit zu chaotischen Flüchtlingsströmen verzweifelter und hungernder Nordkoreaner Richtung Süden geführt. Damit war das nächste (ziemlich demütigende) nordkoreanische Paradox geboren: Ausgerechnet die Erzfeinde Südkorea und USA wurden zu den wichtigsten Verbündeten im Versuch, das Land zusammenzuhalten. Zwar gab es noch immer nicht genug Nahrung, aber ohne die Unterstützung von außen hätte die Hungersnot noch viel mehr Menschenleben gefordert.

Eine Myriade kleiner und großer Wohltätigkeitsorganisationen, die verschiedene Rollen im Versorgungsprogramm des WFP innehatten, ließ sich im Land nieder. Die nordkoreanische Regierung bestand jedoch darauf, dass sämtliche Nahrungsmittelunterstützung vom staatseigenen System entgegengenommen und verteilt wurde. Das schürte immer wieder Konflikte mit den Geberländern und dem WFP, die zu Recht befürchteten, dass sich die Armee und die Staatsführung beträchtliche Anteile selbst unter den Nagel reißen könnten. Trotz aller Bemühungen konnte die nordkoreanische Regierung nicht verhindern, dass mehr Ausländer als je zuvor Zugang zu Landesteilen hatten, die bis dahin abgeschottet gewesen waren. Die massive Unterstützung durch die Weltgemeinschaft setzte sich bis in die Zweitausenderjahre fort, und für die nordkoreanische Landwirtschaft ging es allmählich wieder bergauf. Das Land erholte sich. Eine deutlich größere Veränderung als die relativ kleine Zahl an Flüchtlingen, Aussteigern und Migranten, die Nordkorea verließen, stellten der Einzug des Kleinkapitalismus und das Aufkommen der sogenannten

»Graumärkte« dar. Dabei handelte es sich um halblegale, improvisierte Märkte – *jangmadang* –, auf denen verschieden Waren verkauft, gekauft und getauscht wurden. Im ganzen Land schossen sie wie Pilze aus der Erde, auf Plätzen, Gehsteigen und am Straßenrand. Nur nicht in Pjöngjang und den anderen größeren Städten, schließlich wollte man die Regierung nicht unnötig provozieren. Und in dieser stillen und unpolitischen Revolution standen die Frauen an der Frontlinie.

Die Töchter der Revolution

In der traditionell machistisch geprägten nordkoreanischen Kultur gelten statusniedrige Berufe, zum Beispiel im Verkauf, als Frauendomäne. Paradox ist, dass die Frauen vor dem Hintergrund des Beschwerlichen Marsches ausgerechnet aufgrund dieser traditionellen Rollenverteilung zur Vorhut der Marktkräfte wurden.

Der nordkoreanische Graswurzelkapitalismus – von seinen Anhängern vermutlich nicht als dezidierte Ideologie begriffen – hat seine unermüdlichsten Fußsoldaten also aus der weiblichen Bevölkerung rekrutiert. Sie bestreiten den Lebensunterhalt ihrer Familien, während die Männer die Fassade wahren und brav zur Arbeit gehen.

Obwohl die Industrie und die meisten öffentlichen Betriebe stillstanden, waren die Männer während des Beschwerlichen Marsches weiterhin verpflichtet, sich jeden Morgen einzustempeln, selbst nachdem der Staat ihnen den ohnehin mickrigen Lohn nicht mehr ausbezahlte. Als schließlich die ersten »Graumärkte« aufkamen, drückte die Regierung gezwungenermaßen ein Auge zu. Es herrschte eine Art stille Übereinkunft. Da der Staat schon lange nicht mehr für sein Land sorgen konnte, beschränkte man sich auf die eine oder andere symbolische Razzia. Entgegen allen Prinzipien der Staatsideologie war die Privatwirtschaft nach Nordkorea gekommen, um zu bleiben. Obwohl das Land, das sich Schritt für Schritt aus dem Tal der Todesschatten herausbugsierte, auf den ersten Blick seinem alten Ich zum Verwechseln ähnlich sah, hatte sich tief in seiner Seele etwas verändert.

In vielen Familien waren die Hausfrauen zu den wahren Versorgerinnen geworden. Sie verkauften hausgemachte, oft hungerbrotartige Backwaren oder schneiderten Kleidungsstücke, um sie gegen Lebensmittel einzutauschen. In einigen Fällen zwang die Not die Frauen auch zur Prostitution. »Frauen sind Blumen« ist in Nordkorea nicht nur eine Redewendung, sondern auch ein bekannter Popsong, der das traditionelle ostasiatische Frauenideal von Schönheit, Gehorsamkeit, Reinheit und Keuschheit preist. Typische Frauenberufe, mit denen man als Tourist in Nordkorea täglich in Kontakt kommt, sind unsere geliebten Verkehrspolizistinnen sowie Kellnerinnen, Bartenderinnen und Museumsführerinnen, was den Eindruck verstärkt, dass die Propaganda ihnen eine passive und untertänige Rolle in der Gesellschaft zugewiesen hat. Außerhalb dieser kleinen »Blumenbeete« ist der nordkoreanische Alltag jedoch mindestens genauso stark von einem ganz anderen Frauentyp geprägt. Die Rede ist von der so beliebten wie gefürchteten *ajumma* (»Tante«), einer Matrone gehobenen Alters. Sie ist distanzlos und geschäftstüchtig, clever wie ein Fuchs und störrisch wie ein Esel. Wenn Sie in Nordkorea einen Graumarkt besuchen, werden Sie garantiert verschiedene Varianten einer *ajumma* an den Ständen antreffen. Doch davon abgesehen, dass die Frauen zu einer Art stillen Infanterie wirtschaftlicher Veränderung und Weiterentwicklung wurden, bewahren und bestätigen sie auch das Althergebrachte.

Einem Beispiel sind wir bereits begegnet: Frau Jo, der stolzen und frisch ernannten Bezirksrepräsentantin in der Volksversammlung. Anlässlich der Wahl widmete eine der englischsprachigen Monatszeitschriften der Staatspropaganda ihr und ihren Genossinnen ein großes Porträt.[68] Als Kernkompetenzen

68 *Our Deputy*, Korea Today 9/2014.

für das Amt der Bezirksrepräsentantin werden darin vor allem Bescheidenheit, Aufopferungsbereitschaft, Diskretion und Geduld hervorgehoben. (An den meisten anderen Orten der Welt sprächen diese Eigenschaften wohl eher gegen eine politische Karriere.) Für die nordkoreanische Propaganda bietet die Wahl – oder vielmehr Ernennung – einer einfachen Straßenfegerin zur Bezirksvertreterin in der (theoretisch) prestigeträchtigen Nationalversammlung die perfekte Bühne für eine klassisch-kommunistische Inszenierung der ach so gleichberechtigten Gesellschaft. Die Botschaft: Die kleine Frau hat die Macht.

Neben den bereits genannten Tugenden hatte Frau Jo aber noch ein weiteres As im Ärmel: Sie war seit vielen Jahren »Leiterin einer Nachbarschaftseinheit«, wie die Zeitschrift vage formulierte. Man könnte diese Information schnell überlesen, dabei ist sie sehr interessant, verrät sie uns doch einiges über das nordkoreanische Belohnungssystem. Bei der »Nachbarschaftseinheit«, die Frau Jo leitete, handelte es sich sehr wahrscheinlich um eine *inminban* (»Volksabteilung«). Damit kann zum Beispiel ein Mehrfamilienhaus, bei größeren Wohnkomplexen auch nur ein einzelner Stock oder Flügel gemeint sein. Die Leiterinnen (es handelt sich fast immer um Frauen mittleren oder gehobenen Alters) des *inminbans* berichten ihrerseits an einen Stadtteilrepräsentanten. Die Aufgabe kann natürlich nur übernehmen, wer als vollkommen loyal gegenüber dem System eingestuft wird, besteht doch eine der Hauptfunktionen darin, im Haus, in der Straße oder im Viertel für Ordnung zu sorgen und etwaige Auffälligkeiten zu melden. Damit ist ein *inminban* einer der kleineren Bausteine in der Machtpyramide aus Komitees und Organisationen, die die nordkoreanische Gesellschaft prägt und soziale Kontrolle gewährleistet: Gib dem Volk ein Minimum an Autorität, und es wird sie bereitwillig dafür benutzen, andere zu überwachen.

In der Zeitschrift wird geschildert, wie Frau Jo die Bewohner ihres *inminban* zur Gemeinschaftsarbeit mobilisiert, wenn in ihrem Wohnblock Aufräumarbeiten notwendig werden. Sie »meistert diese Aufgabe mit Bravour«, anstatt das »unterbesetzte« Stadtteilkomitee unnötig zu belästigen, heißt es. So handelt eine Musterbürgerin, die alle sozialistischen Tugenden in sich vereint: Zuallererst erledigt sie ihren Job als »Abteilungsleiterin« und übernimmt die Verantwortung für ihre »Mitbewohner«, indem sie die Behörden über das Problem informiert. Zweitens beweist sie ihre Solidarität mit dem System – obwohl der allmächtige Staat selbst schuld daran ist, dass im Stadtteilkomitee Personalmangel herrscht. Drittens löst Frau Jo das Problem eigenständig und im Sinne des Gemeinschaftsgeistes (der ihr von ungefähr dreihundertzehn Schlagworten im Jahr eingeprügelt wird). Das Ende vom Lied: Als Frau Jo vom Treffen mit dem Stadtteilkomitee heimkehrt, macht sie ihrer Nachbarschaft Feuer unterm Allerwertesten und löst das Sauberkeitsproblem im Alleingang, anstatt den ach so armen Staat zu behelligen, der sich doch ach so wunderbar um sie kümmert. *Ask not what your country can do for you, ask what you can do for your country.* Um zum Ausgangspunkt zurückzukommen: Frau Jo macht genau das, was unzählige Nordkoreanerinnen vor ihr getan haben, als der Beschwerliche Marsch ihnen schmerzhaft vor Augen führte, dass der Staatsapparat nicht für sie sorgen konnte – sie nimmt die Sache selbst in die Hand. Not macht erfinderisch, und eine der vielen improvisierten Antworten auf den Nahrungs- und damit auch Proteinmangel bekam den Namen *injo* (menschengeschaffenes) *gogi* (Fleisch). Eine nordkoreanische Variante von Sojafleisch, wie man es in unseren Breitengraden mittlerweile in jedem Supermarkt findet. Im hungernden Nordkorea um die Jahrtausendwende hingegen musste das Produkt erst noch erfunden und produziert werden:

★

Injo gogi bap erfreut sich in Nordkorea nach wie vor großer Beliebtheit, wobei es heute eher aus kulinarisch-nostalgischen Gründen denn aus reiner Not verspeist wird. Und auch Südkoreaner haben Geschmack an dem Gericht gefunden, das von nordkoreanischen Asylsuchenden importiert wurde, die die Küche ihrer Heimat vermissten – wenn auch nicht den Hunger während des Beschwerlichen Marsches. In der hier vorgestellten Variante wird das »Fleisch« in längliche, zentimeterdicke Streifen geschnitten. Diese werden vorsichtig mit kleinen Schlitzen versehen, sodass Taschen entstehen, die sich mit weißem Reis und scharfer Soße füllen lassen. Eine Art nordkoreanischer Mini-Taco.

Anstelle der Pita-Methode können Sie das injo gogi auch um den Reis wickeln, wie bei Maki-Rollen. Die Soße können Sie entweder mit einarbeiten oder vor dem Servieren über den Rollen verteilen.

Besonders Experimentierfreudige, die injo gogi auf authentische Weise zubereiten möchten, können sich eine Ölpresse anschaffen oder leihen. Wenn Sie die Sojabohnen zu der teigartigen Masse verarbeiten, aus der das »Fleisch« hergestellt wird, entsteht nämlich als »Abfallprodukt« Sojaöl, das Sie anderweitig verwenden können. Die Bohnenmasse rollen Sie zu ½ Zentimeter dicken »Lasagneplatten« aus, die Sie trocknen lassen, bis sie hart sind.

Injo Gogi Bap

★

400 g	Injo Gogi
	Salz
3 Tassen	gekochter Reis (schön klebrig)
1 El	Sesamöl

Sauce

4 El	Raps- oder Sonnenblumenöl
3 El	Chiliflocken
⅓ kleine Tasse	feingehackter Knoblauch
⅕ kleine Tasse	Sojasauce
½ kleine Tasse	feingehackte Frühlingszwiebeln

ZUBEREITUNG:
Injo Gogi Bap

★

1. Das getrocknete injo gogi etwa eine halbe Stunde in leicht gesalzenem lauwarmem Wasser aufweichen lassen. Anschließend in etwa zehn mal sieben Zentimeter große Stücke schneiden. Mit einem scharfen Messer in jedes Stück eine Kerbe ritzen, sodass eine Art kleines Pita-Brot entsteht.
2. Den Reis gründlich mit Sesamöl, einer Prise Salz und einer Handvoll Frühlingszwiebeln vermischen.
3. Für die Sauce: In einer Pfanne das Öl erhitzen. Darin Chiliflocken und die restlichen Frühlingszwiebeln scharf anbraten. Eine Messerspitze Salz, Sojasauce, etwas Wasser und den Knoblauch hinzufügen. Gut vermischen und nicht anbrennen lassen!
4. Die injo gogi-Taschen mit Reis füllen und Sauce hineinträufeln.

SONGUN –
der Pakt mit dem Militär

★

*Die Verteidigung zu stärken ist die wichtigste
aller Aufgaben des Staats; die Würde, das Wohl des Volkes
und der Frieden basieren auf schlagkräftigen Waffen.*
KIM JONG-UN

★

Auch für das Regime war die Nahtoderfahrung durch den Beschwerlichen Marsch eine traumatische Erfahrung. Nordkorea
ist seit jeher eine durchmilitarisierte Gesellschaft gewesen, mit
so vielen Uniformierten wie fast nirgendwo sonst auf der Welt.
Auch der Landespate Kim Il-sung war Berufssoldat und Widerstandsheld gewesen und hatte allen ehemaligen Waffenbrüdern,
die er während seiner Machtkonsolidierung in den Fünfzigern
nicht ausgesiebt hatte, wichtige Positionen an der Spitze der Armee und des Staatsapparats zugeschoben. Ihre Nachkommen
und Netzwerke bilden heute das Zentrum der inneren Elite.

Kim Il-sungs Sohn, der kulturinteressierte und androgyne
Kim Jong-il, konnte dagegen mit keinerlei militärischer Erfahrung glänzen. Entsprechend den Anforderungen, die an den zukünftigen Führer gestellt wurden, dekorierte man ihn während
seines Aufstiegs dennoch mit zahlreichen hochkarätigen militärischen Auszeichnungen. Doch mit Respekt kann man sich nicht
so leicht schmücken. Vermutlich konnte Kim Jong-il sich unter
Nordkoreas mächtigen Generälen nie die Autorität verschaffen,
die sein Vater mühsam durch gemeinsame Kriegserfahrungen
und enge Freundschaften aufgebaut hatte. Jong-ils wichtigste

Mitstreiter waren die Intellektuellen und Ideologen der Partei der Arbeit Koreas (PdAK). Schon immer waren die Partei und das Militär die zwei Hauptfraktionen der nordkoreanischen Führung gewesen, die miteinander rivalisierten, sich aber zum Teil auch überschnitten.

Kaum ein Jahr nach dem Tod seines Vaters lancierte Kim Jong-il die Sŏn'gun- oder »Militär zuerst«-Leitlinie. Kurz gefasst hatte die Koreanische Volksarmee damit absoluten Vorrang gegenüber allen anderen Gesellschaftsbereichen, was die Verteilung der immer knapperen Ressourcen, ob nun Staatsbudget oder Lebensmittelrationen, anging. Damit erfuhr die Armee ein Upgrade zum obersten Organ der Staatsgewalt (*supreme repository of power*), woran sich bis heute nichts geändert hat. Kim Jong-il war sich bewusst, dass die innere Elite – er selbst eingeschlossen – auf den militärischen Machtapparat und dessen Kontrolle des Staats angewiesen war, wenn sie die scheinbar endlose nationale Krise überstehen wollte.

In vielerlei Hinsicht war Jong-ils Sŏn'gun-Leitlinie so etwas wie die *light*-Variante eines stillen Militärputsches, und die Generäle profitierten davon, dass das Staatsoberhaupt als eine Art nationales Symbol und etablierter Fixpunkt für die Loyalität des Volkes an der Spitze blieb. Trotzdem wäre es falsch zu sagen, Kim Jong-il sei zu Beginn seiner Amtszeit nur eine Marionette gewesen, denn sowohl sein Erbstatus als auch die Partei waren nach wie vor zentrale Elemente der kollektiven Machtbalance. Dass die Einführung der Sŏn'gun-Politik mit dem Beginn des Beschwerlichen Marsches zusammenfiel, lässt sich jedoch nicht leugnen. Es wäre verlockend, wenn auch vereinfachend, Nordkorea ab der Ära Kim-Jong-il als hybride Militärdiktatur zu beschreiben, in der die Generäle das letzte Wort haben und das Staatsoberhaupt und die staatstragende Partei lediglich als beratende Instanzen in grundlegenden Beschlüssen fungieren. Die weit verbreitete Vorstellung von Kim Il-sung als allmächtigem absolutem Diktator steht jedenfalls auf ziemlich wackeligen Beinen, vielleicht abgesehen von den letzten zehn, zwanzig Jah-

ren seiner Amtszeit, die nun auch schon ein Weilchen zurück-
liegen.

Das aktuelle nordkoreanische Staatsoberhaupt umgibt der
Mythos, dass er nicht nur ein allmächtiger Diktator, sondern auch
ein unberechenbarer Irrer sei. Getrieben von einem abgrundtie-
fen Hass auf den Westen und mit dem Finger stets auf dem Atom-
knopf. Aber keine Angst, werte Leserinnen und Leser. Sie können
aufatmen! Kim Jong-un ist weder Abu Bakr al-Baghdadi noch der
Joker aus *Batman*. Seit der Proklamierung der Demokratischen
Volksrepublik Korea 1948 folgt das Handeln des Regimes einer
strengen und erklärbaren Logik, die sich, sowohl im nationalen
als auch im internationalen Kontext, immer wieder auf ein und
dieselbe Grundregel zurückführen lässt:

Überleben um jeden Preis auf (strategisch) kurze und (taktisch) lange Sicht.

Schon zwei Mal ist Nordkorea auf nahezu wundersame Weise
von den – mehr oder weniger – Toten auferstanden. Das erste
Mal im Koreakrieg, als allein das Einschreiten Chinas den gede-
mütigten Kim Il-sung in letzter Sekunde vor der sicheren Niederlage bewahrte, das zweite Mal während des Beschwerlichen
Marsches.

Beide Male kam das Regime mit knapper Not davon und
schleifte das Volk mit einer Kombination aus Peitschen- und
Karotten-Prinzip hinter sich her: Massenmobilisierung, lautstarke Appelle an das Gemeinschaftsgefühl und die Liebe zum
Vaterland, Helden- und Schreckenspropaganda sowie harte Bestrafungen für diejenigen, die nicht gehorchten oder gar oppo-
nierten. Beide Male sah die Führungsspitze sich darin bestätigt,
Nordkorea weiterhin als eine Art Außenposten unter konstanter
Belagerung feindlicher Kräfte zu betrachten. Dieses Weltbild sowie die Legende, dass allein die Kim-Familie Land und Leute vor
der Vernichtung bewahren konnte, wurden der Bevölkerung mit
allen Mitteln eingeimpft. Und dafür brauchte man vor allem eins:
jede Menge Uniformierte.

Infanterie

In Nordkorea kann man seinem Kind kaum etwas Prestigeträchtigeres und Systemkonformeres wünschen als eine Karriere im Militär – wie sie zum Beispiel Mister Wins Vater, der Oberst, hingelegt hat. Der soziale Status und die Sŏn'gun-Doktrin garantieren allen Wehrdienstleistenden einen gewissen Lebensstandard und höheren Offizieren zahlreiche zusätzliche Privilegien, zum Beispiel politische Macht. Überall sieht man die charakteristischen nussbraunen (sowjetinspirierten) Uniformen der Koreanischen Volksarmee (KVA) oder die etwas schlichtere Variante der »Reservestreitmacht«, einer Volksmiliz mit Namen ARBEITER-UND-BAUERN-ROTARMISTEN, mit ihren auffälligen Mao-Mützen, die sie von der Armee abheben sollen.

In einem Konflikt sind akribische Statistiken zwar für alle Seiten ein Tabu, aber nach Schätzungen umfasst die KVA etwa eine Million einhunderttausend aktive Soldaten. Westlichen Quellen wie *Jane's Defence Weekly* zufolge kommen noch acht einhalb Millionen Reservisten und Mitglieder »paramilitärischer Einheiten«, zum Beispiel der Arbeiter-und-Bauern-Rotarmisten, hinzu. Insgesamt bestehen die Streitkräfte also aus etwa der Hälfte der Gesamtbevölkerung. Und trotzdem – *man muss alles in Relation sehen*. Größe ist bei Weitem nicht alles.

Dass die USA derzeit den *Global Firepower Index* anführen, der die Armeen der Welt anhand von Kriterien wie Armeestärke und militärische Ausrüstung vergleicht, dürfte kaum jemanden überraschen.[69] Der US-Allierte Südkorea landet auf einem respektablen siebten Platz, während der »Widersacher« Nordkorea erst an achtzehnter Stelle zu finden ist, hinter Pakistan, aber immerhin (noch) vor Spanien. Platz eins und Platz sieben gegen Platz achtzehn – ich weiß, auf wen ich mein Geld setzen würde. Selbst wenn man die Arbeiter-und-Bauern-Rotarmisten einbezieht,

---

69 http://www.globalfirepower.com/countries-listing.asp

sind die nordkoreanischen Landstreitkräfte ausschließlich mit leichten, nicht besonders avancierten Handwaffen ausgestattet. Das Standardgewehr der Armee, die Kalaschnikow-Kopie AK-47, die sich in Entwicklungsländern verbreitet hat, stammt wie fast das gesamte nordkoreanische Waffenarsenal von einem Lieferanten, der vor rund dreißig Jahren in Konkurs ging: der ehemaligen Sowjetunion. Nordkoreanische Militärparaden – man kann wohl davon ausgehen, dass der Gastgeber sich hier von seiner Schokoladenseite präsentieren möchte –, sind eine wahre Fundgrube für Militärhistoriker und Waffenliebhaber mit Ostblockfaible. Fast könnte man die Paraden für Motto-Partys zum Thema »Rote Armee 1960« halten, auf denen man einen von Jahr zu Jahr antikeren Waffenbestand bestaunen kann, für den es schon bald keine Ersatzteile mehr gibt.

Artillerie

Von der Infanterie einmal abgesehen, bildet stationäre Artillerie (Kanonen und Raketenwaffen) die wahrscheinlich größte Stärke der KVA. Man vermutet, dass die meisten Artilleriegeschütze unterirdisch in den Berghängen entlang der DMZ stationiert sind und auf die südkoreanische Hauptstadt Seoul zielen, die locker innerhalb der Reichweite einer Langstreckenkanone liegt. Bis zur Entwicklung eigener Atomwaffen waren diese Hunderte, vielleicht Tausende gut geschützter Artillerienester Nordkoreas wichtigstes Abschreckungsmittel und zugleich eine Lebensversicherung. Sollte jedoch auf der Koreanischen Halbinsel ein Krieg à la 1950–1953 ausbrechen – was *sehr* unwahrscheinlich ist –, würde Nordkorea allein mit veralteten Kanonen und Millionen schlecht ausgerüsteter Infanteristen nicht besonders weit kommen, da mag der Stechschritt der Soldaten noch so zackig sein.

Luftwaffe

Heutzutage sähe ein Staat ohne solide Luftwaffe in einem Groß-
krieg ziemlich alt aus. Auch die Pjöngjanger Generäle wissen,
dass die Gefahr aus der Luft angesichts der massiven Feuerkraft
und Bombenkapazität der US Air Force noch viel größer ist als
während des Koreakriegs. Wie schlecht es um die nordkoreanische Luftwaffe bestellt ist, konnte ich im Juli 2013 bei der Sie-
gesparade (sic) zum Jahrestag des Waffenstillstands im Koreakrieg bezeugen: Um der mickerigen Flugformation über dem
Kim-Il-sung-Platz wenigstens ein Mindestmaß an Würde zu verleihen, war nämlich eine zivile Antonow der Air Koryo eigens für
den Anlass umlackiert worden.[70]

Im Rahmen derselben Parade, bei der die Streitkräfte sich an
diesem bedeutenden Datum ja eigentlich von ihrer besten und
potentesten Seite zeigen wollten, wurde außerdem eine Flotte
aus Pappmaché-Flugzeugen präsentiert, die während der Fahrt
über den holprigen Pflastersteinboden jeden Moment in sich zu-
sammenzufallen schienen. Als dann noch eine Formation aus
Achtzigerjahre-Traktoren an mir vorbeituckerte, mit je einer La-
fette im Schlepptau, beugte ich mich zu Mister Wins Chef hinü-
ber, einem hohen Tier im Kulturministerium, und flüsterte ihm
ins Ohr: »Hilfe! Die wütenden Bauern kommen!« Als eine Viertelstunde später die etwas massiveren Raketenabschussrampen an
uns vorbeirollten, krümmte Mister Wins Chef sich immer noch
vor Lachen.

---

70 Als ich Pjöngjang ein paar Tage später verließ, entdeckte ich den nach wie vor
leicht verdreckten Flieger beim Abflug neben der Startbahn.

Marine

Die Marine steht ein klitzekleines bisschen besser da. Ein Pressefoto aus dem Jahr 2014 zeigt Kim Jong-un an Bord eines U-Boots, das der U-96, dem Hauptdarsteller des Kriegsfilms *Das Boot*, zum Verwechseln ähnelt. In erster Linie besteht die nordkoreanische Marine aus kleineren Schiffen wie Minenjägern und Fregatten, die vor der Westküste der Halbinsel das Grenzgebiet im Gelben Meer kontrollieren, wo die zwei Koreas sich bis heute auf keine endgültige Grenzlinie einigen konnten. Im Großen und Ganzen beschränkt sich die Kampferfahrung der nordkoreanischen Marine darauf, regelmäßig südkoreanische Fischerboote (samt Besatzung) abzufangen, die sich zu weit in den Norden gewagt haben. Die beiden heftigsten militärischen Aufeinandertreffen zwischen den beiden Koreas in jüngerer Zeit fanden ebenfalls im Gelben Meer statt, beide im Jahr 2010. Erst sank unter ungeklärten Umständen eine Korvette der südkoreanischen Marine, die *Cheonan*, und sechsundvierzig Besatzungsmitglieder kamen ums Leben. Eine internationale Untersuchungskommission unter südkoreanischer Leitung erklärte in ihrem Bericht, das Schiff sei von einem nordkoreanischen Mini-U-Boot versenkt worden. Die nordkoreanische Regierung dementierte vehement und erhielt Unterstützung aus China und Russland. Bis heute streitet Nordkorea ab, in den Untergang der *Cheonan* verwickelt gewesen zu sein. Im folgenden Herbst fasste Nordkorea eine Kampfübung des südkoreanischen Militärs auf der Grenzinsel Yeonpyeong als feindlichen Artillerieangriff auf und reagierte mit einem Kanonenfeuer, das zwei südkoreanische Soldaten und zwei Zivilisten das Leben kostete und massive Verwüstungen anrichtete. Auch in diesem Fall mündeten die Treffer in keinen größeren Krieg, denn dazu wissen beide Seiten zu gut, was für sie auf dem Spiel steht. Und an einem Sonntag im September 2017 sorgte die ureigene Logik des Terrorgleichgewichts dafür, dass das Kriegsrisiko noch weiter gemindert wurde.

Atomwaffen

Am Sonntag, dem 3. September 2017, testete Nordkorea in einer kerntechnischen Anlage tief unter dem zweitausendzweihundertfünf Meter hohen Berg Mantap im Nordosten eine Wasserstoffbombe, deren Sprengkraft die Hiroshimabombe um ein Zehn- bis Fünfzehnfaches übertraf. Das durch die unterirdische Explosion verursachte Erdbeben war selbst in Pjöngjang, am anderen Ende des Landes, zu spüren. Satellitenbilder zeigen, dass in den schon seit Mitte des zwanzigsten Jahrhunderts für Probesprengungen benutzten Bergen ein Krater mit einem Durchmesser von etwa zweihundert Metern gerissen worden war. Eine knappe Stunde nach der Explosion stand ich mit einigen anderen konsternierten Touristen und nordkoreanischen Hotelangestellten zusammen in der Lobby des Haebangsan Hotels, wo wir gebannt auf den großen Fernsehbildschirm starrten. Ein festlich gekleideter Nachrichtensprecher verlas feierlich die Meldung der Militärführung. Die Rede war von einem »großen Erfolg« und einer »thermonuklearen Waffe mit superexplosiver Kraft, die wir aus eigenen Kräften und mit eigenen Technologien produziert haben«.

Dann zitierte der Sprecher den Großen Führer: »Sämtliche Komponenten der Wasserstoffbombe sind zu einhundert Prozent in unserem Land produziert worden.« Ringsum brachen die rund zwanzig Hotelangestellten in spontanen Applaus aus. Endlich war Nordkorea der letzte entscheidende Schritt in den exklusiven Club der Unantastbaren gelungen. Die inzwischen so vorhersehbare wie aussichtslose Kritik durch den einstimmigen UN-Sicherheitsrat, die USA, Südkorea, Japan und des restlichen Sonnensystems müssen in den Ohren des nordkoreanischen Regimes wie Musik geklungen haben.

In Anbetracht des Status als Atommacht erscheint die Volksarmee noch überdimensionierter als ohnehin schon, aber Personal wird deswegen nicht abgebaut. Immerhin erfüllt die Armee auch landesintern eine äußerst wichtige Funktion:

Zum einen ist die Wehrpflicht, die in Nordkorea fünf bis sieben Jahre beträgt[71], ein effektives Instrument sozialer Kontrolle, schließlich wird ein Großteil der (überwiegend jungen männlichen) Bevölkerung unter das strenge Kommando des Militärs gestellt. Das Kasernenleben bietet – vor allem über einen so langen Zeitraum – reichlich Möglichkeiten, um sich als Individuum wie auch im Kollektiv in Loyalität dem System gegenüber zu üben. Seit jeher warten nordkoreanische Männer länger als der durchschnittliche Ostasiate damit, zu heiraten und eine Familie zu gründen, und der Grund ist die lange Wehrpflicht. Während dieser Jahre ersetzen die anderen Soldaten und Offiziere der Einheit die Familie, und das macht die Staatspropaganda sich zunutze. Selbstaufopferung, Solidaritätsgefühl und »das Bluten für die Kameraden« (und natürlich auch für den Führer) sind Tugenden, die nicht nur in politischen Reden und Propagandaschlagworten angepriesen werden, sondern auch in den sentimentalen Lagerfeuerliedern aus dem Widerstandskampf gegen die Japaner oder im Rahmen der Massengymnastikvorführungen. Last, but wahrlich not least erfüllt die »das-halbe-Volk-in-Uniform«-Doktrin auch eine wichtige gesellschaftsökonomische Funktion: Die Regierung benutzt die Wehrpflichtigen, um alle größeren Projekte im Primär- und Sekundärsektor – vor allem in den Bereichen Landwirtschaft, Infrastruktur und Bauindustrie – mit nahezu unerschöpflicher und quasi kostenloser Arbeitskraft zu versorgen. Überall, wo in Nordkorea gebaut oder restauriert wird, verrichten die Soldaten der Volksarmee die Schwerstarbeit, oft unter Anleitung des militäreigenen Ingenieurskorps. Viele, wenn nicht sogar die meisten nordkoreanischen Rekruten sind während der Wehrpflicht mehr damit beschäftigt, Mauersteine zu schleppen und Zement zu mischen, als damit, eine Waffe zu tragen.

71 Die Angaben hierzu variieren je nach Quelle.

REZEPT
Essen für eine ganze Armee:
Thongbaechu Kimchi

★

Wer nach einem langen Tag voller Grabungsarbeiten und/oder Stechschritt müde und ausgehungert ist, kann eine ordentliche Portion *kimchi* gebrauchen – die unumstrittene Nationalspeise beider Koreas. Wie bei vielen Küchenklassikern aus aller Welt stammt auch dieses Rezept aus einer Zeit vor der Ära des Kühlschranks, in der man tief in die Trickkiste greifen musste, um die Haltbarkeit von Lebensmitteln zu verlängern. Für die Zubereitung von Kimchi werden jahreszeittypische Gemüsearten mit Chili und Knoblauch in Salzwasser fermentiert. In einigen Rezepten wird auch Fisch verwendet. Zu jeder nordkoreanischen Mahlzeit gehört mindestens eine Kimchi-Sorte, manchmal als Vorspeise, oft auch als Beilage. Seit einigen Jahren ist Kimchi auch international auf dem Vormarsch, vor allem in Form der Chinakohl-Variante (*baechu kimchi*), die auch in Nordkorea die verbreitetste und beliebteste Sorte ist.

Seit jeher werden im Herbst große Mengen Kimchi zubereitet, um sich für die langen und harten Wintermonate einzudecken – vor allem ist das Gericht sehr praktisch, wenn man eine ganze Kompanie zu ernähren hat.

Das folgende Rezept für *thongbaechu kimchi* (Kohl-Kimchi), wie er für die Volksarmee zubereitet wird, ist für eine Durchschnittsfamilie vielleicht etwas üppig bemessen, aber wenn Sie sich trotzdem daran probieren möchten, brauchen Sie ja nur den Taschenrechner zu zücken und alle Mengenangaben durch beispielsweise vierzig zu teilen. Vorwärts, Marsch!

ZUTATEN
Thongbaechu Kimchi

★

200 kg	Chinakohl
8 kg	Salz
40 kg	Radieschen
1,5 kg	Frühlingszwiebeln
3 kg	Nashi-Birnen
1 kg	Kastanien (geschält)
1 kg	Knoblauch
200 g	Ingwer
700 g	koreanisches Chilipulver (gochugaru) oder herkömmliches Chilipulver
3 kg	Seelachs, Pollack, Schellfisch oder Kabeljau (ohne Haut und Gräten)
1 kg	gesalzene, fermentierte Krabben (*Saeu-Jeot*) oder Anchovis
1–2 kg	Zucker (für die Lake)

ZUBEREEITUNG
Thongbaechu Kimchi

★

1. Die äußeren Kohlblätter entfernen und beiseitelegen. Den Kohlkopf in der Mitte teilen. Ein Kilo Salz in zehn Litern Wasser auflösen und den Kohl hineinlegen. Achten Sie darauf, dass die Lake zwischen die Blätter dringt. Die getränkten Kohlhälften mit der Schnittseite nach oben in eine große Tonschüssel oder einen anderen Behälter legen. Den Kohl vierundzwanzig bis dreißig Stunden fermentieren lassen, danach unter kaltem Wasser abspülen.

2. Zubereitung der Kimchi-Gewürzmischung: Ein Drittel der Radieschen in streichholzgroße Stifte und die Frühlingszwiebeln in drei bis vier Zentimeter dicke Ringe schneiden. Die Nashi-Birnen pürieren, die Kastanien in Scheiben schneiden. Knoblauch und Ingwer fein hacken. Das Chilipulver mit warmem Wasser vermischen, sodass eine Paste entsteht. Den Fisch entgräten und in ein bis zwei Zentimeter große Würfel schneiden. Salzen. Die Krabben in einer Küchenmaschine zerkleinern, Chilipulver und fein gehackten Knoblauch hinzugeben, sodass eine rote Soße entsteht. Diese aufkochen und anschließend abkühlen lassen. Die Radieschenstifte und die Chilipaste einrühren. Nach und nach die Fischsorten, den Knoblauch, den Ingwer, die Nashi-Birne, die Kastanien und zwei bis drei Handvoll Salz unterrühren.

3. Mit dieser Mischung die Kohlhälften bepinseln. Anschließend mit den beiseitegelegten Kohlblättern umwickeln, damit die Flüssigkeit nicht ausläuft.

4. Die restlichen Radieschen würfeln, in ein Behältnis geben und salzen. Mit Wasser auffüllen und die Kohlhälften mit

der Schnittseite nach oben hineinlegen. Den Kohl regelmäßig nach unten drücken, um etwaige Luftbläschen zu vertreiben. Mit weiteren Kohlköpfen auffüllen, bis das Behältnis voll ist. Die oberste Schicht mit Salz bestreuen und die übrigen Kohlblätter zum Abdecken verwenden. Mit einem flachen und schweren Gegenstand beschweren, damit die Kohlköpfe unten bleiben. Das Behältnis mit Plastikfolie und, wenn vorhanden, einem Deckel abdecken. Nach drei Tagen ist das Kimchi fertig fermentiert.

Flüchtende *aus* Nordkorea

Eine weitere direkte Folge des Beschwerlichen Marsches bestand in der großen Anzahl von Nordkoreanern, denen über die Grenze zu China die Flucht aus dem am besten abgeschotteten Land der Welt gelang. Die meisten von ihnen hatten Südkorea als Ziel. Viele stammten aus den Grenzgebieten im Norden und verließen das Land, indem sie die Grenzflüsse Amnokkang (chinesisch: Yalu) und Tuman (Tumen) an seichten oder zugefrorenen Stellen überquerten, nachdem sie Grenzsoldaten und/oder Schlepperbanden bestochen/bezahlt hatten. Vor dem Beschwerlichen Marsch wäre es noch unvorstellbar gewesen, dass ein pflichtbewusster Grenzsoldat sich bestechen ließ, manchmal mit nur einem Päckchen Zigaretten.

Seit dem Ende des Koreakriegs war fast ein halbes Jahrhundert vergangen, und trotzdem waren bis 1998 nur neunhundertdreiundzwanzig geglückte Fluchtversuche registriert worden. (Zum Vergleich: Aus der DDR flohen *jedes Jahr* über einundzwanzigtausend Menschen nach Westdeutschland.[72]) 2015 lebten schon rund fünfundzwanzigtausend nordkoreanische Flüchtlinge in Südkorea.[73] Von einer Völkerwanderung kann also nicht die Rede sein, vor allem nicht im Vergleich zur DDR, aber Fakt ist, dass neunzig Prozent *nach* der Jahrtausendwende, also gegen Ende – oder während – des Beschwerlichen Marsches aus Nordkorea flohen.

Aus ihren oft verstörenden Berichten speist sich die weit verbreitete Vorstellung, dass jeder Nordkoreaner, der das Land aus eigenem Antrieb verlässt, vor dem Hungertod flieht oder poli-

72 Demick, Barbara: *Im Land des Flüsterns: Geschichten aus dem Alltag in Nordkorea*. München 2016.

73 Spezza, Gianluca: *Why North Koreans Won't Be Fleeing South After Unification*, NKNews. URL https://www.nknews.org/2013/02/why-north-koreans-wont-be-fleeing-south-after-unification/, 19.2.2013.

tisch verfolgt wird. Selbst das nordkoreanische Regime hat viele Jahre lang offen zur Hungersnot gestanden. Auch dass aus Kontroll- und Abschreckungsgründen grausame Übergriffe begangen wurden und immer noch werden, steht außer Zweifel. Trotzdem ist diese Vorstellung heute, mehr als zwanzig Jahre nach dem Beschwerlichen Marsch, überholt und vereinfachend. In der östlichen wie in der westlichen Welt ist Sprache Politik, und interessanterweise werden nordkoreanische Asylsuchende in westlichen und südkoreanischen Medien ausschließlich als »Dissidenten« oder »Flüchtlinge« und nie als »Einwanderer« oder »Migranten« bezeichnet.

In den vergangenen zehn bis fünfzehn Jahren haben die meisten Asylsuchenden in Südkorea die Hoffnung auf ein besseres Leben als Hauptgrund für ihre Flucht angegeben. Die Norwegerin Renate Solberg hat vor einigen Jahren im Rahmen einer Studie nordkoreanische Flüchtlinge in einem christlichen Auffanglager in Seoul befragt. Viele gaben an, sie hätten in Nordkorea ein »relativ normales Mittelstandsleben geführt, bis bedrückende, aber nicht zwangsläufig dramatische Vorkommnisse ein oder mehrere Familienmitglieder zur Flucht bewogen haben«. In manchen Fällen war der Hauptverdiener an einer Krankheit gestorben oder in Ungnade gefallen und arbeitslos geworden, sodass der Familie der soziale Status und die Lebensgrundlage weggerissen wurden. Oft hatte das Familienoberhaupt bei der Bezirksregierung oder auf vergleichbarer Ebene gearbeitet. Viele Flüchtlinge waren in Dörfern und Städten unweit der chinesischen Grenze aufgewachsen oder hatten zumindest als Erwachsene mehrere Jahre in dieser Gegend gelebt. Einige hatten einen chinesischen oder chinesisch-koreanischen Vater und eine nordkoreanische Mutter. Als Beweggründe für die Flucht wurden die Hoffnung auf einen höheren Lebensstandard, mehr persönliche Freiheit oder eine Kombination aus beidem angegeben – was sie mit Migranten und Asylsuchenden in anderen Teilen der Welt eint. Die meisten hatten bei der Flucht die Unterstützung von Schlepperbanden mit guten Verbindungen auf beiden Seiten der Grenze in Anspruch genommen – eine weitere Gemeinsamkeit mit anderen Flüchtenden. Später halfen ihnen die Schlepper, den Kontakt zu ihren in Nordkorea verbliebenen Familienmitgliedern aufrechtzuerhalten und zum Beispiel Geld zu überweisen.

Auf demselben Weg informieren die Flüchtlinge sich auch über die aktuellen Zustände in der Heimat. Ein Anruf per Handy oder WeChat aus Seoul zur chinesischen Seite der Grenzregion reicht schon aus. Viele zeigen eine entspannte und pragmatische Haltung gegenüber dem nordkoreanischen Staatssystem und können sich sogar vorstellen, eines Tages zurückzukehren und zum Beispiel Handel zu treiben, wenn die Umstände dies erlauben. Andere wiederum sind politischer Unterdrückung und Verfolgung durch den Staat entkommen.

Die Lager[74]

Leider verschwinden diese individuellen Schilderungen mit all ihren Grautönen, Facetten und unterschiedlichen Verläufen nur allzu oft im medialen Schatten internationaler Bestseller und Vortragstourneen einer Handvoll »Promi-Dissidenten«[75]. In den letzten zehn Jahren standen vor allem Shin Dong-hyuk (mit dem Buch *Flucht aus Lager 14*) und Park Yeon-mi (die zusammen mit Maryanne Vollers *Meine Flucht aus Nordkorea* geschrieben hat) im Fokus der Aufmerksamkeit.

Sowohl in gedruckter als auch in Form von Vorträgen sind ihre Lebensgeschichten erschreckende und schmerzliche Berichte,

---

74 Dieser Abschnitt basiert zum Teil auf meiner Rezension des Buches *Flucht aus Lager 14*, die 2012 unter dem Titel *Pyongyang Style* in der Zeitschrift *Minerva* publiziert wurde.

75 Power, John: *North Korea: Defectors and Their Skeptics*, The Diplomat. URL https://thediplomat.com/2014/10/north-korea-defectors-and-their-skeptics/, 29.10.2014.

die von unmenschlichen Prüfungen, der eisernen Hoffnung des Menschen und nicht zuletzt von den schier wundersamen Siegen über das unbegreifliche Böse in Kim Jong-ils Nordkorea der frühen Zweitausenderjahre erzählen. An fürchterlichen Details wird wahrlich nicht gespart. So beschreibt Park Yeon-mi nordkoreanische Flüsse voller Leichen oder die öffentliche Hinrichtung der Mutter ihrer besten Freundin, die dabei ertappt worden war, wie sie sich einen Hollywoodfilm auf DVD anschaute.[76]

Shin Dong-hyuk hält mit Grausamkeiten ebenfalls nicht hinterm Berg. Seine Schilderungen der Kindheit im »Konzentrationslager« Lager 14 und der späteren Flucht gehören zum Schonungslosesten, was bislang in diesem ohnehin pechschwarzen und blutigen Genre veröffentlicht wurde. 2014 stützte sich die UN-Untersuchungskommission in einem Bericht über die Menschenrechtssituation in Nordkorea maßgeblich auf Shins Zeugenaussage. Die Kommission warf dem nordkoreanischen Regime in starken Worten systematische Verletzungen der Menschenrechte vor. Außerdem stellte der Kommissionsleiter fest, Nordkoreas Verbrechen gegen die Menschlichkeit würden »auffällige Parallelen zu den Taten der Nationalsozialisten«[77] aufweisen.

Shins Geschichte, oder besser gesagt Hardens Darstellung derselben, unterscheidet sich in verschiedenen Punkten von anderen Zeugenaussagen über Folter und Verbrechen im nordkoreanischen Straflagersystem. In den Lagern werden zu Staatsfeinden erklärte Individuen oder ganze Familien auf unbestimmte Zeit in Verwaltungshaft gehalten, ohne Anklage oder Gerichtsverfahren. Oft reicht es schon, mit einem »feindlichen Element« entfernt verwandt zu sein. Was Hardens und Shins Buch von ande-

---

76 Jolley, Mary Ann: *The Strange Tale of Yeonmi Park*, The Diplomat. URL https://thediplomat.com/2014/12/the-strange-tale-of-yeonmi-park/, 10.12.2014.

77 *North Korea's Horrors »Strikingly Similar« to Nazi Acts*, NBC News. URL https://www.nbcnews.com/news/asia/north-koreas-horrors-strikingly-similar-nazi-acts-n32121, 17.2.2014.

ren Berichten abhebt, sind die detaillierten Beschreibungen der sadistischen Gewaltakte, denen Shin und die anderen Gefangenen jeden Tag ausgesetzt wurden. Dreiundzwanzig Jahre überlebt der im Lager geborene Shin das tabulose, irrationale Böse, bis es ihm schließlich auf biblisch-wundersame Weise gelingt, bei Nacht und Nebel zu entkommen. Die Menschen, denen er auf der Flucht begegnet, sind in seiner Erzählung meist nur schemenhafte Randfiguren. Man könnte sagen, Shin wächst als eine Art Gulag-Mowgli auf, als Zeugnis einer lieblosen »Belohnungsehe« zwischen zwei Gefangenen. Bei diesen Ehen handelt es sich um »Anerkennungen für harte Arbeit«, die an ähnliche Arrangements in Pol Pots Kambodscha erinnern. Was sich jenseits des drei Meter hohen Hochspannungszauns verbirgt, der seine Welt eingrenzt, das kann Shin nicht einmal erahnen.

Die Zustände im Lager werden als perverse Hölle beschrieben: Grundlegende menschliche Emotionen wie Liebe, Hass, Empathie und elterliche Fürsorge existieren nicht. Die Aufseher haben den Gefangenen diese Gefühle ausgetrieben, sie dressiert und ihnen von Kindesbeinen an Schuld- und Schamgefühle eingeprügelt, oft mit nur vagen Hinweisen auf die Sünden ihrer Vorfahren. Selbst die Grundschullehrer sind bewaffnete Uniformierte. Shins auffallend skizzenartige und bisweilen diffuse Beschreibungen seiner Angehörigen und Mitgefangenen beschränken sich darauf, den blinden, animalischen Selbsterhaltungstrieb hervorzuheben, der ihr Handeln bestimmt.

Die Beschreibungen der Gewalt und Grausamkeiten, die Shin miterleben musste, fallen dagegen alles andere als skizzenartig aus: Eltern gehen mit Hacken und Spaten auf ihre Kinder los, mit derselben Gewaltbereitschaft, »mit der die Wärter Prügelstrafen verhängen«. Schreienden Kindern werden Haken in den Bauch gestoßen, an denen sie unter die Decke gezogen werden, wo sie vor den Augen der Lagerkommandanten langsam über offener Glut »rösten«. Sechsjährige werden von ihrem Lehrer mit dem Rohrstock erschlagen, vor den Augen ihrer unterernährten Klassenkameraden, weil sie fünf – fünf! – Maiskörner stibitzt haben.

Der zehnjährige Shin selbst ist emotional so abgestumpft und entmenschlicht, dass er seine Mutter und seinen Bruder bereitwillig in den Tod schickt, indem er sie wegen Verdachts auf Fluchtpläne meldet. Der Grund: Während seine Mutter ihm nur eine einfache Suppe aus Maismehl gegeben hat, bekam sein Bruder eine Portion kostbaren Reis. Vor den gleichgültigen Augen der als Publikum abkommandierten Mitgefangenen werden die beiden hingerichtet, Shins Mutter durch Erhängen, sein Bruder durch Erschießen. Der mehr als sechzig Meter lange Maschendrahtzaun, der das Lager von der Außenwelt abschirmt, ist permanent mit Hochspannung geladen. Wer versucht, darüberzuklettern, stirbt, und im Lager breitet sich der Geruch verbrannten Fleisches aus. Hier wie auch an einigen anderen Stellen im Buch wird mal implizit, mal explizit der nie ganz vergessene Schrecken von Nazideutschland und Auschwitz heraufbeschworen. Der einzige Weg in die Freiheit führt *durch* den Zaun – in Shins Fall gelingt dies, weil der tote Körper seines Ersatzvaters Park den untersten Draht zu Boden drückt. Dadurch entsteht ein Schlitz, und Shin robbt über den »versengten« Park, der ihm als eine Art »Isolierungskissen« dient, hinweg und kommt mit ein paar tiefen, blutenden Brandwunden davon. Hier verwendet Harden eine ganze Seite darauf, die vielen günstigen Bedingungen zu erklären/rationalisieren, die zusammentreffen mussten, um den »glücklichen Umstand« zu ermöglichen.[78]
An keiner Stelle im Buch bezieht Harden Position zu seinen subtilen, aber stereotypen und gewissermaßen rassistischen Darstellungen von Tätern und Opfern: Das Handeln der Wärter gründet in einer Grausamkeit, deren Ausmaße selbst dem hedo-

---

78 Harden, Blaine: *Flucht aus Lager 14. Die Geschichte des Shin Dong-hyuk, der im nordkoreanischen Gulag geboren wurde und entkam.* Übersetzt von Udo Rennert. Penguin 2019, S. 151.

nistischen Kalkül einer Diktatur zuwiderlaufen würden. Ihre Gewalt ist Zweck und Mittel zugleich – im Lager wird das Böse mit großem B geschrieben. Die Opfer hingegen lassen die Grausamkeiten stillschweigend über sich ergehen, Shin zufolge halten sie diese sogar für berechtigt. An solchen Stellen kommt das Buch weit verbreiteten stereotypen Charakterisierungen von ostasiatischen Ländern (China, Japan, Korea) gefährlich nahe. Diesen zufolge ist das einzelne Menschenleben dort weniger wert – davon gibt's doch so viele! –, und die Menschen lassen sich leichter als »unsereins« in gefühlskalte Roboter und emsige Ameisen in einem hierarchischen, autoritären System verwandeln. In den meisten Stereotypen steckt jedoch oft auch ein Fünkchen Wahrheit. Zum Beispiel sind Nordkorea und einige Nachbarländer stark konfuzianisch geprägt, und Kollektive und Autoritäten beeinflussen die Entscheidungen des Einzelnen deutlich mehr als in unseren Kulturkreisen. Die Mehrzahl der zum Teil sehr ähnlichen Zeugenaussagen über Freiheitsberaubungen und Misshandlungen, die unabhängig voneinander von nordkoreanischen Asylsuchenden abgelegt wurden, untermauern sich außerdem gegenseitig. Von einer Mücke, aus der ein Elefant gemacht wird, ist hier selten die Rede.

Die Darstellung von Shins Geschichte scheint auf einem christlichen/dualistischen Weltbild zu gründen, in dem es zwischen dem absolut Guten (den zwei älteren »weisen Männern« und Vaterfiguren, zu denen er im Lager eine Bindung aufbaut) und dem infernalisch Bösen (über schwacher Hitze gegrillt zu werden, um für die Erbsünde zu büßen) kaum oder keine Graustufen gibt. Dass Shin seine Vorträge »in der freien Welt« oft in Kirchen und Gemeindehäusern hält, ist wohl kaum dem Zufall geschuldet. Schon früh im Buch führt Harden allerdings eine narrative Ebene ein, in der er Shins Glaubwürdigkeit infrage stellt, da Shin seinen Bericht während der gemeinsamen Arbeit an dem Buch immer wieder revidiert hat. Sowohl in politischer als auch in literarischer Hinsicht wäre das Buch interessanter und differenzierter geworden, hätte der wohlmeinende Humanist Harden

Shins und seine eigene Rolle sowie die Dynamik zwischen den beiden ausführlicher thematisiert. Dass ihn diese Fragen durchaus beschäftigt haben, lässt vor allem das (unfreiwillig?) erhellende letzte Kapitel erahnen:

Shin, der mit seinem Exildasein in Südkorea von Anfang an hadert, wird von der Menschenrechtsorganisation *Liberty in North Korea* (*LiNK*) in die USA geholt. Im Sinne des guten alten amerikanischen Unternehmergeists wird er dort als »unglaublicher Aktivposten« betrachtet. »Du könntest das Gesicht Nordkoreas sein, sagen wir ihm immer wieder.«[79]

In Südkorea hat Shin bereits ein Buch über seine Flucht herausgegeben, mehr oder weniger unter Ausschluss der Öffentlichkeit. Bei den von LiNK organisierten Kirchenauftritten stellt sich außerdem heraus, dass Shin kein besonders charismatischer Redner ist. Er trägt seine Geschichte so teilnahmslos vor, dass die Anwesenden »gelangweilt und konsterniert«[80] sind.

Dann, an einem verregneten Winterabend, als die meisten die Hoffnung längst aufgegeben haben, passiert ein neuerliches Wunder; in einer koreanisch-amerikanischen Kirche, auch Harden ist zugegen, lässt sich folgende Verwandlung bezeugen: Nach einem Gebet und einem Kirchenlied beginnt Shin, die Zuhörer aufzurütteln, indem er »behauptet[e], Kim Jong Il sei *schlimmer als Hitler* [meine Hervorhebung]«[81]. Seit fast einem Jahr arbeitet Shin mit Harden seine Geschichte auf, und nun skizziert er in groben Zügen den Inhalt von *Flucht aus Lager 14*. Zum Abschluss beschreibt er die Flucht durch den Sicherheitszaun über den »versengten Körper« seines einzigen Freundes.

»Sein Bekenntnis« – schreibt Harden in einem Anflug von Naivität (oder dem genauen Gegenteil) –, »erfuhr ich später, war *das kalkulierte Ergebnis harter Arbeit* [meine Hervorhebung]. An diesem Abend rutschten seine Zuhörer auf ihren Bänken hin

79 Ebd. S. 221.
80 Ebd. S. 222.
81 Ebd. S. 237.

und her, aus ihren Gesichtern sprachen Unbehagen, Widerwillen, Wut und Erschütterung. Einige Gesichter waren tränenüberströmt«[82]. Dann »brach donnernder Applaus aus«. Der letzte Satz des Buches ist eine spektakuläre Mischung aus hollywoodreifem Happy End und einer (womöglich unbewussten) Hommage an Orwells *1984*: »In dieser Rede, wenn auch noch nicht in seinem Leben, hatte Shin seine Vergangenheit in den Griff bekommen.«[83]

Aber Moment mal: *die Vergangenheit in den Griff bekommen* – ist die nordkoreanische Propagandamaschine nicht genau dafür bekannt? Wenige Jahre nach Erscheinen von *Flucht aus Lager 14* gaben Harden und Shin zu, dass Shin an einigen Stellen schlichtweg gelogen hatte.[84] Als er sechs war, waren seine Familie und er zum Beispiel in das deutlich mildere Lager 18 überstellt worden. Wie seinerzeit in Stalins Sowjetunion (oder auch im zaristischen Russland) gibt es auch in Nordkorea verschiedene Typen von Straflagern (*kwaliso*) mit unterschiedlichen »Schweregraden«. Die schlimmsten Verbrecher kommen in die härtesten Lager. Diese sind streng bewacht, ihr Standort geheim, und die wenigsten Häftlinge kommen je wieder hinaus. Die eher »harmlosen« Lager entsprechen einer Art »offenem Vollzug« oder einem Exildasein. Die Häftlinge organisieren sich selbst in einer Dorfgemeinschaft und dürfen sich innerhalb einer festgelegten bewachten Zone frei bewegen. Nach verbüßter Strafe kehren die meisten von ihnen in die Gesellschaft zurück und knüpfen wieder an ihr altes Leben und ihren sozialen Status an.

2015 veröffentlichten nordkoreanische Medien ein Video, in dem Shins Vater Gyung-sub, der in *Flucht aus Lager 14* nur am Anfang

---

82 Ebd. S. 238.

83 Ebd., S. 239.

84 Weiler, Lauren: *Are the Defectors Telling the Truth? Why the Horrifying Stories of Life in North Korea May Be Fabricated*, CheatSheet.com. URL https://www.cheatsheet.com/health-fitness/why-the-horrifying-stories-of-life-in-north-korea-may-be-fabricated.html/, 13. 2. 2018.

erwähnt wird, viele von Shins Aussagen als Lügen bezeichnet. »Komm zur Vernunft und kehre zurück in die Arme der Partei«, fordert er seinen Sohn auf. Besonders vertrauenserweckende Quellen sind die nordkoreanischen Staatsmedien natürlich nicht, aber auch im nordkoreanischen Einwanderermilieu in Südkorea, also unter »ihresgleichen«, haben Shin und Park Yeon-mi etliche Kritiker. Man wirft ihnen vor, sie würden bewusst übertreiben und die Wahrheit verdrehen, um ihren Berichten mehr Dramatik zu verleihen und Aufmerksamkeit zu erheischen. Was wiederum der Glaubwürdigkeit aller schadet, die unter den Eisenfäusten der nordkoreanischen Regierung unterschiedliche Formen von Unrecht erlitten haben.[85]

Lieber Mister Win,
seit den ersten zaghaften Schritten in Sachen Discocracy vor vielen Jahren haben wir beide versucht, Grenzen zu verschieben. Manchmal jeder an seiner Front, manchmal mit vereinten Kräften. Über einige, vielleicht zu viele Dinge werden wir nie offen miteinander sprechen können, und deshalb haben wir immer wieder zu hohe Erwartungen an den siebten Sinn des anderen gestellt. Die Alternative wäre jedoch ungleich schlimmer. Ich kann Dir nicht erzählen, was ich tatsächlich von dem System halte, dem Du dienst, und wahrscheinlich willst Du's auch gar nicht wissen. Dass ich selbst offen damit umgehe, dass ich keiner Ideologie diene, auch nicht der nordkoreanischen, scheint Dir allerdings nichts auszumachen.

Solange ich bei jedem Besuch einen Kranz am Großmonument Mansudae niederlege (was von mir erwartet, aber nicht eingefordert wird) und signalisiere, dass ich bereit bin, meine Rolle zu spielen, wenn es sein muss, bist Du mehr als zufrieden. Mit diesen kleinen symbolischen Gesten verschaffen wir uns außer-

85 Song, Jiyoung: *Why do North Korean defector testimonies so often fall apart?*, The Guardian. URL https://www.theguardian.com/world/2015/oct/13/why-do-north-korean-defector-testimonies-so-often-fall-apart, 13.10.2015.

dem ein wenig mehr Bewegungsfreiheit für die wirklich wichtigen Dinge:

Wie zum Beispiel zwanzig norwegische und nordische Jazzmusiker, Schauspieler, Sänger und Fernsehjournalisten nach Pjöngjang einzuladen, um »Die Ersten Norwegischen Festspiele in Nordkorea« auszurichten – und zwar am 17. Mai, dem Norwegischen Nationalfeiertag.

Oder nordkoreanische Gymnastiktrainer nach Kirkenes zu fliegen, um das größte lebende Gymnastikbild in Norwegen zu kreieren – mit einer Truppe der Garnison Sør-Varanger als menschliche Pixel.

A-ha's Debutalbum *Hunting High and Low* in der Coverversion eines Quintetts junger nordkoreanischer Akkordeonvirtuosen herauszubringen.

Mit Schülern einer norwegischen Waldorfschule und gleichaltrigen nordkoreanischen Eliteschülern ein Theaterstück zum Thema »Politik und Nationalismus« auf die Beine zu stellen – und die Premiere mit der Parlamentswahl in Norwegen und dem nordkoreanischen Nationalfeiertag zu synchronisieren.

Nordkoreas erstes Rockkonzert zu arrangieren, und zwar mit der hochgradig kontroversen, in Ex-Jugoslawien gegründeten Dissidentenband Laibach, am siebzigsten Jahrestag der Befreiung von den Japanern.

Vieles hätte schiefgehen können, und ein paarmal schrammten wir nur haarscharf an der Katastrophe vorbei. Wir hatten uns einen Balanceakt vorgenommen, für den wir Stück für Stück die Grenzen der Akzeptanz Deiner Regierung verschieben mussten, ohne darüberhinwegzutrampeln. Die ganze Zeit stand der sprichwörtliche Elefant im Raum, und wir spürten seinen schweren Atem im Nacken. Wir hatten uns so sehr an ihn gewöhnt, dass wir manchmal fast, aber auch nur fast, vergaßen, dass er da war.

In diesen Jahren fühlte ich mich oft gestresst und war nervlich angespannt, und drei Mal packte mich echte Angst. Aber Du, mein koreanischer Bruder, weißt selbst, dass man manche Dinge tun muss, auch wenn sie gefährlich sind. Sonst ist man kein Mensch, sondern nur ein Häuflein Dreck.[86]

Beim ersten Mal hatten wir beide Angst, dass Du ins Straflager kommen könntest. Ich will nicht zu sehr ins Detail gehen, aber der Grund war ein Projekt, für das Du und das Ministerium mir eine Genehmigung ausgestellt hattet. Seit Monaten waren wir mit den Vorbereitungen beschäftigt, aber dann muss ein Opportunist in einem anderen Teil des Staatsapparats seine Chance auf ein paar leicht verdiente Fleißkärtchen gewittert haben. Er warf uns vor, wir wären antikoreanisch – das Projekt, ich, aber vor allem Du, schließlich hättest *Du* es »besser wissen müssen«. Und deshalb nannte er Dich einen Verräter.

Bei wem genau er Dich angeschwärzt hatte, hast Du mir nie erzählt, aber wohl kaum bei der Verkehrspolizei. Und auch nachdem Du Deine Vorgesetzten zu Deiner Verteidigung hinzugezogen hattest, ließ der Opportunist nicht locker. Dafür hast Du mir erzählt, dass Deine Frau über Wochen hinweg jeden Morgen weinte, wenn Du zur Arbeit aufbrachst, denn jeder Tag konnte der letzte sein. Ich selbst war inzwischen wieder zu Hause, in meinem beschämend sicheren Teil der Welt, und konnte nicht viel mehr tun als eine offizielle Erklärung aufsetzen, dass Dich nicht die geringste Schuld traf und die Initiative zu dem Projekt ganz allein von mir kam. Am Ende zeigte sich glücklicherweise, dass Du einflussreichere Kontakte hattest als der Opportunist. Das Ganze ging noch einmal glimpflich aus. Von da an witzelten wir herum, jedes graue Haar auf Deinem Kopf ginge auf meine Kappe, und die an Deinem Hintern auf die des Opportunisten.

Beim zweiten Mal hätten die Konsequenzen noch viel schlimmer sein können. Und wieder war es an Dir und mir, Dich, Deine Mitarbeiter und den Schuldigen zu retten. Es gibt einige Ausländer, die mehrjährige Freiheitsstrafen in einem nordkoreanischen Gefängnis verbüßen mussten, nachdem sie sich weit nichtigerer

---

86 Astrid Lindgren: *Die Brüder Löwenherz*. Hamburg 1974.

Regelüberschreitungen schuldig gemacht hatten als der norwegische Fotograf, der an einem Frühlingstag im Jahr 2015 nach gerade mal zehn Minuten auf nordkoreanischem Boden in einen ordentlichen Schlamassel geriet:

Oslo, den 12. Mai 2015

Morgenbladet z. Hd. Chefredakteur A. J.
und Ressortleiter Gesellschaft L. L.
KLAGE WEGEN UNENTSCHULDBARER UND
UNVERANTWORTLICHER JOURNALISTISCHER PRAXIS

Seit 2012 habe ich mehrere große, komplexe und, wenn ich das selbst so sagen darf, bahnbrechende Gemeinschaftsprojekte mit norwegischen, internationalen und nordkoreanischen Künstlern, Kunststudenten, Kunstwissenschaftlern, Festivals und anderen Institutionen auf die Beine gestellt und die künstlerische Leitung übernommen. Zumindest von einigen dürften Sie gehört haben.

Vom ersten Moment an stießen diese Projekte auf großes mediales und öffentliches Interesse. Die Kooperationen haben es mir ermöglicht, ein vertrauensvolles Verhältnis zu diversen nordkoreanischen Kulturinstanzen aufzubauen und schon einige norwegische Journalisten nach Nordkorea einzuladen. Und vier Mal konnte ich nordkoreanische Künstler*innen und Schüler*innen nach Norwegen bringen (seit 2012 etwa dreißig Personen), sodass sich norwegischen und internationalen Journalisten einzigartige Gelegenheiten zu Interviews und Reportagen über die Arbeitsprozesse und Freizeitaktivitäten boten. Dementsprechend wurde in den meisten norwegischen Medien, ob groß oder klein, gedruckt oder elektronisch ausführlich über die Projekte berichtet. Es ist kein Geheimnis, dass Nordkorea eine (von vielen) Gesellschaften ist, in der die Meinungs- und Bewegungsfreiheit dem westlichen Standard nicht einmal ansatzweise entspricht. Aber die Journalisten, die mich auf meinen Reisen nach Nordkorea begleitet haben, bekamen Zugang zu Stoffen und Quellen, die ihre Erwartungen weit übertroffen haben. Für eine Reportagereihe über meine Arbeit in Nordkorea beziehungsweise mit Nordkoreanern in Norwegen wurde TV2 2015 für den Goldenen Bildschirm in der Kategorie »Beste Nachrichten- oder Informationssendung« nominiert. Die Voraussetzung für diesen Handlungsspielraum ist das Vertrauensverhältnis, das die Nordkoreaner und ich mühsam Stück für Stück im Laufe unserer Zusammenarbeit aufgebaut haben. Durch ein praktisches und künstlerisches Miteinander lernen wir einander als Kollegen und Mitmenschen kennen und das immer wieder aufs Neue. Gemeinsam loten wir Möglichkeiten und Grenzen aus, sowohl in unserem Inneren als auch in der Gesellschaft. Das über viele Jahre entwickelte Vertrauen ist das Kapital, von dem die Besucher profitieren, die Nordkorea zusammen mit mir zum ersten Mal bereisen.

Um es kurz zu fassen: Schlussendlich trage ich die persönliche Verantwortung dafür, dass meine Gäste durch ihr Verhalten niemandes Gesundheit und/oder Leben riskieren. Deshalb erkläre ich allen Mitreisenden im Vorhinein gründlich, was man als Nordkoreabesucher*in nicht sagen und tun kann/sollte, wobei die Einschränkungen weit weniger drastisch sind, als die meisten glauben. Die faktischen Restriktionen sind klar umrissen, und unterm Strich laufen sie alle auf ein und dieselbe Botschaft hinaus: Sag und tu NICHTS, das als Beleidigung der Führung aufgefasst werden könnte! Im nordkoreanischen Gesetz handelt es sich dabei um eins der schwersten Vergehen (»antikoreanische Propaganda«), vergleichbar mit Majestätsbeleidigung plus Blasphemie – and then some.

Bis heute habe ich im Rahmen meiner eigenen Projekte und verschiedener Kooperationen mit dem nordkoreanischen Kulturministerium rund fünfzig norwegischen und internationalen Künstler*innen, Journalist*innen, Sportler*innen, Ärzt*innen,

Kulturproduzent*innen, Musiker*innen, Modedesigner*innen und Schriftsteller*innen Eintritt in das – wie westliche Medien so gerne sagen – »am strengsten abgeschottete Land« der Welt verschafft. Und nicht ein einziges Mal habe ich erlebt, dass ein erwachsener, mit einem durchschnittlichen Maß an Anstand, Verantwortungsbewusstsein und sozialer Intelligenz gesegneter Mensch auch nur im Ansatz Gefahr lief, die überdeutlichen Grenzen konstruktiver Äußerungen zu überschreiten. Zumal kritische Fragen durchaus im Bereich des Möglichen liegen, solange man sie mit einem Augenzwinkern stellt und niemanden unverhohlen attackiert oder veralbert.

Daher fällt es mir auch heute, zehn Tage nach dem Vorfall, immer noch schwer zu verstehen und in Worte zu fassen, wie sich Ihr Fotograf am 30. April, bei seiner Einreise nach Nordkorea, zu einer derartigen Fahrlässigkeit/Unprofessionalität/Dummheit/ und was weiß ich noch alles hinreißen lassen konnte.

Kaum dass wir einen der bekanntermaßen strengsten Einparteienstaaten der Welt betreten, dessen ideologische Legitimität auf einem quasireligiösen Führerkult gründet, findet ein nordkoreanischer Grenzoffizier bei einem Routinecheck unserer Handys einen Videoclip, in dem Ihr Fotograf mit einer Kim-Jong-un-Maske zu »Hotel California« ein wildes Tänzchen vorführt!

Tja ... wo soll ich anfangen? Durch dieses – ich wiederhole: unbegreifliche und unbegreiflich überflüssige – »Manöver« gefährdet Ihr Fotograf:

1. seine eigene Sicherheit. In den letzten zehn Jahren gab es verschiedene in den internationalen Medien mal mehr, mal weniger dokumentierte Fälle, in denen Ausländern (mitunter auch Journalisten) die Verbreitung »antikoreanischer Propaganda« angelastet wurde, worauf sie mehrere Monate oder Jahre in einem nordkoreanischen Gefängnis verbrachten.

2. die Sicherheit anderer, vor allem der zwei Mitreisenden (von mir einmal abgesehen), die allein aufgrund ihres beruflichen Hintergrunds und ihrer Kameras von dem Moment an, da sie nordkoreanischen Boden betreten, unschuldig verdächtigt werden.

3. die Zukunft meiner Verbindungsarbeit mit Nordkorea, die im Laufe von drei Jahren (mithilfe der engagierten und ausdauernden Unterstützung zahlreicher Helfer sowie von Steuergeldern, zwei, drei Millionen Norwegische Kronen) die Grenzen der Meinungs- und Handlungsfreiheit immer weiter verschoben hat, ein Unterfangen, das in den kommenden Jahren mit mehreren bereits geplanten Großprojekten fortgesetzt werden soll.

4. seine eigene Glaubwürdigkeit und die des *Morgenbladet* – ich denke, ich muss das nicht weiter ausführen.

5. den Zugang zu Interviewpartnern und Geschichten in Nordkorea. Die norwegischen und internationalen Journalisten, die mich nach Nordkorea begleiten (ich reiche gerne Referenzen nach), haben in der Regel deutlich mehr Freiheiten und Recherchemöglichkeiten, als sie normalerweise gehabt hätten (zumal die wenigen auf Nordkorea spezialisierten Reisebüros in der westlichen Welt gar keine Journalisten ins Land lassen dürfen). Wenn man sich jedoch unmittelbar nach der Einreise durch Majestätsbeleidigung/Blasphemie hervortut, wird die Liste über die für den Aufenthalt geplanten Besichtigungen und Aktivitäten natürlich kräftig zusammengestrichen. Als Mittelsmann kann und will ich in solchen Fällen keinen Druck ausüben, nur damit die Journalisten trotzdem kriegen, wofür sie gekommen sind. Dafür ist so eine Situation viel zu heikel, und ich habe genug damit zu tun, Schadensbegrenzung zu betreiben. Manchmal hilft es schon, sich in unsere nordkoreanischen Gastgeber hineinzuversetzen, die sich immer größte Mühe geben, obwohl sie in der ständigen Angst leben, dass sie jeden Moment ihr Büro räumen müssen oder dass es in der Nacht bei ihnen zu Hause an der Tür klopft.

6. und zu guter Letzt (ergänzend zum vorherigen Punkt): das Leben und die Arbeitsstellen meiner nordkoreanischen Kollegen und Kooperationspartner. Damit meine ich jene, die weder einen norwegischen Pass noch die internationale Diplomatie im Rücken haben. Jene, die in Nordkorea bleiben und hinter uns aufräumen, wenn wir im Flieger gen Heimat sitzen und unser Filmmaterial sichten. Menschen, die ich zu meinen engen Freunden zähle und die so viel für unsere Zusammenarbeit getan haben. Die sich im nordkoreanischen Kulturministerium für mich eingesetzt haben, wenn es nötig war. Menschen, die sich aufrichtig wünschen, dass sich Nordkorea endlich der Außenwelt öffnet, und die mit meinen Zielen und meiner Arbeitsphilosophie d'accord gehen. Ein direktes Pendant zu unseren westlichen Thinktanks gibt es zwar nicht, aber dafür Kräfte, die mindestens ebenso misstrauisch und paranoid auf Paradigmenwechsel reagieren und nur darauf warten, alles zu torpedieren, was eine mögliche Gefahr für ihre eigene Position darstellt. Einen Ball vor einem unbemannten Tor zu platzieren und den Torschuss auf dem Silbertablett zu servieren, ist nicht nur unfassbar dumm, sondern auch absolut unnötig. Laut meinen nordkoreanischen Kontakten haben allein das Vertrauen in mich und der Wunsch, unsere erfolgreiche Zusammenarbeit fortzusetzen, verhindert, dass diese ungeheuerliche Riesendummheit (bis jetzt) in keiner Katastrophe geendet ist. Hinter den Kulissen mussten so einige Wogen geglättet werden, um es mal euphemistisch auszudrücken, woran ich selbst maßgeblich beteiligt war.

Ihr Fotograf sagt, er habe schlichtweg »vergessen«, dass er den Clip auf seinem neuen iPhone gespeichert hatte. Aber na ja, ob er die Wahrheit sagt und ob wir, die wir ebenfalls in den Zwischenfall involviert sind, ihm glauben, spielt ohnehin keine Rolle. Egal, worin seine Motivation (oder der Mangel an Motivation) bestand, das alles hätte niemals passieren dürfen. Nordkorea ist bei Weitem nicht das einzige Land mit strengen – ideologischen, religiösen und kulturellen – Regeln und harten Bestrafungen für deren Verletzungen, auch wenn wir sie vielleicht für nichtig halten. Ein Nordkoreabesucher wie der »Entsandte« des *Morgenbladet*, der sich einen Schnitzer dieses Kalibers erlaubt, ist nicht nur eine Gefahr für sich selbst, sondern auch für viele Unschuldige.

Ich bedaure den Vorfall zutiefst und hoffe und glaube, Sie verstehen, warum ich diese Beschwerde allein schon aus professionellen Gründen vorbringen muss. Wenn Sie wollen, können wir das Ganze gern am Telefon oder im persönlichen Gespräch vertiefen.

Mit freundlichen Grüßen
M. T.

Damit sind wir bei einem wichtigen Punkt, mein Freund:

Hättest Du mir nach diesen beiden Nah-Gulag-Erfahrungen (für Dich und für andere) zu verstehen gegeben, dass die Lage sich so sehr zugespitzt hatte, dass zu viel auf dem Spiel stand, dass Deine Familie Dich braucht – ich hätte Dir voll und ganz zugestimmt. Aber Du wolltest weitermachen, »Il Sim Dan Gyol«. Dass Dir nicht wohl dabei ist, dass ich diese Geschichten teile, ist mir klar, und wahrscheinlich fühlst Du Dich gerade einmal mehr von mir verraten. Aber sie zeigen einfach zu gut, was für ein Mann Du bist, um sie unseren Leserinnen und Lesern vorzuenthalten. Um eine Deiner unvergleichlichen Redewendungen zu bemühen: Du hast damals »man-like behaviour« an den Tag gelegt. Natürlich haben wir einander bei den »Rettungsaktionen« unterstützt, aber nur Du und Deine Mitarbeiter wart gezwungen, den Weg des größten Widerstandes zu wählen und ein hohes persönliches Risiko einzugehen, mehrmals, da Ihr in einem Land lebt, in dem für viel kleinere Regelüberschreitungen ganze Familien ins Straflager geschickt werden. Und das nur, damit wir mit unserer Arbeit weitermachen und die Grenzen des Möglichen noch ein bisschen weiter dehnen können, in alle Richtungen und an allen Fronten. Und

tatsächlich hätte man glauben können, Nordkorea würde sich allmählich öffnen und die Zeit und das Schicksal wären uns weiterhin gewogen:

»Am 17. Dezember 2011 um 8:30 Uhr starb Kim Jong-il an den Folgen der immer größeren mentalen und körperlichen Belastungen durch
seine zahlreichen ›Vor-Ort-Anleitungen‹. Der Tod ereilte ihn an Bord
eines Zugs, mit dem er unterwegs war, um die Nation zum Blühen
zu bringen und den Menschen bessere Lebensbedingungen zu ermöglichen.«[87]

Dass Kim Jong-ils geistige und körperliche Verfassung nie so ro-
bust gewesen war wie die seines Vaters, war schon lange offensichtlich. 1993, ein Jahr vor dessen Tod, zog Jong-il sich bei einem
Reitunfall einen Schädelbruch zu und litt danach an chronischen
Rückenschmerzen. Die vielen heroischen Malereien, die ihn auf
einem imposanten weißen Hengst in vollem Galopp zeigen, sollten vermutlich die deutlich weniger imposante Wirklichkeit aufwiegen. Dass Kim Jong-il sein langes Leben mit wenig Schlaf, aber
dafür mit reichlich Zigaretten und Alkohol gefüllt hatte, selbst
nach nordkoreanischem Standard, war seiner Gesundheit sicher auch nicht besonders zuträglich. Er und sein Vater Kim Il-
sung waren schwere Kettenraucher, und auch Kim Jong-un hält
auf den meisten Bildern eine Fluppe in der Hand. Als im September 2008 der symbolträchtige sechzigste Jahrestag der Gründung
der Demokratischen Volksrepublik gefeiert wurde, mit Massen-
veranstaltungen und Militärparade auf dem Kim-Il-sung-Platz,
glänzte Kim Jong-il zum Erstaunen der Nordkoreaner und der
Weltgemeinschaft durch Abwesenheit. (Hätte er dem Spektakel
beigewohnt, wäre ihm höchstwahrscheinlich der Verfasser samt
Discokugel auf der VIP-Tribüne zehn Meter rechts von sich aufgefallen). Auch in den darauffolgenden Monaten blieb er wie
vom Erdboden verschluckt, abgesehen von ein paar undatierten

87 KOREA Magazine, *Last Year of the Great Life*, Special Issue 2012.

in nordkoreanischen Nachrichtenmedien publizierten Pressebildern.

Im Dezember desselben Jahres bestätigten französische Neurochirurgen, was schon lange gemunkelt wurde: Kurz vor dem Jahrestag waren sie in einer Nacht-und-Nebel-Aktion nach Pjöngjang geflogen worden, weil Kim Kong-il nach einem heftigen Schlaganfall in Lebensgefahr schwebte. Inzwischen sei er jedoch auf dem Weg der Besserung, erklärten sie.[88] Im April des darauffolgenden Jahres trat ein abgemagerter, zerzauster und sichtlich lädierter Kim Jong-il zum ersten Mal wieder vor die Öffentlichkeit, als die Oberste Volksversammlung ihn pro forma zum Obersten Führer wiederwählte. Eine Körperhälfte war noch teilweise gelähmt, sodass er kaum klatschen konnte.

Dafür, dass er so krank gewesen war, verbesserte sich sein Gesundheitszustand jedoch erstaunlich schnell. Bill Clinton, der im August 2009 nach Nordkorea reiste, um über die Freilassung zweier koreanisch-amerikanischer Journalisten zu verhandeln, sagte später, der Geliebte Führer habe »unerwartet fit« gewirkt. Trotzdem hatte der Schlaganfall Spuren hinterlassen. Auf den Propagandabildern der anschließend wiederaufgenommenen »Vor-Ort-Anleitungen« ist deutlich zu erkennen, dass Kims linke Hand, die er konsequent zu benutzen vermied, stark gekrümmt war und nie wieder ihre volle Beweglichkeit zurückerlangte. Für die restliche Regierung war der Schlaganfall vermutlich ein Warnschuss gewesen. Jetzt galt es, sich ernsthaft mit der Frage der Thronfolge auseinanderzusetzen.

---

88 *French Neurosurgeon Secretly Treated Kim Jong Il*, The Telegraph. URL https:// www.telegraph.co.uk/news/worldnews/asia/northkorea/8967244/French-neurosurgeon-secretly-treated-Kim-Jong-il.html, 20.12.11.
Die französischen Chirurgen durften Kim nicht selbst behandeln, hatten aber die übergreifende Verantwortung für den Behandlungsprozess, da ihre nordkoreanischen Kollegen zu große Angst davor hatten, selbständig Entscheidungen zu treffen.

Allmählich begann die nimmermüde Staatspropaganda, Kims merklich angeschlagene Verfassung geschickt in den Mythos um seine Person einzuweben: Mehr denn je wurde er zum selbstlosen Vater hochstilisiert, der sich entgegen ärztlicher Anweisung für sein Land abrackerte.

Trotz denkbar schlechter Ausgangslage hatte Kim Jong-il seine Aufgabe als Regierungschef passabel gemeistert. Während des Beschwerlichen Marsches in den Neunzigerjahren hatte er das Land und das System trotz einiger schmerzhafter Kompromisse zusammengehalten, nicht zuletzt durch den Kuhhandel mit dem Militär. In der nordkoreanischen Gesellschaft waren erste Anzeichen einer gewissen Modernität und sogar ein leichtes Wohlstandswachstum zu erkennen. Zwar war es Kim Jong-il nie gelungen, die uneingeschränkte Beliebtheit seines Vaters zu erreichen, aber er hatte sein Versprechen gehalten und auf Land und Leute *aufgepasst* – mit allen Mitteln, im Guten wie im Schlechten.

Die Nachricht von seinem Tod verkündete die schwarz gekleidete und tränenüberströmte Fernsehlegende Ri Chun-hui, die bekannteste Moderatorin des Landes. Auf nicht weniger dramatische Weise hatte sie der nordkoreanischen Bevölkerung bereits die schwere Botschaft von Kim Il-sungs Tod übermittelt. Und genau wie damals brach im ganzen Land eine – dem Anschein nach – spontane Massenhysterie aus. Es war, als könnten die Menschen gar nicht aufhören zu weinen und Klagelieder zu singen.

Alte Männer rauften sich die Haare, stießen verzweifelte Schreie aus und streckten die Arme zum Himmel empor. Ganze Schulklassen lagen kreuz und quer auf den Gehwegen und schluchzten, so wie ihre Eltern siebzehn Jahre zuvor. Stramme Offiziere mit schmerzverzerrten Gesichtern trockneten sich stoisch die Augen. Als der Trauer-Konvoi und der schwarze Leichenwagen langsam in Richtung Kumsusan-Palast fuhren, der letzten Ruhestätte der Führer, musste die hysterisch heulende Menschenmasse von nicht weniger hysterisch heulenden Uniformierten zurückgehalten werden. Da Nordkorea mittlerweile internationalen Medien gegenüber aufgeschlossener war und sich die Informationstechnologie weiterentwickelt hatte, konnte die Außenwelt die kollektive Trauer besser verfolgen als in den Neunzigern. Aber hatte das Ganze nicht etwas Forciertes und Inszeniertes an sich? Trauerten die Menschen *wirklich*? Waren ihre Gefühle echt oder nur gespielt? Die korrekte Antwort liegt vermutlich irgendwo in der Mitte.

Herz und Gesinnung

★

Realistisches Schauspiel ist, wenn der Schauspieler
redet und agiert wie im wahren Leben.
KIM JONG-IL, *DER CHARAKTER UND DER SCHAUSPIELER*

★

»Aber glauben die das alles *wirklich*?«, fragt sich jeder Nordkoreabesucher unausweichlich, wenn sein kritischer Verstand über Tage oder Wochen mit den tausend Gesichtern der Staatspropaganda konfrontiert wurde: Aufpasser, Guides, Nachrichten, Architektur, Monumente, die allgegenwärtigen Schlagworte, die mantraartigen Huldigungen der Bevölkerung ihres »Großen/ Geliebten/Obersten Führers/Kameraden/Ewigen Präsidenten/ der Sonne des zwanzigsten Jahrhunderts/ Generalissimus Kim Il-sung/Jong-il/Jong-un (Unzutreffendes bitte streichen!)«. Die Führer haben durch »ihren unerschöpflichen Eifer und ihre liebevolle Fürsorge fürs koreanische Volk/den von ihnen herbeigeführten Sieg des Sozialismus/ihre unübertroffene Genialität und Weisheit« das Volk »zu nationalem Wohlstand und Glück geführt/ beim Bau eines unbezwingbaren Leuchtturms der Unabhängigkeit angeleitet/von der grausamen Versklavung durch die Japsen befreit, und im großen Vaterlandskrieg die amerikanischen Imperialisten zermalmt«. Und so weiter und so fort. Das ist in etwa die Hintergrundmusik, die den Alltag fast aller Nordkoreaner begleitet, Jahr für Jahr, tagein, tagaus. Ganz gleich, ob man inmitten von fünfhunderttausend ekstatisch brüllenden Paradebesuchern steht, die einen kleinen knubbeligen Kerl auf einem Balkon anhimmeln, oder ob man seinen Aufpassern dabei zusehen muss, wie sie wegen einer fast zwanzig Jahre alten Fernsehaufnahme des Trauerzugs für Kim Il-sung Rotz und Wasser heulen – die eingangs genannte Frage spukt einem unwillkürlich im Kopf herum. Die grenzenlose Selbstherrlichkeit der nordkoreanischen Propaganda und die scheinbar ebenso grenzenlose Hingabe, die das Regime erfolgreich von seinen Untergebenen einfordert, kann man als Besucher aus dem Westen kaum ernst nehmen. Auf uns wirkt das Ganze fast schon wie eine Parodie, weil wir mit der mal mehr, mal weniger subtilen Trickkiste der Werbung vertraut sind.

Wer chronisch prahlt, kompensiert meistens eine tiefe innere Unsicherheit, sagt man. Im Grunde könnte man diese Theorie eins zu eins auf den nordkoreanischen Staatsapparat übertragen. Je größer die Lüge, desto gründlicher und regelmäßiger muss sie untermauert werden, vor allem, wenn der stumm-schreiende Kontrast zur Wirklichkeit dermaßen offensichtlich ist. Selbst ein »beschützter« oder »manipulierter« Tourist stellt schon nach kurzer Zeit in Nordkorea fest, dass die (Eigen-)Reklame mit den wahren Zuständen nicht viel zu tun hat. Sieht man mit eigenen Augen, wie Frauen Anfang März nur wenige Kilometer von der Hauptstadt entfernt die Kleidung ihrer Familie in eiskalten Bächen waschen, kann man sich nur schwer vorstellen, dass sie in ihrem tiefen Inneren tatsächlich denken: WIR BENEIDEN NIEMANDEN IN DER WELT.[89]

Also, noch einmal: Glauben sie das alles *wirklich*?

---

89 Häufig verwendetes Propagandaschlagwort und Titel eines bekannten patriotischen Liedes.

So wie die nordkoreanische Gesellschaft heute aussieht, lautet die vereinfachte Antwort: Die Menschen glauben, solange es ihnen *Vorteile* verschafft – wie überall auf dem Globus. Damit sind nicht nur Vorteile auf materieller, sondern auch auf spiritueller Ebene gemeint. Glaube ist Opium fürs Volk und heilt die offenen Stellen zwischen Ist- und Soll-Zustand. Die *bewusste Entscheidung* zu glauben, dass Nordkorea niemanden beneiden muss, macht den grauen, zermürbenden Alltag erträglicher. Der britische Essayist Theodore Dalrymple schreibt, die nordkoreanische Propaganda ziele nicht hauptsächlich darauf ab, die Menschen zu etwas zu überreden, geschweige denn zu überzeugen, sondern sie zu demütigen und fügsam zu machen. Je weniger sich die Inhalte der Propaganda mit der Wirklichkeit überschneiden, desto größer werden die Schuldgefühle und die Selbstverachtung all derer, die nicht dagegen protestieren, was sie nur umso gehorsamer macht.[90]

Warum und wie stark man glaubt, ist von Mensch zu Mensch unterschiedlich. Ein Fabrikarbeiter in einem entlegenen, verarmten Provinznest hat weniger Zugang zu Informationsquellen und Vergleichsperspektiven als zum Beispiel der Angestellte einer staatlichen Exportgesellschaft, der mehrmals im Jahr in das reichere und globalisierte China reist. Gleichzeitig hat der privilegierte Geschäftsmann, der auf die Unterstützung und den Schutz der höheren Etagen der Machtstruktur angewiesen ist, auch mehr zu verlieren. Also profitiert er davon, wenn er sich überdurchschnittlich loyal und rechtgläubig zeigt.

Seit der Proklamation der Demokratischen Volksrepublik Korea hat das Regime immer wieder in aller Deutlichkeit demonstriert, dass bei Ungehorsam und Abweichungen von der Parteilinie nicht lange gefackelt wird. So bestand eine der ersten Amtshandlungen Kim Il-sungs nach seiner Machtübernahme in der gezielten Ausschaltung echter und vermeintlicher Rivalen.

---

90 Dalrymple, Theodore: *The Wilder Shores of Marx – Journeys in a Vanishing World.* London 1991.

Als eines der zentralsten Werkzeuge für die Ausübung sozialer Kontrolle hat das Regime die »solidarische Schuld« oder *guilt by association* eingeführt. Selbst der entfernteste Verwandte mit »unzuverlässigem« Hintergrund kann eine gesamte Familie auf die schwarze Liste und schlimmstenfalls ins Straflager bringen. Angesichts des massiven und ständigen Drucks von oben scheint totale und demonstrative Loyalität in Nordkorea (dem vielleicht demonstrativsten Land der Welt?) die einzige Lösung zu sein. Die Durchschnittsbevölkerung spielt die Rolle, die ihr das bestmögliche Leben unter den prekären Verhältnissen verschafft. Aber jeder Theatermensch oder Politiker weiß, dass man ohne *Überzeugung* niemanden *überzeugen* kann. Vaterlandsliebe und der Stolz auf die eigene Kultur sind bei allen Nordkoreanern unterschiedlich ausgeprägt, unabhängig davon, ob die Gefühle natürlich entstanden oder ihnen eingeprügelt wurden. Das Gleiche gilt für die Ergebenheit gegenüber den Führern, vor allem gegenüber dem Landesvater (oder -paten) Kim Il-sung. Der ständigen Zurschaustellung von Loyalität, die sich in scheinbar blinder, gehirngewaschener Anbetung der so lächerlichen wie grausamen Führung manifestiert, liegt eine Mischung aus Eigeninteresse, Selbsterhaltungstrieb, Gruppenzwang, Furcht und einem gewissen Anteil echter Ergebenheit zugrunde. Kurzum, sie basiert auf Gefühlen, die fast jedes hierarchisch aufgebaute Rudel, in der Tier- sowie in der Menschenwelt, zusammenleimen. Eine Hierarchie benötigt eine Handvoll Herren, deutlich mehr Sklaven und vor allem jede Menge Mitläufer und Fähnchen im Wind.

Denen *muss* doch eine Gehirnwäsche verpasst worden sein!, denkt so mancher erschöpfte Tourist, nachdem er den ganzen Tag lang vom einen zum nächsten Monument oder Prestigeprojekt gescheucht wurde, stets der in Uniform oder Tracht gekleideten Führerin hinterherhechelnd, die regelmäßig und mit dem Elan einer Telefonansage ihren Text herunterleiert: »Der Volkspark Rungna wurde auf Geheiß von Marschall Kim Jong-un errichtet, dessen unermessliche Fürsorge für das koreanische

Volk ...«, »Die Amerikaner mögen uns vielleicht mit Krieg drohen, aber unter der Führung von Kim Jong-un bin ich vollkommen sicher ...«, »Der Geliebte Führer Kim Jong-il sagte am 24. Oktober 1983: ›Lasst uns hochwertige Traktoren produzieren und das Land in einen üppigen Acker verwandeln ...‹«, »Wie Der Große Führer Kim Il-sung einmal gesagt hat: ›Unsere Kinder sind die Könige der Zukunft ...‹«, »Dank der vorbildlichen Führung und durch das glänzende Beispiel von ... (hier beliebigen Kim einsetzen) ...«. Und so weiter. Und. So. Fort.

Viele Außenstehende fühlen sich durch diese beharrliche und enervierende Huldigung der Spitze eines der härtesten Regimes der Welt regelrecht provoziert, und das nicht nur in eigener Sache. In den meisten Kulturen gilt Selbstlob, auf privater wie auch auf nationaler Ebene, als unangebracht und unhöflich. Je durchschaubarer und hartnäckiger die Prahlerei, desto schlimmer. Als Besucher oder Gast empfindet man es manchmal fast schon als Angriff auf die eigene Integrität, ein ums andere Mal mit den nahezu demonstrativ offensichtlichen Übertreibungen und Lügen konfrontiert zu werden. Als wollte man *uns* auch eine Gehirnwäsche verpassen.

Außerdem gleichen wir die uns aufgetischten Lügen automatisch mit unserem mitgebrachten (Halb-)Wissen über die Lebensbedingungen der nordkoreanischen Bevölkerung ab. Zum Beispiel wissen wir, dass in Nordkorea Armut und Unterdrückung *tatsächlich* ein Problem sind. Das Ganze erinnert an eine Frau, die ihren gewalttätigen Mann verteidigt, oder, noch viel schlimmer, an eine privilegierte Elite, die das System schützt, das die Elite überhaupt möglich macht.

In der Regel versuchen wir schuldbeladenen Westler, nicht zu widersprechen oder unsere Skepsis anderweitig zu zeigen, teils aus Höflichkeit, teils aus Vorsicht. Was würde das schon bringen?

Die enorme Menge an Eindrücken, die tagtäglich auf uns einprasseln, verarbeiten wir, indem wir bewusst oder unbewusst die Informationen herausfiltern, die am besten zu unserem bereits vorhandenen Wissen und unseren kognitiven Fähigkeiten passen und unser Weltbild zementieren. Würden wir alle ständig unsere Meinungen ändern, würden wir schnell den Verstand verlieren und die Welt in ein grauenvolles Chaos stürzen.

Der Begriff »Vorurteil« ist mit negativen Konnotationen behaftet, vor allem in unserem politisch korrekten, manchmal verkrampft toleranten Teil der Welt, aber das heißt nicht, dass Vorurteile per definitionem inkorrekt sind. Wir reisen zum Beispiel mit der vagen Vorstellung ins Land, dass Nordkoreaner von Kindesbeinen an einer Indoktrination oder, wenn wir so wollen, Gehirnwäsche ausgesetzt *werden*, die so nivellierend und umfassend ist wie zum Beispiel die *Madrasa* im Islam. Und dieses Vorurteil trifft nachweislich zu. Es gibt ja nicht mal eine Opposition. Doch dass Nordkoreanern eine Gehirnwäsche *verpasst wird*, heißt noch lange nicht, dass sie *gehirngewaschen*, geschweige denn dumm sind. Vergessen Sie nicht, welches Risiko Nordkoreaner eingehen, wenn sie über empfindliche Themen sprechen, wie zum Beispiel Politik und Menschenrechte (zwei Variablen, die der jeweils anderen oft als Werkzeug dienen). Die Nordkoreaner kehren in ihren Alltag zurück, zu ihren Jobs und den wenigen Privilegien, die sie sich hart erkämpft haben, während Sie nach Hause fliegen. Wie alle Menschen tun sie, wozu sie erzogen wurden und was ihre Arbeit von ihnen verlangt. Glauben Sie nicht einen Augenblick, Nordkoreaner würden sich beim Spülen oder im Schlafzimmer im Brustton der Überzeugung gegenseitig Kim-Il-sung-Zitate oder das Parteiprogramm der PdAK aufsagen!

Ein Bekannter von mir hat einmal am 8. Juli, also an Kim Il-sungs Todestag, die Freihandelszone Rasŏn im Nordosten des Landes besucht. Wenn ihn etwas besonders fasziniert, zwirbelt er sich immer gedankenverloren den Ziegenbart, so auch an diesem Tag, und mit diesem Gebaren sorgte er bei den nordkoreanischen Besuchern der Trauerprozession vor dem Kim-Il-sung-Monument für solche Erheiterung, dass sie für einen Moment das Trauern vergaßen. Als der bärtige Blickfang das mitbekam, setzte er noch eins drauf und sorgte für eine riesige Lachkrampforgie. Natürlich hätten er und die Nordkoreaner um ihn herum sich zusammengenommen, wenn sie weiter vorn im Zug gelaufen wären, aber trotzdem:

Die reglementierte Trauer hat offenbar durchaus Grenzen. Ein anderes Beispiel: An Kim Il-sungs Todestag ist Alkoholkonsum verboten (wie bei uns an Karfreitag), man soll schließlich trauern. Trotzdem begießen die Leute ihren Kummer gern mit Bier, das in den Augen der hartgesottenen und pragmatischen Nordkoreaner viel zu schwach ist, um als *sul* (Spirituose) durchzugehen.

Identifikation mit Rollenbildern

Ob sich Kunst- und Kulturleitstern Kim Jong-il von den künstlerischen Methoden des russischen Schauspielers und Theaterregisseurs Konstantin Stanislawski (1863–1938) genauso inspirieren ließ wie von der Politik Josef Stalins, ist schwer zu sagen. Zumal es der auf Unabhängigkeit und Selbstversorgung basierenden Juche-Ideologie widersprechen würde, den Einfluss ausländischen Gedankenguts zuzugeben. Andererseits war Stanislawskis Ideal eines subtilen, natürlichen Schauspielstils international so wirkmächtig, dass sogar das selbstversorgteste Universalgenie der Welt etwas davon mitbekommen haben muss. Und schließlich gründet ein beträchtlicher Teil der nordkoreanischen »Gegenwartskultur« ohnehin auf sowjetischen, sprich russischen Kulturpraktiken, die seinerzeit ausgiebig geplündert wurden. Das Stanislawski-System hat die gesamte westliche Filmschauspielkunst geprägt, und dass ein Cineast wie Kim Jong-il sich nicht von der einen oder anderen Darstellung begeistern ließ, die den Prinzipien des alten russischen Meisters folgte, ist deshalb eher unrealistisch.

Die Stanislawski-Methode, die uns heute so selbstverständlich erscheint wie das Rad oder WLAN, zielt grob gesagt darauf ab, dem

Schauspieler zu einer *glaubwürdigen* Rollengestaltung zu verhelfen, indem auf Übertreibungen und theatralische Gebärden verzichtet wird. In *Die Arbeit des Schauspielers an sich selbst*, einer Art Bibel für Mimen von Kamtschatka bis Kalifornien, beschreibt Stanislawski die wichtigsten Werkzeuge, die dem Schauspieler (und im Endeffekt auch dem Regisseur) zur Verfügung stehen, um eine wirklichkeitsnahe – oder »realistische« – und glaubwürdige Figur zu erschaffen. Besonderes Augenmerk widmet er dem *emotionalen Gedächtnis*. Demnach kann ein Schauspieler starke Gefühle besonders überzeugend darstellen, indem er Erinnerungen an ähnliche Empfindungen in seinem eigenen Leben heraufbeschwört. So bekommt seine *künstliche* Rollengestaltung eine *echte* Grundlage. Ein anderes Grundprinzip des Stanislawski-Systems ist *das magische Wenn*. Der Schauspieler muss sich die Frage stellen: Wie würde *ich* – als Privatmensch – in dieser Situation reagieren und handeln? Wie sehen *meine* Trauer, *meine* Wut und *meine* Sehnsüchte aus?

Das berühmte *Method Acting*, das am Lee Strasberg Institute in New York unterrichtet wird, ist eine direkte Weiterentwicklung der Stanislawski-Methode und zielt auf eine noch intensivere Verschmelzung mit der Rolle ab. Etliche Generationen von Hollywoodstars haben diese Schauspieltechnik gelernt.

Eines der bekanntesten Beispiele für einen Schauspieler, der sich für eine authentische Rollengestaltung beinahe Unmenschliches abverlangt hat, ist Robert de Niro. Für *Wie ein wilder Stier* trainierte er erst so hart, dass er das Level eines Profiboxers erreichte, und legte anschließend satte dreißig Kilo zu, um das Wachstum und den (Ver-)Fall der Figur am eigenen Leib zu spüren. Natürlich gibt es noch viele weitere Beispiele: Man denke nur an Robin Williams in *König der Fischer* oder *One Hour Photo*. Oder an Mickey Rourke in *The Wrestler*. Und nicht zu vergessen: Gloria Swanson in *Boulevard der Dämmerung*.

Natürlich liegt nicht auf jedem nordkoreanischen Nachttisch ein Exemplar von *Die Arbeit des Schauspielers an sich selbst*. Zumal das Buch in Nordkorea wohl weder lieferbar noch erlaubt ist. (Zum Spaß können Sie ja mal in der Bibliothek der Großen Studienhalle des Volkes danach suchen!)

Trotzdem könnte die berühmteste Schauspieltheorie der Welt ein hilfreiches Werkzeug sein, wenn man das Zusammenspiel der Nordkoreaner im öffentlichen Raum – und in einer der *theatralischsten* und *demonstrativsten* Gesellschaften der Welt – genauer unter die Lupe nehmen will. Eine überzeugende Rollendarstellung ist in Nordkorea nämlich besonders wichtig, manchmal sogar überlebenswichtig, denn die Forderung nach uneingeschränkter und demonstrativer Loyalität ist unter dem neuen Führer nicht weniger aktuell. Ganz im Gegenteil.

HISTORISCHE FELDLINIEN 3:
KIM der Dritte
Seit Juche 100 (2011)

Zeit seines Lebens war es Kim Jong-ils Ziel und Wunsch,
dem Volk ein Leben in Wohlstand und Glück zu ermöglichen.
Unsere Partei hat dem Volk versprochen,
dass sie vom Guten kosten dürfen und den Gürtel nie wieder
enger schnallen müssen, so hat der General es gewünscht.

KIM JONG-UN

Kim Jong-un ist das dritte und jüngste Kind von Kim Jong-il und dessen dritter Frau (oder Partnerin; Familienstand ungeklärt) Ko Yong-hi. Die ersten zwanzig Jahre war seine Existenz ein wohlgehütetes Geheimnis. Und auch nachdem er 2004 im Zusammenhang mit dem Tod seiner Mutter zum ersten Mal in südkoreanischen und amerikanischen Medien erwähnt wurde (allerdings unter dem Namen Kim Jong-woon), scheint er in Nordkorea noch viele Jahre unbekannt geblieben zu sein.[91]

Zeitungen wie die New York Times spekulierten, welche Auswirkungen Ko Yong-his Tod auf die Erbfolge haben würde. Hatten ihre Söhne Jong-chul und Jong-un (ihre Tochter Yo-yong spielte hier keine Rolle) gegen den älteren, vermutlich weltgewandteren Halbbruder Jong-nam in einem eventuellen Machtkampf um die Nachfolge Kim Jong-ils eine Chance?

---

91 Brooke, James: *A Mystery about A Mistress in North Korea*, New York Times. URL https://www.nytimes.com/2004/08/27/world/a-mystery-about-a-mistress-in-north-korea.html, 27. 8. 2004.

So wie seine Halbbrüder hatte der bleiche, beleibte und wenig fotogene Jong-nam einen Teil seiner Schulausbildung in exklusiven Schweizer Internaten absolviert, allerdings schienen ihn gutes Essen und Amüsement mehr zu interessieren als politische Macht. 2001 wurde er von japanischen Grenzpolizisten am Flughafen Tokio-Narita aufgegriffen, als er mit gefälschtem Pass und unter dem Decknamen Pang Xiong (was auf Chinesisch »Fetter Bär« bedeutet) nach Japan einreisen wollte. In der darauffolgenden Vernehmung verriet er den – vermutlich perplexen – Japanern nicht nur seine Identität, sondern auch das Ziel seiner Reise: das Tokioter Disneyland.

Nachdem er nicht nur sich selbst, sondern ganz Nordkorea öffentlich blamiert hatte, schickte man Jong-nam ins Luxusexil, und zwar in die ehemalige portugiesische Minikolonie Macau an der Südküste Chinas, eine Art ostasiatisches Las Vegas. Das Kim-Pendant des sympathischen Tollpatsches Fredo Corleone, dem schwarzen Schaf aus *Der Pate*, zog sich aus der Öffentlichkeit zurück und widmete sich fortan dem Glücksspiel und diversen zwielichtigen Geschäften, bis zu einem schicksalhaften Tag sechzehn Jahre später. Doch dazu an anderer Stelle mehr.

Nachdem Kim Jong-un erstmals als Sidekick seines Vaters bei dessen berühmten »Vor-Ort-Anleitungen« auftrat und in den nordkoreanischen Medien auftauchte, dauerte es gerade mal ein Jahr, bis er nach Kim Jong-ils Tod im Dezember 2011 zum Obersten Führer ausgerufen wurde. Trotzdem trat er sein Amt keineswegs als unbeschriebenes Blatt an. Vieles deutet darauf hin, dass er über zehn Jahre hinweg auf seine künftige Rolle vorbereitet wurde, ehe er schließlich ins Rampenlicht trat oder dorthin geführt wurde.

Im Gegensatz zu seinem Vater Jong-il hatte er von seinem charismatischen Groß- und Nordkoreas Landesvater Kim Il-sung einiges geerbt. Darunter auch eine der vielleicht wertvollsten Eigenschaften für einen Machthaber, nämlich *gutes Timing*. Der Beginn der Ära Kim Jong-un fiel passenderweise mit Juche 100 zusammen, dem hundertsten Geburtstag seines Großvaters, des Ewigen Präsidenten (und damit auch mit dem hundertsten Geburtstag der Juche-Zeitrechnung). Schon seit Jahren hatte die Propaganda für das Jubiläum die Werbetrommel gerührt.

Juche 100 sollte für Nordkorea eine Art »Ende der Geschichte« werden. Das Land werde endlich den versprochenen Wohlstand, die technologischen Standards und die souveräne Militärmacht erlangt haben, für die sich das Volk all die Jahre abgerackert hatte, hieß es. Die Epoche Kim Jong-il, die die meisten Nordkoreaner für immer mit Hunger, einem fast vollständigem Systemkollaps und internationaler Isolation assoziieren werden, konnte nun guten Gewissens auf dem Kaminsims der Geschichte platziert werden. Die kanonisierte Erinnerung an Kim Jong-il nahm schnell den Platz neben der an seinen Vater ein, sowohl als Bronzestatue auf dem Hügel Mansu sowie als balsamierte Mumie in einem eigenen Flügel im Kumsusan-Palast. Trotzdem glaube ich, dass viele Nordkoreaner, irgendwo tief in ihrem Herzen, einen klitzekleinen verbotenen Erleichterungsseufzer ausstießen. Dass das Ende der Ära Kim Jong-il mit dem sagenumwobenen hundertjährigen Jubiläum zusammenfiel, stellte sich jedoch nicht nur für den neuen Staatsführer Kim Jong-un als glückliche Fügung heraus, sondern auch für das *eigentliche* Machtzentrum:

Das Komitee fürs große Ganze

Nachdem sich der äußerst lebendige Personenkult im Laufe von sechzig Jahren tief in der Gesellschaft verwurzelt hatte, erbte Kim Jong-un ein Nordkorea, in dem er als den Staat einende Symbolfigur und Vertreter der Kim-Dynastie unentbehrlich war und immer noch ist. Der geheimnisvolle, allmächtige Alleinherrscher, als den die Propaganda ihn nicht nur der eigenen indoktrinierten Bevölkerung, sondern auch dem Rest der Welt so erfolgreich verkauft, ist er deshalb aber noch lange nicht. In Wahrheit werden alle wichtigen Regierungsbeschlüsse in Absprache mit der **ABTEILUNG FÜR ORGANISATION UND LEITUNG** (Organization and

Guidance Department oder kurz: OGD) getroffen, einem komplexen, sich ständig verändernden Forum, in dem verschiedene Machtallianzen und -konstellationen der drei Flügel der Staatsführung, Kim-Clan, Militär und Partei der Arbeit Koreas (PdAK), aufeinandertreffen.[92] Im OGD versammeln sich diejenigen, die Orwell in *1984* als *innere Partei* bezeichnet. Ihre Aufgabe ist es, unterschiedliche innere und äußere Befindlichkeiten, Interessen und Fraktionen unter einen Hut zu bringen, um die daraus resultierenden Kompromisse anschließend als offizielle nordkoreanische Politik zu präsentieren. Kim Jong-il höchstselbst sah zu, dass sich das OGD ab den frühen Siebzigern zu einem Staat im Staat entwickelte, nicht zuletzt um seine eigene Macht zu zementieren und sich gegen die mächtigen Generäle seines Vaters zu behaupten. Trotzdem war das Machtgleichgewicht zwischen den drei Flügeln des OGD alles andere als ausgewogen. Vor allem zu Beginn der Kim-Jong-il-Ära, als allein die Armee das Land zusammenhalten und der Führung die Macht sichern konnte, hatten die Generäle das letzte Wort. Später, vor allem in den letzten Jahren, ist es den Vertretern der Partei jedoch gelungen, das Gleichgewicht halbwegs zu stabilisieren. Zumal etliche Mitglieder der Parteiführung ranghohe militärische Ämter bekleiden und die Grenzen immer fließender werden. Klar zählen Kim Jong-uns Ansichten, auch nachdem die Kameras ausgeschaltet werden, aber das machtpolitische Verhältnis zwischen ihm und dem Rest der inneren Elite gleicht eher dem eines Ministerpräsidenten und dessen Kabinett in einem demokratischen Land im Westen. Nach außen zeigt man sich loyal gegenüber der Parteilinie und der Regierung – so wie es erwartet wird –, aber intern kochen die Diskussionen auch schon mal hoch.

Ein weiteres Motiv hinter dieser kollektiven Entscheidungsfindung ist natürlich die Angst, für etwaige Fehlgriffe die alleinige Verantwortung zu tragen. Sollten Sie irgendwann in die Ver-

---

92 *Who's in Charge?*, in: Tudor, Daniel/Pearson, James: *North Korea Confidential*. O. O. 2015.

legenheit kommen, mit nordkoreanischen Staatsangestellten zusammenzuarbeiten, werden Sie schnell merken, dass Unvorhersehbarkeiten, Improvisation und spontane Planänderungen ihnen *noch mehr* aufstoßen als ihren Kollegen in anderen Teilen der Welt.[93] [94]

Dass in einem autoritären System wie dem nordkoreanischen ein Fehlgriff weitaus ernstere Folgen als einen kleinen Shitstorm bei Facebook nach sich zieht, versteht sich von selbst. (Mal davon abgesehen, dass nordkoreanische Staatsangestellte von Facebook-Shitstorms ohnehin verschont bleiben, weil sie zu solchen Plattformen keinen Zugang haben.)

Schon die leiseste Andeutung einer Planänderung führt zu einem Tohuwabohu nervöser Telefonate zwischen Ihren Projektplanern, deren Vorgesetzten und verschiedenen obskuren Dritt- und Viertparteien, die Sie nicht kennen und niemals kennenlernen – oder Sie erhalten einfach sofort ein Nein. Doch so entmutigend das auch sein mag, sollten Sie sich nie zu billigen »Kafka«- oder »Absurdistan«-Witzen hinreißen lassen. Am besten, Sie üben sich in Geduld, zeigen sich verständnisvoll und warten, bis Ihr Anliegen lang und breit diskutiert und die Verantwortung in so viele Himmelsrichtungen verstreut wurde, dass sich der Entscheidungsträger nicht mehr ermitteln lässt. Erst dann fühlen sich Ihre Freunde sicher genug, um Ihnen das ersehnte kleine Ja zu geben, das Sie brauchen, um zum Beispiel an einem schönen Sonntagnachmittag einen spontanen Ausflug zum Moranbong-Park zu unternehmen.

Nach Kim Jong-ils Tod konnten das OGD und der Rest des

---

93 Sofern die Vorschläge von Ihnen kommen, versteht sich. Plötzliche, dürftig (oder gar nicht) motivierte, unerklärliche Änderungen in *Ihrem* Schema gehören dagegen zu den ersten Dingen, mit denen Sie sich arrangieren müssen, wenn Sie eine langfristige Zusammenarbeit mit Nordkorea anstreben

94 Wohlgemerkt, sofern Sie um ein *Ja* für etwas Unplanmäßiges bitten. Ein *Nein* können Sie jederzeit kriegen. »Hast du auch nur den geringsten Zweifel, so antworte mit Nein«, lautet die Sicherheitsregel Nummer eins für jeden nordkoreanischen Projektplaner, dem seine Arbeit und sein Leben lieb sind.

Landes endlich den Beschwerlichen Marsch durch das Tal der Todesschatten hinter sich lassen und den Blick in die Zukunft richten – oder besser gesagt: *zurück* in die Zukunft. Offiziell wurde Kim Jong-un am 8. Januar 1982 in Pjöngjang geboren. Südkoreanische Quellen geben hingegen 1983 als Geburtsjahr an.[95]

War die Propaganda der Meinung, Jong-un müsse bei der Machtübernahme mindestens dreißig sein? So oder so war (und ist) er eins der jüngsten – und vielleicht unerfahrensten – Staatsoberhäupter der Welt. Für die innere, sich stets verändernde Koalition aus Generälen und Parteiideologen war Kim III. die perfekte Symbolfigur, eine Symbiose aus Tradition und Moderne – das Leitmotiv der neuen Ära. Meine Vermutung ist, dass ebendiese Koalition in Nordkorea die Strippen zieht.

Ein Schlagwort, das dieses Staats-Upgrade wie ein Mantra begleitet hat, lautet: LOVE THE FUTURE, so als wäre die Propagandaabteilung der Partei plötzlich von Nike oder McDonalds übernommen worden. Pünktlich zum Jubiläum erhielt die Pjöngjanger Innenstadt ein gediegenes Facelift und sogar eine neue Skyline.

In selbstauferlegter Rekordgeschwindigkeit zogen das Ingenieurkorps der Volksarmee und Zehntausende abkommandierter wehrpflichtiger Arbeitsameisen nagelneue Stadtviertel mit protzigen, (retro-)futuristischen und nach lokalem Standard topmodernen Gebäuden hoch.

Auch in den Jahren nach Jong-uns Machtübernahme wurde die Modernisierung des Pjöngjanger Zentrums in hohem Tempo fortgesetzt. Besonders bemerkenswert sind die zylinderförmigen Hochhäuser entlang der Changjon-Straße am Fuß des Mansu-Hügels (errichtet 2012) sowie die beinah psychedelisch anmutende **MIRAE SCIENTISTS STREET** (2015) am Taedong-Ufer.

---

95 Wie man sich unschwer vorstellen kann, sind südkoreanische Nachrichten nicht unbedingt die neutralsten Beobachter, wenn es um Korea-Fragen geht. Deshalb sollte man sämtliche Informationen mit Vorsicht genießen. Mal sind sie wahr, andere Male so weit hergeholt wie die schamloseste nordkoreanische Propaganda.

Außerdem wurden die Promenaden zu beiden Seiten des Tae-dong verbreitert und luftiger gestaltet. Gleich dahinter wurden von grünen Hecken gesäumte Spielfelder angelegt, auf denen sich wehrpflichtige Bauarbeiter beim Volleyball und Büroleute beim Badminton vergnügen. In den generalüberholten Parkanlagen zischen Kinder und Jugendliche auf nie aus der Mode kommenden Inlinern umher.

Ein Teil der jüngeren Generation – der natürlich ausschließlich der loyalen inneren und äußeren Elite entstammt – ist mit den wichtigsten internationalen Popkulturphänomenen erstaunlich vertraut: Ich habe mit Teenagern gesprochen, die damit prahlten, die beliebte Ego-Shooter-Reihe *Call of Duty* komplett durchgespielt zu haben, und die von mir wissen wollten, ob es schon neue Versionen von *Pro Evolution Soccer* gebe. Die meisten kannten sich bestens mit iPads aus, und tatsächlich werden mittlerweile auch nordkoreanische Tablets produziert, zum Beispiel von der Firma Samjiyon[96]. Ein junger Diplomatensohn erzählte mir, er besitze sowohl ein nordkoreanisches als auch ein internationales Tablet, auf dem er Apps wie *Angry Birds* und *Mein Talking Tom* habe. In der Freizeit, sprich an Sonntagen, gehören vor allem die neuen Erlebnisbäder zu beliebten Ausflugszielen. Der **VOLKS-PARK RUNGNA** (2012) erstreckt sich über die halbe gleichnamige Insel im Teadong-Fluss und bietet neben einem riesigen Freibad auch ein überdachtes Delfinarium mit synchronschwimmenden »Meerjungfrauen« und dressierten Delphinen sowie einen Vergnügungspark, der so modern und austauschbar ist wie Vergnügungsparks überall auf der Welt. Wer von Wasserrutschen, Saunas und Pools nie genug kriegt, findet in nur einem halben Kilometer Entfernung auf der Festlandseite den noch größeren **MUNSU WATER PARK** (2013). Ebenfalls 2013 wurde etwas außer-

---

96 Benannt nach einem See in der Nähe des Berges Paektu, wo Kim Il-sung und seine Guerilla während des Widerstands gegen die Japaner einen wichtigen Stützpunkt gehabt haben sollen.

halb des Zentrums der **REITCLUB MIRIM** eröffnet. Dort kann man nicht nur Reitunterricht nehmen und sich beim Pferderennen amüsieren (ohne sündhaft kapitalistische Wetten, versteht sich), sondern auch die ausgestopften Lieblingspferde von Kim I. und Kim II. und eine große Sammlung von Bildern und verschiedenerlei Andenken an ihre langen und heldenhaften Karrieren zu Pferd bestaunen. Entlang des modernisierten Taedong-Ufers liegen mehrere kürzlich eröffnete Restaurantschiffe wie das **TAEDONGGANG** oder das **MUJIGAE**, die beide die Größe eines Viertel Kreuzfahrtschiffs haben und zahlreiche Restaurants und Bars beherbergen. Als Tourist kann man an Deck mit seinem Handy und einer lokalen SIM-Karte im Internet surfen, so wie überall in Pjöngjang. Die Nordkoreaner können das nicht, dafür telefonieren und texten sie ausgiebig über ihr nationales Netz. Natürlich geht es in Pjöngjang nicht nur um Spiel und Spaß, und sowohl die väterliche Fürsorge als auch der Respekt vor dem Alter spiegeln sich in verschiedenen Neubauten wie dem **KINDERKRANKENHAUS OKRYU** (2013), dem **PJÖNGJANG ENTBINDUNGSKRANKENHAUS** (2014) oder dem **PJÖNGJANG ALTENWOHNHEIM** (2015) wider. Der Überfluss der neuen Ära beschränkt sich hauptsächlich auf die Hauptstadt sowie die innere und äußere Elite – das Rückgrat der Macht –, aber hin und wieder kriegt auch eine Provinz wie Kangwŏn-do im Südosten ein paar Tröpfchen davon ab. Die Hauptstadt der malerischen Kangwŏn-do-Provinz ist die Küstenstadt Wŏnsan. Um den Tourismus voranzutreiben, lässt die Regierung dort einen neuen internationalen Flughafen bauen, da sie ein Tourismuswachstum erwartet. Mit einem seiner ersten Prestigeprojekte sorgte Kim Jong-un 2013 für weltweites Aufsehen, als er das riesige und moderne **SKIGEBIET MASIK-RYONG** für Touristen und eine Handvoll skikundige Nordkoreaner eröffnete. Mister Win wurde ganz blass um die Nase, als ich darauf bestand, die schwarze Piste auszuprobieren. Er war sich hundertprozentig sicher, dass ich geradewegs in den Tod preschen würde. Doch am Ende gab er sich geschlagen, unter der Bedingung, dass einer der Skilehrer mich begleitete. Er selbst schlitterte in seinen Lackschühchen ein paar hundert Meter unterhalb der Rampe herum und zählte die Sekunden, bis er mich lebend wiedersehen würde. Die Anlage war erst wenige Wochen zuvor eingeweiht worden, unter anderem von Nordkoreas erster veritabler Girlgroup, der Moranbong Band. Aber ich schätze, dass sie ein paar leichtere Routen gewählt haben als ich, der das Skifahren quasi mit der Muttermilch aufgesogen hat.

Von der Koinzidenz der Machtübernahme mit dem sagenumwobenen Juche 100 einmal abgesehen, ist Kim Jong-un seinem Großvater wie aus dem Gesicht geschnitten ... Eine Steilvorlage für jeden halbwegs talentierten Propagandisten und/oder Inszenator, um an eine Ära und eine Figur anzuknüpfen, an die die überwältigende Mehrheit der Nordkoreaner deutlich angenehmere Erinnerungen hat als an die Epoche Kim Jong-il. Nicht überraschend wurde Kim Jong-un daher ein *Styling* verpasst, das die Ähnlichkeit bestmöglich unterstrich. Um Kim Jong-ils olivgrüne Strampelhöschen und Primark-Parkas wurde ein galanter Bogen gemacht, und stattdessen setzt Kim Jong-un auf Retro-Mao-Anzüge (pardon, -trachten), die schon Kim Il-sungs Markenzeichen gewesen waren. Auch den späten Stil seines Großvaters hat er mehrfach zu feierlichen Anlässen kopiert, mit einer Anzug-Schlips-Kombi à la Vito Corleone – und sich damit einmal mehr von seinem Vater abgehoben. Stück für Stück verwandelten all diese Faktoren Kim Jong-un zu einer Art *Wiedergeburt* oder, besser gesagt, aktualisierten Neuauflage des Großen Führers, Landesvaters und all dessen, was die Bevölkerung mit diesem assoziieren soll.

Für nordkoreanische Verhältnisse war die Ernennung des jungen Jong-un zum Staatsoberhaupt mit einer erstaunlichen Portion »Glasnost« verbunden. Im Zuge einer kleinen Verkehrsrevolution verschwand schon im Frühjahr 2012 einer der bis dahin selbstverständlichsten und heikelsten Bestandteile des Einreiseprozederes. Bislang hatte jeder sein Mobiltelefon abgeben müssen, sodass man von der Außenwelt mehr oder weniger abgeschnitten war (vom Hotelfestnetz durfte man trotzdem ins

Ausland telefonieren). Jetzt aber konnten Besucher ihre Mobiltelefone behalten und sogar einen nordkoreanischen Handyvertrag abschließen, der auch mobiles Internet beinhaltete – ein Privileg für Ausländer, auch wenn man nur in Pjöngjang und Umgebung Empfang hatte.

Einige goldene Jahre lang gab es kaum Beschränkungen, und jeder Besucher konnte nach Herzenslust aus dem »isoliertesten Land der Welt« twittern, bloggen oder Facebook-Beiträge teilen. Einmal habe ich versucht, mir auf dem Kim-Il-sung-Platz, auf dem gerade wenig los war, ein paar YouPorn-Clips anzuschauen – natürlich aus rein investigativem Interesse! Seit 2016 hat die nordkoreanische Zensurbehörde sich jedoch einiges von China abgeguckt und so ziemlich jedes Firewall-Loch gestopft. Die meisten Social-Media-Plattformen wie Facebook oder Twitter (von Pornoseiten ganz zu schweigen) sind blockiert, aber trotzdem hat Nordkorea ein offeneres Internet als zum Beispiel China, wo seit der Literaturnobelpreisverleihung 2009 an Liu Xiaobo sämtliche norwegische Websites gesperrt sind.

In den Großstädten – vor allem in Pjöngjang – sieht man überall Smartphones. Nordkorea hat ein eigenes Mobilnetz, das (Überraschung!) mit dem für Ausländer nicht kompatibel ist. Deshalb konnte ich Mister Win nie über meine nordkoreanische Nummer aus der Hotellobby anrufen, sondern musste wie in guten alten Zeiten auf das Festnetztelefon in meinem Zimmer ausweichen. Kaum ein Nordkoreaner hat unbeschränkten Internetzugang, nicht einmal die Elite. Auch hier verfügt das Land über ein internes System, ein »Intranet«, in dem neben den landeseigenen, hübsch aufpolierten Nachrichten auch ins Nordkoreanische übersetztes und zensiertes Material aus aller Welt veröffentlicht wird. Nordkoreanische Staatsangestellte, also Vertreter »der äußeren Elite« wie Mister Win und seine Kollegen, die vom Kontakt mit der Außenwelt abhängig sind, können E-Mails empfangen und versenden. Häufig teilt sich der gesamte Arbeitsplatz einen E-Mail-Account, und alle empfangenen und verschickten Nachrichten werden von mehreren Personen gelesen. Nur dieser äußerst schmale Kanal überwachter Kommunikation ist zugelassen. Den Mails angehängte Links zu öffnen oder im Internet zu surfen, ist dagegen nicht möglich. In den Grenzgebieten zu China gelten dieselben Bedingungen wie in Pjöngjang, aber in der Praxis bieten sich mehr Möglichkeiten, da das chinesische (und damit internationale) Mobilnetz einige Meilen ins nordkoreanische Territorium hineinreicht.

Auch charakterlich ist Jong-un seinem Großvater ähnlicher als seinem Vater. Er wirkt umgänglich, fröhlich und gesellig. Er lächelt viel, eigentlich fast immer, und dem äußeren Anschein nach kommt sein Lächeln von Herzen. Bei Reden vor der Volksversammlung oder beim Abschuss von Mittelstreckenraketen kann er allerdings auch eine ernste Miene aufsetzen. Schon kurz nach Beginn seiner Amtszeit hat Kim Jong-un sich mit Feuereifer in ein dichtes Programm aus »Vor-Ort-Anleitungen« gestürzt.

Nordkoreanische Fernsehaufnahmen zeigen ihn, wie er mit fast schon karikaturesk langen und entschiedenen Schritten dahinschreitet, die Hände in großväterlicher Manier hinterm Rücken gefaltet und mit einem Schwarm sich eifrig Notizen machender Beamten im Schlepptau. Auf seinen »Segnungsreisen« inspiziert er zum Beispiel Baustellen, in der Entstehung begriffene Kraftwerke, Schildkrötenfarmen, Groß- oder Militärlager im ganzen Land. Im Gegensatz zu seinem Vater und Großvater, die ihre Ehen und Liebschaften mal mehr, mal weniger erfolgreich geheim hielten, hat Kim Jong-un seine schöne, stets stilvoll gekleidete junge Frau, die ehemalige Sängerin Ri Sol-ju, eine prominente Rolle an seiner Seite einnehmen lassen. Aber auch wenn Kim Jong-un eindeutig für Jugendlichkeit, Tatkraft und rosige Zukunftsaussichten steht (beziehungsweise stehen soll), wird in der Inszenierung seiner Person mindestens genauso viel Wert darauf gelegt, dass er eine Fortführung der Tradition verkörpert. Kim Jong-un – die Brücke zwischen der Vergangenheit und der Zukunft.

Seit Beginn der Ära Kim Jong-un ist eins der zentralsten Mantras der Propaganda eine Abwandlung des ersten Gebots (*Du sollst nicht andere Götter neben mir haben*): »Kamerad Kim Il-sung und Kim Jong-il sind die Ewigen Führer unserer Partei und unseres Volks.« Kim Jong-un ist kein »Aufweicher« à la Gorbatschow – nicht einmal à la Chruschtschow. Der Personenkult um die Kim-Dynastie ist unter seiner Führung kein bisschen gedrosselt worden, indem als symbolische Geste zumindest ein paar der allgegenwärtigen Statuen oder Porträts entfernt worden wären, die die Existenz der Kims ins Bewusstsein der Bevölkerung und ins Stadt- und Landschaftsbild eingebrannt haben. Ganz im Gegenteil: Kim Jong-un und seine Staatsstylisten haben die Appelle an die Ergebenheit des Volkes noch einmal *verdoppelt*. Wie schon erwähnt, sind seit 2012 zwei tote Führer im Trauerpalast Kumsusan aufgebahrt, und auf dem Mansun-Hügel thronen zwei gigantische Bronzestatuen Seite an Seite.

In den wenigen Monaten zwischen zwei meiner Pjöngjang-Reisen im November 2011 und Mai 2012 wurde die über zwanzig Meter hohe Bronzestatue von Kim Il-sung, die bisher exakt im Zentrum des Monuments gestanden hatte:

1. um drei Meter zur Seite verrückt und
2. mit einem neuen, lächelnden Gesicht versehen, da die bis dahin ernsthafte Miene nicht mehr zur
3. neuen und gleich großen Bronzestatue von Kim Jong-il passte, die ihn
4. anfangs noch in einem Mao-Anzug zeigte, wie sein Vater ihn getragen hatte, aber
5. schon bald durch sein späteres Parade-Outfit, den robusten Primark-Parka, ersetzt wurde.

Die spinnen, die Koreaner, habe ich Obelix in Gesprächen mit Mister Win oft zitiert. Mit mäßigem Erfolg.

Auch die obligatorischen Kim-Pins für loyale Funktionäre hat Jong-un beibehalten. Auf der prestigeträchtigsten Variante des metallenen Partei-Ansteckers sind heute Kim Il-sungs *und* Kim Jong-ils Konterfei vor einer revolutionsroten Flagge abgebildet.

Überall – und in Nordkorea heißt das *überall* –, wo bis 2012 das Porträt *eines* Führers zu finden war, prangen heute zwei Führer – an Fassaden und Hauswänden, über der heimischen Kommode, als Anstecker auf der linken Brust. In allen Größen, Seite an Seite, in Ewigkeit. Amen. Je nachdem, welchen Kim es gerade zu legitimieren gilt, trägt die Staatsideologie einen anderen Namen. Sollen zum Beispiel die Feldlinien der Geschichte nachgezogen und sowohl der Landesvater als auch sein Sohn gehuldigt werden, spricht man vom *Kimilsungismus-Kimjongilismus*[97]. Neben solchen Sammelbezeichnungen hat die Propaganda die einzelnen Kim-Epochen auch mit je eigenen Etiketten versehen, ungefähr so, wie in den alten Kaiserreichen. Kein Etikett stellt einen Bruch mit der vorigen Ära dar, sondern legt sich wie eine frische Farbschicht darüber. Kim I. entwickelte die Selbstversorgungsideologie *Juche* oder gab ihr zumindest ein Gesicht. Kim II. steuerte die Sŏn'gun- oder Militär-zuerst-Politik bei. Die Ära Kim III. steht ganz im Zeichen der **BYUNGJIN**-Lehre – wonach das Land die nukleare und die wirtschaftliche Entwicklung parallel voranbringen soll. »Brot und Abschreckung«, so könnte man die Lehre zusammenfassen. Die nordkoreanischen Machthaber haben sich wider alle Umstände an der Lokomotive der Geschichte festgekrallt und von den Fehlern derer gelernt, die auf der Strecke liegen geblieben sind. Sie wollen weder eine Beinahe-Revolution wie 1989 auf dem Tian'anmen-Platz noch einen Systemkollaps inklusive nationalen Demütigungen und Bürgerkriegen wie in der Sowjetunion samt deren Satellitenstaaten im darauffolgenden Jahrzehnt. Und sie werden den Teufel tun und die Vorzüge von Massenvernichtungswaffen für »Sicherheitsgarantien« (ho ho!) aus dem Westen aufgeben.

Denkt an Saddam und Gaddafi! Diese Warnung hat sich vermutlich in das kollektive Bewusstsein der nordkoreanischen Staatsmacht eingebrannt. Noch viel wichtiger als die nach außen

---

97 Zungen- und Hirnakrobatik des Tages: Schnell zwanzigmal hintereinander sagen!

gerichteten Abschreckungsmechanismen wie Raketen-Probeabschüsse, Atomtests und der aggressive, lautstarke Duktus sind jene, die auf die eigene Bevölkerung abzielen. Im Laufe der letzten Jahre hat sich das bescheidene, aber definitiv spür- und sichtbare Wohlstandswachstum nicht nur von der inneren auf die äußere Elite, sondern auch auf die oberen Gesellschaftsschichten in den größeren Provinzhauptstädten ausgeweitet. In Pjöngjang entsteht allmählich eine Art nordkoreanischer Mittelstand, bestehend aus gut ausgebildeten und gut situierten Bürgern, die von der reichen äußeren Elite trotzdem noch weit entfernt sind. Diese Entwicklung spiegelt sich im Straßenbild, in der Anzahl und im Warenbestand der Geschäfte sowie im generellen Serviceangebot wider. Geld zu verdienen wird mittlerweile stillschweigend akzeptiert. Aber Vorsicht! Natürlich nur, solange man seine grenzenlose Loyalität gegenüber dem Staat demonstriert und die richtigen Schlagworte benutzt. In den letzten vier, fünf Jahren habe ich mehr als einen Joint-Venture-Vorschlag von nordkoreanischen Diplomaten und Staatsangestellten abgelehnt – denn nach nordkoreanischem Verständnis bedeutet Joint Venture in etwa: Du erledigst die Arbeit, übernimmst sämtliche Kosten und das volle Risiko, und im Gegenzug teilen wir vielleicht den ziemlich unwahrscheinlichen Gewinn, wenn nicht der Staat – *oops, I did it again!* – das Unterfangen plötzlich und ohne Vorwarnung exkpropriiert. All diese Wannabe-Unternehmer eint, dass sie nicht den blassesten Schimmer haben, wie internationale Geschäfte eigentlich funktionieren. Und im Grunde ist es ihnen auch egal. Was zählt, ist schnelles Cash, für die Staats-, mittlerweile aber durchaus auch für die eigene Kasse.

Experimente mit Marktkräften

★

Die Wirtschaft zu stimulieren und den Lebensstandard des Volkes zu erhöhen,
ist auch ein Kampf für die Verteidigung des Sozialismus.
KIM JONG-UN

★

Anfang der Neunzigerjahre richtete Nordkorea eine Art ökonomisches »Westworld«, eine Sonderwirtschaftszone im Grenzdreieck zu China und Russland im Nordosten des Landes ein. Im Grunde kopierte man damit die erfolgreiche Einführung von Sonderwirtschaftszonen in chinesischen Städten wie Shenzhen und vor allem in Hongkong. Die Idee: Mit günstigen Zoll- und Steuerrechtsbedingungen wollte das nordkoreanische Regime internationale Investoren anlocken und auf diese Weise neue Arbeitsplätze und – noch viel wichtiger – wertvolle Valuta für den Staat generieren. **RASŎN** (bis 2000 **RAJIN-SŎNBONG**) besteht eigentlich aus zwei Stadtbezirken, die etwa eine halbe Autostunde voneinander entfernt sind. Rajin, wo die meisten Menschen leben, bietet eine reiche Auswahl an Touristenattraktionen und Serviceangeboten wie Restaurants, Massagesalons (keine Angst, nichts Schmutziges!) und Spas. Außerdem finden Sie dort den – bis dato – größten Markt des Landes, eine einzigartige Arena für den freien Kleinkapitalismus. Viele Einwohner Rajins müssen zur Arbeit nach Sŏnbong pendeln. Sŏnbong strahlt die typische Anonymität einer Satellitenstadt aus und wird dominiert von den Büros, Fabriken und Produktionshallen der recht überschaubaren Anzahl multinationaler Unternehmen, die sich dort niedergelassen haben. Die meisten stammen aus China oder Russland und tragen so nichtssagende Firmennamen wie Rasŏn International Trading. Aber wenigstens leistet die Rasŏn Foreign Propaganda Company einen denkwürdigen Beitrag zum Genre »neopoetische

Übersetzungen aus den asiatischen Sprachen ins Englische«, denn laut Reklametafel – man sieht einen Laserdrucker, der gerade ein Farbfoto von Sonnenblumen ausdruckt – handelt es sich eigentlich um einen stinknormalen Copyshop. Ob dem ehrgeizigen, offensichtlich nicht gerade sprachgewandten Inhaber etwas wie »International Communications Company vorgeschwebt« hat? Wahrscheinlich, aber spaßeshalber stelle ich mir gern vor, dass irgendwo im Nordosten ein (unbewusst?) cleverer Medienkritiker hockt, der begriffen hat, dass Werbung Propaganda ist – und umgekehrt. Lieber Inhaber der Rasŏn Foreign Propaganda Company: Du bist nicht allein. Ich sehe Dich.

Viele Besucher der Gegend sind Tagesausflügler aus China, und zwischen der chinesischen Grenze und Rajin-Sŏnbong sind die Straßenverhältnisse deutlich besser als im Rest des Landes. Offensichtlich war es der nordkoreanischen Regierung wichtig, die Transportwege rund um die Sonderwirtschaftszone zu optimieren, wahrscheinlich mit einer kleinen Finanzspritze aus China.

Unser Bus hält an der Grenzstation auf der chinesischen Seite, vor einem kleinen Gebäude, in dem die geschäftstüchtigen Chinesen sogar einen Duty-Free-Shop eingerichtet haben. Von hier aus fahren wir in einem Shuttlebus über die vierzig Meter lange Brücke über dem Grenzfluss Tumen (auch Tuman), um anschließend in einem nordkoreanischen Bus die anderthalbstündige Fahrt von der Grenze in den Rajin-Teil von Rasŏn zurückzulegen. Die Straße Richtung Süden schlängelt sich an dicht bewachsenen, unbebauten Hügelketten vorbei, ehe wir uns schließlich Rajin nähern. Das Zentrum ist so klein und überschaubar wie in jeder nordkoreanischen Kleinstadt, aber auffallend gut in Schuss. Die Öffnung für den Freihandel bedeutet allerdings nicht, dass hier an jeder Straßenecke Neonreklamen blinken. Ganz im Gegenteil. Konsumflaggschiffe wie McDonald's, KFC oder Starbucks sucht man vergebens, auch nächste und übernächste Woche. Die Werbeflächen im öffentlichen Stadtraum sind allein für die in Rot und Weiß gehaltenen Propagandaplakate reserviert, die auch im Rest des Landes Hausfassaden, Mauern und Tore zieren. An der Grenze herrscht meist reger Verkehr, der natürlich von Chinesen – Touristen wie Geschäftsleuten – dominiert wird. Trotzdem ist Rasŏn keine *politische* Freizone. An wichtigen Feiertagen wie Kim Il-sungs Geburts- oder Todestag putzen sich die Einwohner heraus und stehen brav Schlange, um sich tief und ehrfürchtig vor der mehrfamilienhaushohen Statue des Ewigen Präsidenten und Landesvaters zu verbeugen und Blumen niederzulegen. Im Massagecenter von Rajin, das sich in erster Linie an die chinesische Kundschaft richtet, können Sie eine einstündige Behandlung bei einer nordkoreanischen Masseurin buchen. Leider/zum Glück ohne »happy end«. Dafür haben Sie die Möglichkeit zu einer ungezwungenen Unterhaltung, vorausgesetzt, Sie sind des Koreanischen mächtig.[98] Die Masseurinnen haben ganz verschiedene biographische Hintergründe. Als ich dem Massagecenter einmal einen Besuch abstattete, wurde ich von einer frisch ausgebildeten Allgemeinärztin aus Pjöngjang massiert, die aber ein dreijähriges Praktikum in Rajin absolvieren musste, ehe sie in die Hauptstadt zurückkehren und in ihren eigentlichen Beruf einsteigen konnte.

Dass die Bevölkerung von der Nähe zum freien Markt profitiert, ist offensichtlich: Folgt man der Theorie, dass die Hauptstadt das Zentrum bildet und alles andere Peripherie ist, müsste Rasŏn das letzte Kaff sein, aber in Wahrheit findet sich in ganz Nordkorea kaum ein kosmopolitischeres Gebiet (na schön, die Messlatte hängt ziemlich niedrig ...). Mehr als anderswo haben die Einwohner täglich Kontakt zu Menschen von auswärts. Dies spiegelt sich zum Beispiel in der Kleidung wider, vor allem bei den Frauen, die sich in Sachen Mode, Accessoires und Make-up nicht hinter Pjöngjangerinnen zu verstecken brauchen. Und

98 Die aller-, allerwenigsten Nordkoreabesucher sprechen Koreanisch. Deshalb erschweren mangelnde Sprachkenntnisse die Kommunikation mit der Bevölkerung noch viel mehr als die Hindernisse, die Ihre Guides Ihnen in den Weg legen.

noch ein weiteres Kennzeichen des freien Marktkapitalismus hat sich hier niedergeschlagen: Man sieht deutlich, welche Nordkoreaner Zugang zu ausländischen Währungen, vor allem zum chinesischen *Renminbi*, haben. Dies gilt genauso für die privilegierte Schicht in den urbanen Teilen von Rajin-Sŏnbong wie auch für die Bauern und die Landbevölkerung rund um die beiden Inseln des Merkantilismus. Was einem als Besucher noch viel mehr ins Auge sticht, sind die Scharen bettelnder Kinder. Die Rede ist nicht von den viel diskutierten elternlosen *kochebi,* sondern von gewöhnlichen Schulkindern, die jede Möglichkeit nutzen, die sie kriegen. Sie zeigen kaum oder keine Anzeichen von Unterernährung, wobei sie natürlich genauso schlank und sehnig sind wie die meisten Nordkoreaner jeden Alters. Oft fangen sie Touristen vor den Hotels ab und sagen ein paar Sätze auf Chinesisch. Solange sie nicht allzu aufdringlich werden, schreiten die Guides und die Polizei nicht ein. Allerdings haben die Kinder ohnehin wenig Respekt vor der Ordnungsmacht. Kaum dass sie weggescheucht wurden, sind sie auch schon wieder zurück.

In den zahlreichen Restaurants wird meist eine Kombination aus koreanischer und chinesischer Küche serviert. Auf vielen Speisekarten finden Sie Hund in allerlei Variationen, von Hundesuppe über Hunde-Spareribs bis hin zu gebratener Hundeleber. Außerdem können Sie exotische potenzfördernde Liköre wie Hirschgeweihschnaps probieren. Im Sommer werden am Strand Festzelte mit großen Außengrills aufgebaut. Dort werden auch gewöhnlichere Fleischsorten wie Schwein oder Rind am Spieß zubereitet und unter freiem Himmel, oft an simplen Campingtischen, verzehrt.

In mehrerlei Hinsicht ist der Graumarkt – *jangmadang* –Rasŏns bisher größter wirtschaftlicher Erfolg. Die Pjöngjanger dürften darüber nur bedingt erfreut sein. Nicht die Großwirtschaft und die multinationalen Unternehmen haben die Freizone zum Florieren gebracht, sondern eine Armee aus Verkäufern und Markthändlern, die obendrein meist Frauen sind. Der Markt ist in

32 Eine *anjumma* beim Synchrontrommeln während einer Massenmusterung mit Arbeitskolleginnen. Die meisten Nordkoreanerinnen haben Erfahrungen mit solchen Auftritten – größtenteils auf Amateurniveau.

33 Es ist eine unausgesprochene, aber bekannte Regel, dass Nordkoreaner*innen keine Beziehungen mit Ausländern eingehen sollen, vor allem nicht mit Westlern. Flirten ist trotzdem erlaubt und beliebt.

34 Nur zehn Autominuten vom Kim Il-sung Platz entfernt waschen die Menschen ihre Kleidung in Tümpeln (hier im März). Wie in den meisten Entwicklungsländern ist der Kontrast zwischen Stand und Land enorm.

35 Typische spätsommerliche Provinzlandschaft nahe Myohyang in der Provinz P'yŏngan-pukto. Die Behörden haben in den letzten Jahren begonnen, größere Äcker und Gärten für den Privatgebrauch freizugeben.

36 Reisanbau im Mai in der Provinz Hwanghae-pukto. Nordkorea besteht zu achtzig Prozent aus Berglandschaft, und es gibt kaum fruchtbaren Boden. Auch deshalb ist das erste »Juche-Gebot« der Selbstversorgung von Anfang an eine Illusion gewesen.

37 Auf dem Land in der Provinz Hwanghae-pukto. Die drei südlichsten Provinzen sind die flachsten und fruchtbarsten. Hier findet der meiste Anbau statt.

38 Delegierte aus der gesamten »progressiven« Welt versammeln sich 1977 beim Internationalen Juche-Seminar in Pjöngjang. Mittig in der vordersten Reihe: Kim Il-sung. Morten Jørgensen ist der Elfte von rechts in Reihe sechs.

39 Der Autor ist startklar, um das neue Skigebiet Masik-Ryong zu testen. Mister Win weigerte sich zu glauben, dass Norweger mit Skiern an den Füßen zur Welt kommen, und bestand darauf, dass ein lokaler Skilehrer (oben links im Bild) als »Leibwächter« dabei ist.

40 Zu den vielen Dingen, die man als nordkoreanischer Wehrpflichtiger baut, gehören zum Beispiel topmoderne Ski-Anlagen. Danach wird man gern auch als Instandhaltungs- und Wachtrupp eingesetzt.

41 Bromance durch Nahtoderfahrung: einer unserer Guides frei wie ein Vogel in einem Ultraleichtflugzeug über Pjöngjang. Start und Landung im neuen Mirim Air Club.

42a *Injo gogi bap.*

42b Kalte Pjöngjang-Nudeln.

42c Tangogi-Hundesuppe.

42d *Thongbaekchu kimchi.*

43 Der Autor während seines ersten Nordkoreabesuchs am 9. September 2008 auf dem Kim Il-sung-Platz. Die Discokugel, die in die spätere Fotoserie *Discocracy* einging und (fast) immer dabei war, legte den Keim für immer größere und anspruchsvollere künstlerische Kooperationen.

44 Die Früchte der Discokugel: Sieben Jahre später organisierte und inszenierte der Autor Nordkoreas erstes Rockkonzert mit der im ehemaligen Jugoslawien gegründeten Avantgarde-Band Laibach. Das Ereignis wird im Dokumentarfilm *Liberation Day* (2016) geschildert.

45 Ein guter und stilvoll gekleideter Freund, der es verdient hätte, dass sein Gesicht gezeigt wird. Ein bisschen Rock geht immer!

46 Propaganda dieser Art sieht man in den letzten Jahren immer öfter: *Lasst uns durch Hunderttausende abschreckende Waffen den wirtschaftlichen Erfolg der Sŏn'gun-Ära auf Kurs halten, unsere Unabhängigkeit sichern und Kriege abwenden!*

47 »Massenindignationsversammlung« auf dem Kim-Il-sung-Platz, als das Verhältnis zu den Erzfeinden Südkorea und den USA mal wieder besonders angespannt ist. Auf den Bannern steht zum Beispiel: *Ein Eisenhammer gegen jene, die unser Territorium bedrohen!* oder: *Verehrter Oberst, wir sind bereit für Euren Befehl!*

48 Gediegene Lautsprecheranlage: Propagandawagen sind ein fester Bestandteil der Geräuschkulisse nordkoreanischer Großstädte. Meist werden Reden oder kraftpatriotische Musik abgespielt.

49 Der Taedong und die gleichnamige Brücke im Zentrum von Pjöngjang, gesehen von der Spitze des Monuments der Chuch'e-Ideologie. Links im Bild das Yanggakdo International Hotel, im Touristenmund auch »Alcatraz« genannt.

50 Koreas Ost-Berlin: Pjöngjang und die meisten anderen größeren Städte wurden nach dem Koreakrieg von nordkoreanischen, sowjetischen und ostdeutschen Architekten wiederaufgebaut. Dies spiegelt sich in der Architektur und in der Stadtplanung wider.

51 Die Ära Kim Jong-un hat in Pjöngjang eine umfassende Modernisierung der Stadt eingeläutet. Die Hochhäuser an der Changjon-Straße wurden anlässlich Kim Il-sungs hundertstem Geburtstag 2012 eingeweiht.

52 Das Scham-Hotel: Das Ryugyong Hotel ist wie ein Geschwür im Nacken von Pjöngjang. Es war als größtes Hotel der Welt geplant, wurde aber nie eröffnet. Der Skelettbau wurde schon 1989 errichtet, aber infolge eines Wirtschaftskollapses und diverser Schäden musste der Bau eingestellt werden. Vor wenigen Jahren wurde »das Hotel« mit einer ansehnlicheren Fassade aufgehübscht.

53 Der Brunnenpark Mansudae. Nicht das schlechteste Plätzchen für einen Ausflug mit der Liebsten oder ein Telefonat mit Freunden.

54 Aus dem Sinchon Museum of American War Atrocities. Das Museum gedenkt Massakern in Sinchon während des Koreakriegs, die laut Nordkoreanern von amerikanischen Soldaten verübt wurden.

55 (Über)leben: Ein Museumsange-stellter und Überlebender der Sinchon-Massaker erzählt den Besuchern seine Geschichte.

56 Neugestaltung des Altars: Kim Il-sung 2008 als alleiniger Herrscher auf dem Mansu-Hügel ...

57 ... im Dezember 2011 stirbt Kim Jong-il. Knapp vier Monate später ...

58 ... thront er neben seinem Vater auf dem nordkoreanischen Olymp.
Die Statue von Kim Il-sung wurde zuvor um ein paar Meter verrückt und
bekam ein neues Gesicht, das die Familienähnlichkeit unterstreichen sollte.
Alles geschah im Pjöngjang-Tempo!

59 Auf offener Straße: Wie wär's mit einem Wandkalender mit nordkoreanischen Verkehrspolizistinnen? Bevorzugt vor kraftpatriotischer Propaganda zum Thema Koreakrieg.

60 Ein Volvo 240 aus vergangenen Zeiten – damals hielten die Schweden Nordkorea noch für solvent – passiert den Triumphbogen, das Portal in eine andere Welt.

61 Die Qual der Wahl. Auf dem Schild über der Tür: *Der Große Führer Kim Jong-il kommt am 31. Oktober Juche 94 (2005) für eine Vor-Ort-Anleitung hier ins Kulturhaus.* Auf dem Schild links: *Am 9. März ist Wahltag für die Oberste Volksversammlung. Lasst uns alle DAFÜR stimmen!*

62 Muschelfischer an einem Frühlingsabend am Strand von Wonsan.

verschiedene Sektionen eingeteilt, so groß wie ein halber Fuß-
ballplatz und am Stadtrand gelegen. Einige Stände sind in einer
hangarartigen Halle untergebracht, aber die meisten stehen im
Freien. Das Marktgelände ist durch eine mannshohe Mauer abgeschirmt, womöglich um der arbeitenden Bevölkerung den Blick
auf allzu schockierende Kauf- und Verkauf-Szenen zu ersparen.
Sie finden fast alles, was das Herz begehrt, auch *injo gogi*. Frauen
aus den umliegenden Kooperativdörfern verkaufen eine Vielzahl
an Gemüsesorten und Ackerbauprodukten. Geht man weiter in
den Markt hinein, liegen frisch geschlachtete Hunde aufgereiht,
mitsamt den Eingeweiden, als wären diese eine Art Frischezer-
tifikat. Gleich daneben finden Sie lokal geernteten Tabak, der so
billig ist, wie er schmeckt. Hat man nur große Scheine dabei, bekommt man für fünftausend Won eine ganze Tragetasche voll
(Stand: 2014). Schreibutensilien, Notizbücher und andere Büro-
materialien gibt es ebenfalls. Neben Made-in-China-Plagiaten
westlicher Markenklamotten wie auf anderen Märkten von Ti-
rana bis Hanoi lassen sich auch lokal produzierte Schmuckstü-
cke aufstöbern, zum Beispiel die nordkoreanische Variante von
Mao-Mützen mit Futter aus gefälschter Armani-Seide – das perfekte Sinnbild für die Sonderwirtschaftszone. Ein großer Bereich
des Graumarkts ist allen erdenklichen Maschinenersatzteilen
und Elektronikkram gewidmet. Auf den ersten Blick könnte man
glauben, hier würden nur Mechatroniker fündig, aber der Schein
trügt: In Ländern wie Nordkorea werden Elektrogeräte nämlich
selten ausrangiert. Fast alles, was kaputt ist, wird geflickt und re-
pariert – aus reiner Notwendigkeit. Deshalb sind Reserveteile
eine seltene und äußerst gefragte Ware.

Eine weitere Besonderheit der Sonderwirtschaftszone Rasŏn:
Als Ausländer muss/darf man mit nordkoreanischen Won handeln. Bei Ankunft tauscht man in einer der staatlichen Banken
den gewünschten Betrag um, unter der Bedingung, die komplet-
te Summe während des Aufenthalts aufzubrauchen und kein
nordkoreanisches Geld mit nach Hause zu nehmen. Vermutlich
will die nordkoreanische Regierung auf diese Weise verhindern,

dass zu viel kostbare Valuta in privaten Geldbörsen landet und schwerer kontrollierbar wird. In Nordkorea befinden sich sämtliche Unternehmen in Staatsbesitz, egal, wie groß oder klein sie sind, wobei der Staat als eine Art Mafioso agiert: Er verlangt einen Teil des Gewinns – meist den Löwenanteil –, und im Gegenzug darf ein zuverlässiger, verdienstvoller Mitarbeiter die Gesellschaft mehr oder weniger selbständig leiten. Wie der große Bruder China – wenn Sie mich fragen, das optimistischste Beispiel dafür, in welche Richtung Nordkorea sich entwickeln könnte – hat auch Nordkorea dafür gesorgt, dass die meisten größeren Unternehmen, die ins Ausland exportieren und magische Valuta generieren, im Besitz des Militärs oder der Partei sind. Kreativität und Flexibilität werden im wirtschaftlichen Kontext genauso argwöhnisch betrachtet wie in anderen Gesellschaftsbereichen. Die aktuellen Machthaber der inneren Elite verstehen genug von Wirtschaft, um zu wissen, dass Wertschaffung etwas anderes, viel Gefährlicheres ist als Wertschöpfung. Sie wissen, dass die vernetzte globale Wirtschaft mit ihrem freien Informationsfluss und der wechselseitigen Abhängigkeit schnell zu einem trojanischen Pferd werden kann. Wirtschaftlich betrachtet hat das heutige Nordkorea deshalb einige Gemeinsamkeiten mit einer Bananenrepublik, die im Tausch gegen Hartwährung Rohstoffe wie Kohle, Minerale und Meeresfrüchte nach China exportiert. Auf kurze Sicht mögen die innere und zum Teil auch die äußere Elite davon profitieren, aber dauerhaft ist dies wohl kaum die richtige Strategie, um die Wirtschaft lebendig, innovativ und konkurrenzfähig zu halten.

Parallel zum bescheidenen, aber reellen Wohlstandswachstum hat Kim Jong-uns Regime gezeigt, dass es bereit ist, sowohl echte als auch vermeintliche Gegner niederzuschlagen, selbst wenn sie den oberen Schichten des Systems oder auch der engsten Familie angehören. So wurden Kim Jong-uns angeheiratetem Onkel Jang Song-thaek im Winter 2013 staatsfeindliche Akte und grobe Korruption zur Last gelegt. Nach einem summarischen öffentlichen

Prozess, der Stalins Schauprozesse der Dreißigerjahre nachzustellen schien, fand die Hinrichtung statt. Die Auslöschung von »Onkel Jang« und seinem Netzwerk aus Familienmitgliedern und politischen Mitstreitern – was Letztere betrifft, wie so oft auf Basis nicht verifizierter Untersuchungsberichte und Medienspekulationen – kam sowohl für den Großteil der nordkoreanischen Machtelite als auch für internationale Beobachter wie ein Blitz aus heiterem Himmel. Durch die Ehe mit Kim Il-sungs Tochter – also Kim Jong-ils kleiner Schwester und Kim Jongs-uns Tante – Kim Kyŏng-hŭi hatte Jang Song-thaek zum engsten Kreis um Kim Jong-il und dessen Sohn und Nachfolger gehört. Als stellvertretender Vorsitzender der Nationalen Verteidigungskommission war er die Nummer zwei im Staatsgefüge. Viele hielten ihn sogar für die stille Macht hinter dem Thron. Zudem galt Jang Song-thaek als ausgesprochen reformfreundlich, jedenfalls nach nordkoreanischem Standard. Nach den fast zweijährigen Flitterwochen mit dem neuen und umgänglichen Obersten Führer, die von LOVE THE FUTURE, nagelneuen Erlebnisbädern und allgemeiner Feststimmung geprägt gewesen waren, war Jangs Hinrichtung wie ein Gewehrfeuer auf einem Kindergeburtstag. Die Bevölkerung, der die Eisenfaust der Macht noch frisch im Gedächtnis war, verstand sofort die Botschaft: Reiß dich zusammen, egal, wer du bist.

Niemand – wirklich niemand – sollte Fortschritt mit Toleranz verwechseln und glauben, jetzt könne man tun, was man wolle. Um ein chinesisches Sprichwort zu bemühen, zielte die kalkulierte Machtdemonstration darauf ab, »den Hahn zu töten, um den Affen zu erschrecken«.

Ein paar Jahre später wurde Kim Jong-nam, der verlorene Halbbruder und Familienclown, bei einem bizarren und offenbar geplanten Anschlag mit flüssigem Nervengas getötet, und zwar in der Abflughalle des Flughafens Kuala Lumpur – vor einem deutlich schwerer zu kontrollierenden Publikum als einem Exekutionskommando in Pjöngjang. Wer hinter dem Attentat steckte, ist bis heute ungeklärt, trotz eifriger Mutmaßungen internationaler Medien, umfassender Ermittlungen der malaysischen Polizei und eines Verfahrens gegen die zwei Frauen, die den Anschlag verübt hatten, eine vietnamesische und eine indonesische Staatsbürgerin. Für Kim Jong-uns Regierung spielte all das ohnehin keine Rolle. Ganz gleich, ob der Anschlag vom nordkoreanischen Staat in Auftrag gegeben, ja regelrecht koordiniert worden war oder nicht – der Effekt war genauso wirkungsvoll wie die Auslöschung von Onkel Jang. Gegen den Zorn des Herrn ist keiner gefeit.

Die nordkoreanische Führung gründet auf einer simplen und doch gründlich kalkulierten Überlebenslogik. Die Bevölkerung wird einer knallharten totalitären Gedankenkontrolle unterzogen, und erst wenn die Machthaber sich sicher fühlen, erlauben sie eine zaghafte wirtschaftliche Liberalisierung. Der Warn-/Nackenschuss 2013 scheint sein Ziel nicht verfehlt zu haben, denn seitdem kann das Regime die Byungjin-Linie fahren, ohne auf interne Widerstände zu stoßen.

Viele Jahrzehnte lang waren die Pjöngjanger Hauptstraßen verwaist. Heute kommt es tatsächlich ab und an zu beinahe stauartigen Verhältnissen, nicht zuletzt wegen der enormen Taxiflotte, die seit einiger Zeit operiert (ein chinesisches Joint Venture, versteht sich). Sogar westliche Hipster-Phänomene wie Mikrobrauereien und Kaffeebars haben sich in der Hauptstadt verbreitet. In den meisten Fällen sind sie an die internationalen Hotels angeschlossen, stehen aber auch der wohlhabenden äußeren Elite offen.

Mit der Provinz verhält es sich wie in den meisten Entwicklungsländern: Sie wird chronisch vernachlässigt, dümpelt vor sich hin und ist auf die Krümel von den Tischen der Großstädte angewiesen. Im Lauf der letzten zehn Jahre, in denen ich Nordkorea regelmäßig bereist habe, hat sich an der Aussicht auf kahlgeschlagene Berge, krumm gehende Kollektivlandarbeiter und den einen oder anderen spärlich mit Holzscheiten beladenen Ochsenkarren so gut wie nichts geändert. Aus Machtperspektive sind die prekären Lebensbedingungen in den Provinzen aber kein Grund zur Besorgnis, und die innere Elite muss nicht allzu viel Energie daran verschwenden, die Bauern und Arbeiter in Schach zu halten. Die haben ohnehin zu viel Angst, sind vollauf damit beschäftigt, sich zu versorgen, und wissen zu wenig über die Außenwelt, als dass ein Volksaufstand überhaupt denkbar wäre. Was zählt, ist die Loyalität der *äußeren* Elite (*von Leuten wie Dir, Mister Win*), deren Lebensstandard sich seit Beginn von Kim Jong-uns Byungjin-Ära am spürbarsten verbessert und die damit auch am meisten zu verlieren hat. (Abgesehen von der *inneren* Elite, die schon immer in wohlgehütetem Luxus fernab der Durchschnittsbevölkerung gelebt hat.)

Im Sinne der Byungjin-Idee einer Parallelentwicklung hat Nordkorea unter Kim Jong-uns Führung außerdem den Schritt zur Atommacht gewagt – und damit der beständig buhrufenden Weltgemeinschaft, inklusive der UNO, gehörig den Stinkefinger gezeigt. Probesprengungen und Raketentests werden bereits seit Mitte des zwanzigsten Jahrhunderts durchgeführt, aber erst seit einigen Jahren arbeiten Nordkoreaner mit Feuereifer an Angriffsmitteln, die massive Sprengkraft mit enormer Reichweite kombinieren. 2017 spielte ihnen eine Entwicklung jenseits der Landesgrenzen in die Karten: Südkoreas erste Präsidentin, die konservative Park Geun-hye, die eine harte Linie gegen den Nachbarn im Norden fuhr, wurde nach einem der größten Korruptionsskandale in der Landesgeschichte suspendiert. Wegen Machtmissbrauch und Erpressung wurde sie von einem Gericht in Seoul zu fünfundzwanzig Jahren Freiheitsstrafe verurteilt. Aus der Neuwahl im Mai ging der deutlich weniger kontroverse ehemalige Menschenrechtsaktivist Moon Jae-in von der soziliberalen Minju-Partei als herausragender Sieger hervor. Moons Eltern waren im Koreakrieg aus dem Norden geflohen, die Landesteilung war damit ein sehr persönliches Thema für ihn. Bereits im Wahlkampf hatte er sich von der Nordkoreapolitik seiner Vorgängerin distanziert und betont, er stehe einer möglichen Annäherung offen gegenüber. In den Monaten nach der Wahl wurde das Verhältnis zwischen Nordkorea und den USA zunehmend angespannt. Die Generäle in Pjöngjang und das zweibeinige Pulverfass im Weißen Haus feuerten einen verbalen Warnschuss nach dem anderen ab. Trump kündigte an, die Drohungen der Nordkoreaner mit »fire und fury and, frankly, power the like of which the world has never seen before«[99] zu bekämpfen. Nur wenige Stunden später konterten die Nordkoreaner, sie würden in Betracht ziehen, den wichtigen US-Militärstützpunkt auf der Insel Guam im Pazifik »in Feuer zu hüllen«.[100]

Ende August erließen die USA für alle Bürger ein Reiseverbot nach Nordkorea. Bis zu diesem Zeitpunkt waren die meisten Nordkoreatouristen Amerikaner gewesen. In den Tiefen von Nordkoreas Schicksalsberg, dem Mantap im abgeschiedenen Nordosten, wurde unterdessen Tag und Nacht gearbeitet, und das große Finale fand am 3. September 2017 statt: In einem druckverteilenden Tunnelsystem wurde eine Wasserstoffbombe gezündet. Die Erschütterungen reichten bis ins rund hundertzehn Kilometer entfernte Pjöngjang, wo plötzlich mein Hotelbett erzitterte wie ein erschrockenes Tier. Wenige Monate später, beim Test der »neuen ballistischen Interkontinentalrakete (ICBM)« Hwasong-15, verkündete Kim Jong-un, das Land habe sein Atomprogramm erfolgreich vollendet. *Now I am become death, the destroyer of worlds.*[101]

Dass Nordkorea über die notwendigen Technologien verfügt, um noch einen Schritt weiter zu gehen und eine Atombombe mit einer weitreichenden ballistischen Rakete zu kombinieren,

99 Pramuk, James: *Trump warns North Korea threats ›will be met with fire and fury‹,* CNBC.com. URL https://www.cnbc.com/2017/08/08/trump-warns-north-korea-threats-will-be-met-with-fire-and-fury.html, 8.8.17.

100 Baker, Peter/Choe, Sang-hun: *Trump Threatens ›Fire and Fury‹ Against North Korea if it endangers U.S.,* New York Times. URL https://www.nytimes.com/2017/08/08/world/asia/north-korea-un-sanctions-nuclear-missile-united-nations.html, 8.8.17.

101 Der »Vater der Atombombe« Robert Oppenheimer beschrieb mit dieser Zeile aus einem der zentralsten Texte des Hinduismus, der *Bhagavad Gita*, die Zündung der ersten Atomwaffe im Jahr 1945.

ist eher unwahrscheinlich. Aber im Grunde spielt das auch keine Rolle. Wichtig ist, was die Welt glaubt – oder glauben möchte. Das nordkoreanische Regime weiß so gut wie jeder andere, dass noch keine Atommacht je von einer anderen invadiert wurde.

Kim Jong-uns Byungjin-Politik zahlte sich schnell aus. 2018 sollten die Olympischen Winterspiele im südkoreanischen Pyeongchang stattfinden (die Ähnlichkeit ist verblüffend, nicht wahr?), erschreckend nah an den schweren Kanonen, die Nordkorea entlang der gesamten »demilitarisierten« Zone aufgestellt hatte.

Schon der Gedanke an eine Eröffnungszeremonie zwischen niederprasselnden Granaten ließ nicht nur die Gastgeber, sondern auch den Rest der Welt schaudern. Nur wenige Wochen vor Beginn der Winterspiele war die Stimmung zwischen Nordkorea und den USA so angespannt, dass es in Hawaii sogar zu einem falschen Raketenalarm kam und die Menschen Zuflucht in der Kanalisation suchten. In Pjöngjang witterte man derweil die Chance, die südkoreanisch-amerikanischen Beziehungen zu untergraben. In seiner Neujahrsansprache feierte Kim Jong-un den neuen Atommacht-Status des Vaterlands, stellte aber auch eine friedliche Koexistenz mit dem Brudervolk im Süden in Aussicht. Dann schlug er vor, eine Delegation zu den Olympischen Winterspielen nach Pyeongchang zu schicken. Die formelle Einladung aus Südkorea nahmen die Nordkoreaner allerdings erst in letzter Minute an, woraufhin alle erleichtert aufseufzten. Die Winterolympiade in Pyeongchang läutete eine unerwartet rasche und enthusiastische Annäherung zwischen den beiden Koreas ein, wie es sie schon seit Mitte des zwanzigsten Jahrhunderts nicht mehr gegeben hatte. Noch während der Eröffnungszeremonie setzte man ein klares Signal, indem die zwei Erzfeinde Seite an Seite ins Stadion einmarschierten, unter einer gesamtkoreanischen Flagge, die eine vereinte Halbinsel zeigte.

Der offizielle Anführer der nordkoreanischen Delegation war der langjährige Vorsitzende des Präsidiums der Obersten Volksversammlung Kim Yŏng-nam, eine schwache Figur, die innerhalb und außerhalb von Nordkorea als reiner Strohmann betrachtet wird. Doch schnell wurde offenbar, wer in den Gesprächen mit Präsident Moon die eigentliche Geheimwaffe war, nämlich Kim Jong-uns jüngere Schwester Kim Yo-yong, Mitglied im Vorstandsbüro und Direktorin des Ministeriums für Propaganda und Agitation.

Yo-jong gilt als eine der führenden Persönlichkeiten des Landes. Sie ist jung, schön, charmant und geradezu prädestiniert, eine neue Generation und eine weichere, fotogene Seite der Staatsführung zu repräsentieren. Und obendrein hatte Yo-jong eine Überraschung mitgebracht: eine Einladung für Präsident Moon, Kim Jong-un in Pjöngjang zu besuchen.

Aber das war noch lange nicht alles. In den darauffolgenden Wochen setzten hochrangige Delegationen beider Länder die Gespräche fort und planten ein gesamtkoreanischs Gipfeltreffen, das erste seit über zehn Jahren. Dann, Anfang März, überbrachte Südkoreas nationaler Sicherheitsberater keinem Geringeren als Donald Trump eine Einladung aus Pjöngjang. Der versetzte seinem Stab in seiner gewohnt impulsiven Art einen Schock, indem er die Einladung postwendend und scheinbar vorbehaltlos annahm. Bis dahin hatten alle US-Präsidenten, egal, welcher Partei sie angehörten, von Nordkorea gefordert, sein Atomprogramm abzuwickeln, ehe sie an einem Gipfeltreffen teilnehmen würden. Doch jetzt ging alles so schnell, dass man kaum hinterherkam.

Wenige Monate später, am 27. April, reichten sich Moon Jae-in und Kim Jong-un die Hände über dem einen halben Meter breiten Betonblock, der die beiden Staaten im Waffenstillstands-Hauptquartier Panmunjeom voneinander trennt. Im Kreuzfeuer der Blitzlichter wurden erst ein paar symbolische Schritte über die Grenze gemacht, dann gingen die beiden Regierungschefs Seite an Seite zum ein paar hundert Meter entfernten Freiheitshaus, in dem die Gespräche stattfinden sollten. Moon und Kim machten einen entspannten Eindruck und schienen sich in der Gesellschaft des anderen wohlzufühlen. Zum Mittagessen wurde eine Auswahl koreanischer Spezialitäten gereicht, darunter auch Mister Wins Leibspeise: kalte Pjöngjang-Nudeln. Nach einem langen Tag voller augenscheinlich herzlicher Gespräche und effektvoller Symbolakte wie der Pflanzung einer Kiefer in der Grenzzone mündete das gesamtkoreanische Gipfeltreffen in die **PANMUNJEOM-ERKLÄRUNG**. Beide Seiten verpflichteten sich zu einer Reihe friedensfördernder Maßnahmen. Man wollte »die Blutsbande des Volkes wieder verbinden« und »gemeinsame Anstrengungen unternehmen, um die scharfen militärischen Spannungen auf der Koreanischen Halbinsel zu mildern und die Kriegsgefahr zu bannen.«[102] Außerdem einigte man sich auf einige symbolische Schritte wie zum Beispiel den Abbau der Propagandalautsprecher zu beiden Seiten der DMZ sowie die Zusammenführung von Familienangehörigen, die im Koreakrieg voneinander getrennt worden waren.

Nordkorea verkündete außerdem, die Uhren wieder mit Südkorea zu synchronisieren, nachdem im August 2015 eine eigene Zeitzone, die Pjöngjang-Zeit (eine halbe Stunde vor Seoul), eingeführt worden war. Die wichtigsten Punkte wurden so formuliert, dass sie zwar wohlmeinend klangen, aber so schwammig waren, dass beide Seiten gegebenenfalls einen Rückzieher machen konnten. (Menschenrechte waren natürlich ein Tabuthema, sowohl während des Gipfeltreffens als auch in der Panmunjeom-Erklärung.) Unterm Strich deutete jedoch alles darauf hin, dass das Verhältnis der beiden Koreas nach fast zehnjähriger Eiszeit auf dem Weg »zurück in die Zukunft« war, genauer gesagt ins Jahr 2000, als das erste gesamtkoreanische Gipfeltreffen zwischen Kim (Dae-jung) und Kim (Jong-il) in Pjöngjang stattgefunden hatte. Die Begegnung wird oft als Geburtsstunde der sogenann-

---

102 *Panmunjom Declaration for Peace, Prosperity and Unification of the Korean Peninsula*, Reuters. URL https://uk.reuters.com/article/uk-northkorea-southkorea-summit-statemen/panmunjom-declaration-for-peace-prosperity-and-unification-of-the-korean-peninsula-idUKKBN1HY193, 27.4.18

ten Sonnenscheinpolitik bezeichnet, für die »Süd-Kim« den Friedensnobelpreis bekam.[103]

Mit seinem erfolgreichen Auftritt in Panmunjeom hatte Kim Jong-un eine weitere Hürde in Richtung Kim Il-sung 2.0 genommen. Während des Gipfeltreffens hatte er Charme und Autorität zugleich ausgestrahlt. Er tauchte immer tiefer in die ihm zugedachte Rolle ein, und die Wiederauferstehung des Großvaters schien vollkommen. Während er in den ersten sechs Jahren als Oberster Führer das Land so gut wie nie verlassen hatte, unternahm er im Frühjahr 2018 so viele Auslandsreisen wie seinerzeit Kim Il-sung. Bereits Ende März hatte Kim den chinesischen Staatspräsidenten Xi Jinping in Peking besucht, um sich von seinem mächtigen Beschützer den Segen für das bevorstehende Gipfeltreffen mit dem einstigen Erzfeind in Panmunjeom abzuholen. Nur wenige Wochen später trafen sich die beiden Regierungschefs ein zweites Mal, diesmal in der Küstenstadt Dalian. Als Zeichen des guten Willens ließ Nordkorea im Mai drei Amerikaner mit koreanischen Wurzeln frei, die seit 2015 beziehungsweise 2017 in Gefangenschaft gewesen waren. Wenige Wochen später wurde das Testgelände Punggye-ri unter dem Berg Mantap gesprengt. Ein Gipfeltreffen zwischen Kim und Trump wurde anvisiert. Als Schauplatz einigte man sich auf das neutrale und logistisch günstig gelegene Singapur. Doch noch während der Vorbereitungen verstrickten sich Trump und Kim in gegenseitige Beleidigungen. Als Trump sich über sein offizielles Twitter-Konto vom Gipfeltreffen zurückzog, trafen sich die beiden koreanischen Regierungschef stattdessen erneut in Panmunjeom. Mit unermüdlicher Pendeldiplomatie gelang es Moon, die Mission Gipfeltreffen wieder aufs Gleis zu bringen.

---

103 Später zeigte sich, dass Kim Dae-jungs Regierung Nordkorea und Kim Jong-il mit mehreren hundert Millionen Dollar regelrecht bestochen hatte, einem Gipfeltreffen zuzustimmen, um anschließend eine umfassende Charmeoffensive und PR-Kampagne für das damalige norwegische Nobelkomitee durchzuführen. Quelle: Kim Ki-sam & Donald Kirk: *Jakten på Nobels Fredspris* (»Die Jagd auf den Friedensnobelpreis«), Oslo 2016.

Sprache I: Lost in Translation

Die Sprache ist wie ein Fenster,
hinter dem die innere Welt des Menschen sichtbar wird
und gleichzeitig hinausstrahlt.

KIM JONG-IL

Sprache ist für uns etwas so Alltägliches, dass wir zuweilen vergessen, wie fundamental sie für die Deutung und Beschreibung der Welt *und* für zwischenmenschliches Verstehen und Missverstehen ist.

Eine Sprache spiegelt immer die Kultur wider, der sie entstammt und mit der sie in einem permanenten Wechselverhältnis steht, und die Art, wie diese Kultur auf die Welt blickt. Fremdsprachenkenntnisse lassen uns nicht nur die unmittelbare Bedeutung des Gesagten oder Geschriebenen verstehen, sie verschaffen uns außerdem Zutritt in die jeweilige Gedankenwelt, damit wir die Wörter *in vollem Umfang* erfassen können. Ohne diesen Schlüssel reicht das reine Wortverständnis selten aus, da uns sonst schlicht und einfach der Kontext fehlt. Als würden wir jemanden sprechen hören, könnten aber den Tonfall nicht deuten. Im Fall der Koreanischen Halbinsel wird das genuine Misstrauen auf allen Seiten dadurch befeuert, dass die Beteiligten verblüffend wenig von den Sprachen und Kulturen der anderen verstehen. Seit Jahrzehnten wirkt sich dieses Problem bis in die obersten diplomatischen und politischen Ebenen aus, in den beiden Koreas und in den USA.

In Süd- und Nordkorea ist es gesetzlich verboten, Informationen aus den Nachrichtenquellen des Gegenparts zu beziehen und diese zu verbreiten. Mit welcher Brutalität Nordkorea den Besitz »feindlicher Propaganda« bestraft, ist durch die Erzählungen etlicher Dissidenten hinlänglich bekannt. Die wenigsten haben jedoch etwas von dem jungen südkoreanischen Fotografen mitbekommen, der 2012 zu einer zehnmonatigen Gefängnisstrafe auf Bewährung verurteilt wurde, nachdem er Einträge von Nordkoreas offiziellem Twitter-Konto retweetet hatte.[104] [105]

Der Durchschnittsbürger sowie hochrangige Staatsangestellte sind auf mal mehr, mal weniger zuverlässige und politisierte Sekundärquellen angewiesen. Eine Ausnahme bilden die Nachrichtendienste, denen es bekanntlich selten um Volksaufklärung oder Deeskalation geht.

Ein weiterer wichtiger Punkt ist das Sprachverständnis an sich. So wie in fast jedem Sprachraum auch gibt es auf der Koreanischen Halbinsel eine Vielzahl von Dialekten, die sich stark voneinander abheben. Siebzig Jahre Teilung haben zu großen gesellschaftlichen und sprachlichen Unterschieden zwischen den beiden Ländern geführt, und der süd- und der nordkoreanische Dialekt sind schon bald so weit voneinander entfernt wie zum Beispiel die norwegische von der schwedischen Sprache. Südkorea ist eine wirtschaftliche Großmacht, die vor allem aus dem Englischen etliche Lehnwörter – zum Beispiel *cell phone* oder *ice cream* – übernommen oder eigene leicht modifizierte Variationen entwickelt hat.

Ganz anders im isolationistischen und »selbstversorgenden« Nordkorea: Dort wurde die Sprache vor auswärtigen Einflüssen geschützt, und für die Benennung neuer Phänomene wurde auf bereits etablierte Wörter zurückgegriffen. Eine Strategie, die der isländischen Sprachpolitik nicht ganz unähnlich ist.[106]

---

104 Nordkorea hat sogar zwei offizielle Accounts: @uriminzok (koreanisch) und @uriminzok_engl (englisch).

105 Choe, Sang-hun: *South Korean Man Given Suspended Sentence in Twitter Case*, New York Times. URL https://www.nytimes.com/2012/11/22/world/asia/south-korean-man-gets-suspended-sentence-for-tweets.html, 21.11.12.

106 Vor allem für junge Südkoreaner klingt Nordkoreanisch altbacken, steif und bisweilen unfreiwillig komisch, ungefähr so, wie wenn wir uns alte Nachrichtensendungen anschauen. Fragt dagegen ein Südkoreaner etwas wie: »Hast du ein bisschen zugenommen?«, hört sich die Frage für einen Nordkoreaner an wie: »Heilige Scheiße, bist du fett geworden!«

Dass ein südkoreanischer oder koreanisch-amerikanischer Dolmetscher sämtliche Nuancen der nordkoreanischen Sprachvariante ins Englische zu übertragen vermag, ist alles andere als selbstverständlich. Ganz zu schweigen von nichtkoreanischen Übersetzern, die in der Regel nur den südkoreanischen Dialekt studiert haben. Noch problematischer gestaltet sich aber die andere Richtung, wie zahlreiche Übersetzungen offizieller Erklärungen durch die Zentrale Nordkoreanische Nachrichtenagentur KNCA regelmäßig zeigen. Die nordkoreanische Regierung setzt immer noch auf das klassisch-sozialistische Agitationsprinzip der Sowjetunion zur Zeit des Kalten Krieges. Einer der zentralsten Begriffe der Propagandasprache ist »Kampf«, egal, ob *für* die Durchsetzung eines Fünfjahresplans oder *gegen* die Provokationen des Imperialismus gekämpft wird. Aufgrund mangelhafter oder nicht vorhandener Kenntnisse der nordkoreanischen Sprachvariante müssen internationale Medien, Diplomaten und Politiker meist auf die englischen Übersetzungen der KCNA zurückgreifen, die die ohnehin schon zugespitzten Formulierungen bizarr, primitiv und bisweilen regelrecht schockierend erscheinen lassen.

Last but not least: Koreanisch und Englisch sind nicht nur grundverschiedene Sprachen, sie basieren auch auf grundverschiedenen Denksystemen. Der südkoreanischen Zeitung *Segye Ilbo* zufolge verwandte Präsident Moon bei seinem Besuch im Weißen Haus, wenige Wochen vor dem zweiten Anlauf zu einem Gipfeltreffen in Singapur, viel Zeit und Mühen darauf, einem mürrischen Trump zu erklären, dass »die ursprüngliche Bedeutung einer auf Koreanisch getätigten Aussage stark verzerrt und fehlinterpretiert wird, wenn man sie interlinear ins Englische übersetzt. [...] Während das Englische auf Darstellungen faktischer Kausalitätsketten gründet, lässt das Koreanische mehr Deutungsspielraum. Die einzelnen Wörter lassen sich nicht aus dem Zusammenhang reißen, denn ihre volle Bedeutung entfalten sie nur in Verbindung mit dem, was davor und danach steht. Das müssen wir bei Aussagen aus dem Norden stets berücksichtigen.«[107] Moon Jae-in hat nicht nur eine engelsgleiche Geduld und verfügt über einen fundierten Einblick in die Koreafrage, dank seiner Eltern kennt er sich außerdem mit dem nordkoreanischen Dialekt aus, wenn auch in leicht veralteter Form. Zweifellos war es Moons feinfühliges Vorgehen, das den entscheidenden Impuls dafür gab, den Planungen zu einem Gipfeltreffen in Singapur neues Leben einzuhauchen. Ohne Sprachverständnis kein Gespräch.

Am 12. Juni 2018 war es so weit. Noch vor einem halben Jahr (von den sechzig Jahren davor ganz zu schweigen) wäre schon der Gedanke an ein Gipfeltreffen so abwegig gewesen wie ... tja, eben ein Gipfeltreffen zwischen US-Präsident Donald Trump und Nordkoreas Oberstem Führer Kim Jong-un. Zum ersten Mal würde ein amtierender amerikanischer Präsident auf einen Machthaber der Demokratischen Volksrepublik treffen. Von Angesicht zu Angesicht.

Im Grunde war der Ausgang der Begegnung schon im Vorhinein klar. Beide Seiten hatten sich darauf eingestellt, ausreichend aneinander vorbeizureden, damit das Gespräch nach außen wie ein Erfolg wirken würde. Zum Beispiel stand schon vor dem Treffen fest, dass beide Seiten verschiedene Standpunkte zum Thema »Atomabrüstung auf der Koreanischen Halbinsel« einnahmen. Das Gleiche galt für das Ausmaß und den Zeitrahmen der Abrüstung.

Für Kim Jong-un war allein das Zustandekommen des Treffens ein großer Erfolg: Nachdem man jahrzehntelang auf direkten Gesprächen mit den USA insistiert hatte, wurde Nordkorea von der immer noch einzigen Supermacht endlich wie ein ebenbürtiger Verhandlungspartner behandelt. Für den nie um in-

---

107 Das Zitat entstammt dem äußerst lesenswerten Artikel *Language and Culture: key components to build emotional trust and safety (Analysis of the two North Korean letters that got the summit cancelled, and back again)*, von Sun Kim, Yeunhee Cho und Hanwon Ryu (2018).

nen- und außenpolitische Skandale und – geplante oder unfrei-willige – Kontroversen verlegenen Trump hätte ein fixer »Deal« mit Nordkorea seiner Kredibilität als Regierungschef und »Meis-terverhandler« ein dringend nötiges Upgrade verschafft. Beide Seiten einte der Wunsch nach Anerkennung, der eine auf Staats-, der andere auf persönlicher Ebene. Beide hofften auf einen or-dentlichen internationalen Medienwirbel, und sie wurden nicht enttäuscht. Vom grellen Blitzlichtgewitter und dem Zauber des historischen Moments einmal abgesehen, war das Gipfeltreffen aber nicht viel mehr als eine launige »Schön-Sie-zu-treffen«-Be-gegnung ohne konkrete Ergebnisse. Natürlich mit Ausnahme der gemeinschaftlich verfassten Abschlusserklärung, die sich trotz ihres bescheidenen Umfangs von einer DIN-A4-Seite als noch dif-fuser und unverbindlicher entpuppte als die Panmunjeom-Erklä-rung.[108] Für beide Seiten bestand die wichtigste Ausbeute in einer Reihe aussagekräftiger Fotos des »big happening«. Auffällig war, dass Kim Jong-un in Trumps Gegenwart deutlich angespannter wirkte als beim Treffen mit seinem südkoreanischen Pendant. Vielleicht war er aber auch nur genauso verwundert über die gan-ze Veranstaltung wie alle anderen Anwesenden.

CNN zufolge bemerkte Kim während des kurzen, aber durch-choreographierten Spaziergangs durch die Konferenzanlage, den Trump und er in trauter Zweisamkeit unternahmen: »Die gan-ze Welt wird das alles für eine Illusion halten ... wie aus einem Science-Fiction-Film.«[109]

Keine Seite hatte ein Interesse daran, mehr als die ver-anschlagte Zeit miteinander zu verbringen. Tatsächlich traten beide Regierungschefs die Heimreise sogar *vorzeitig* an, nach-dem Trump in seiner typischen Art verkündet hatte, wie groß-

---

108 Eine etwas trockene, aber präzise Zusammenfassung finden Sie auf YouTube: »Trump-Kim Summit – A Bad Lip Reading«.

109 Liptak, Kevin: *Trump's North Korean gamble ends with »special bond« with Kim*, CNN.com. URL https://edition.cnn.com/2018/06/11/politics/trump-kim-sum mit-singapore/index.html, 12.6.18.

artig das Treffen gewesen sei, etwas Vergleichbares habe es in der Geschichte der Menschheit noch nie gegeben.[110]

Ob das diplomatische Speed-Dating zu konkreten Ergebnissen führen wird, steht noch in den Sternen. Während ich dies schreibe, melden sowohl der staatliche nordkoreanische Nachrichtendienst als auch westliche Medien, dass Trump und Kim die Einladung des jeweils anderen nach Pjöngjang beziehungsweise Washington, D. C., angenommen haben. Doch unabhängig davon hat Letzterer sein Versprechen ans Volk gehalten und die nordkoreanische Wirtschaft unter dem zur Abschreckung aufgespannten Atomschirm vorwärtsgetrieben. Sein »Wahlprogramm« hat Kim Jong-un konsequenter verfolgt als viele seiner *tatsächlich* volksgewählten Kollegen jenseits der nordkoreanischen Landesgrenzen. Erwartungsgemäß feierten die nationalen Medien ihn nach der Rückkehr aus Singapur als »Architekt« der erfolgreichen Verhandlungen (allen voran natürlich das regimeeigene Megaphon KCNA). Für Trump hingegen hagelte es Kritik von allen Seiten. Er sei mit den Nordkoreanern viel zu sanft umgesprungen, hieß es. Dafür kam er in den nordkoreanischen Staatsmedien so gut weg wie nie zuvor. Bilder und Videoaufzeichnungen wurden erst zwei Tage nach dem Gipfeltreffen veröffentlicht. In einem sorgsam inszenierten Turnaround wurde das Image des bisher als »seniler Narr«, »Zombie« oder »Atomkriegshetzer« bezeichneten Trump behutsam aufpoliert. Außerdem wurde ihm die höchste Auszeichnung zuteil, die die nordkoreanische Propaganda ihm überhaupt geben konnte: den Titel »USA's Supreme Leader«. Und trotzdem: Manche *Leader* sind

---

110 Wohlgemerkt bestand der einzige Unterschied zu vergleichbaren Gipfeltreffen in der Vergangenheit darin, dass die Amerikaner durch einen amtierenden Präsidenten vertreten wurden. Sowohl Ex-Präsident Jimmy Carter und Kim Il-sung (1994), Präsident Kim Dae-jung und Kim Jong-il (2000), Außenministerin Madeleine Albright und Kim Jong-il (2000), Präsident Roh Moo-hyun und Kim Jong-il (2007) und Ex-Präsident Bill Clinton und Kim Jong-il (2009) haben ähnliche, zum Teil deutlich detailliertere Erklärungen zuwege gebracht, auf die dann beide Seiten beizeiten geflissentlich sch... konnten.

einfach mehr *supreme* als andere, und am nordkoreanischen Firmament leuchtete natürlich kein Stern heller als Kim Jong-un. Deshalb tauchten Trump und der inzwischen weltberühmte Handschlag in der Sonderreportage des nordkoreanischen Staatssenders auch erst nach rund zwanzig Minuten auf.[111]

Niemand weiß, wozu die an und für sich erfreuliche Turboannäherung zwischen den beiden Koreas und den USA auf lange Sicht führt. Doch nicht einmal der größte Optimist würde wohl ernsthaft glauben, dass die Nordkoreaner ihre Atomwaffen abrüsten, dank deren sie endlich ernst genommen werden. Vor allem nicht, da Kim Jong-uns Pendant in Südkorea zwar kompetent und lösungsorientiert, aber womöglich etwas überidealistisch ist, während im Weißen Haus ein skrupelloser Showman sitzt, der genau wie die Nordkoreaner einen starken Hang dazu (und ein starkes Interesse daran) hat, die Form über den Inhalt zu stellen. Meiner Meinung nach besteht derzeit keinerlei ernsthafte Bedrohung für Kim III., den ihn stützenden Machtapparat oder den Staat Nordkorea. Wie man's dreht und wendet: Kim Jong-uns Byungjin-Slogan vom »Wohlstand unter dem Atomschirm« hat sich bislang als voller Erfolg für das Regime und den loyalsten Teil der Bevölkerung erwiesen.

111 Talmadge, Erik: *After summit, North Korea shows Trump in striking new light*, AP News. URL https://apnews.com/f92b1720c72e47f48798a246d3d05539/ After-summit,-North-Korea-shows-Trump-in-new-light, 15. 6. 18.

Flüchtende *nach* Nordkorea

★

Die Einheit unserer Herzen ist das wertvollste Erbe der Revolution,
das Kamerad Kim Jong-il uns hinterlassen hat.
Sie bildet das enorme Fundament unserer Revolution.
KIM JONG-UN

★

Es gibt Menschen, die Nordkoreaner noch ernster nehmen als die
Nordkoreaner selbst. Die Rede ist von den sogenannten »internationalen Solidaritätsorganisationen«. Man könnte sie als die geistigen Erben der Juche-Studiengruppen des Goldenen Zeitalters
bezeichnen. In der Regel sind die Minigruppierungen harmlos
und nicht viel mehr als der halbherzige Zeitvertreib einiger Alt-
herren in der europäischen Peripherie. Aber wie immer bestätigt
die Ausnahme die Regel, und so gibt es einige scheinbar profes-
sionalisierte Aktivistenorganisationen mit engen Verbindungen
zur nordkoreanischen Regierung. Im Vorstand einer der wohl
profiliertesten und bekanntesten Solidaritätsvereinigungen arbeitete viele Jahre lang ein norwegischer Computernerd aus
Holmlia:

BJØRNAR (33) AUS NORWEGEN ARBEITET FÜR NORDKOREA.
FÜR DAS REGIME, ERKLÄRT ER,
WÜRDE ER OHNE ZU ZÖGERN SEIN LEBEN OPFERN.
TV2.NO, 2010

Gesagt ist gesagt. Heute, fast zehn Jahre nach Ausstrahlung der
Reportage im norwegischen Sender TV2 meint Bjørnar, er sei mit
seinen Äußerungen damals vielleicht etwas übers Ziel hinaus-
geschossen. Doch Gefühle sind echt, zumindest im jeweiligen
Moment, sonst sind es keine Gefühle, sondern Kalkül. Zehn Jahre

lang war Bjørnar Nordkoreas halboffizieller und mehr oder weniger autorisierter norwegischer Repräsentant, ohne dass sich jemand darum scherte. Bis zu einem Novembertag im Jahr 2010. Aus heiterem Himmel rief das Fernsehen an – bei ihm, Bjørnar aus Holmlia! –, um ihn zu den jüngsten weltpolitischen Entwicklungen zu befragen. Laut internationalen Nachrichtendiensten hatte die nordkoreanische Armee nämlich ohne Vorwarnung Granaten auf einen Militärstützpunkt auf der südkoreanischen Insel Yeonpyeong abgefeuert. Das mehrere Minuten andauernde Bombardement hatte sowohl südkoreanische Soldaten als auch Zivilisten das Leben gekostet und etliche Gebäude zerstört. Die Welt hielt den Atem an, wie es im Zeitungssprech so schön heißt. Ist es jetzt so weit? Wie wird Südkorea auf die grobe Verletzung des Waffenstillstands reagieren? Werden auf der Halbinsel die Dämonen des Koreakrieges heraufbeschworen, durch ein Atominferno, wie die Welt es noch nicht gesehen hat? Steht der Dritte Weltkrieg bereits vor der Tür? Fragen über Fragen. Bjørnar zögerte. Seine letzte Begegnung mit westlichen Medien war alles andere als positiv verlaufen. Doch das war schon sechs Jahre her, und in der Zwischenzeit hatte er durchaus auch andere Erfahrungen gemacht. Er erinnerte sich an das rauschhafte Gefühl, das ihm das Meer aus Kameras und Mikrofonen bei seinem Besuch in Pjöngjang beschert hatte. Würde er mit dem Interview vielleicht sogar etwas bewegen? Konnte er die Pjöngjanger damit beeindrucken, wenn er in dieser heiklen, schicksalhaften Situation seine Loyalität unter Beweis stellte? In Krisen zeigt sich, wer deine wahren Freunde sind.

Okay, fuck it:

**»ICH BEWUNDERE DAS NORDKOREANISCHE SYSTEM«,
SAGT DER DREIUNDDREISSIGJÄHRIGE GEGENÜBER TV2.**

Wie alles, was a) mit Nordkorea und b) mit menschlicher Erinnerung zusammenhängt, sind auch Bjørnars Schilderungen glaubwürdig und unzuverlässig zugleich, da wir uns (bewusst oder unterbewusst) immer die Bruchstücke der Wahrheit herauspicken, die sich am besten in das Realitätskonstrukt einfügen, das wir in unserem Bewusstsein errichten.

Nach allen Gesprächen, die ich über die letzten Jahre mit Bjørnar geführt habe, bin ich mir ziemlich sicher, dass er Viertel-, Halb- und Ganzwahrheiten nahtlos und ganz selbstverständlich miteinander verknüpft. Ob mit Absicht oder nicht, sei dahingestellt. Für ihn zählt, dass man ihm glaubt. Der kräftige Mann, der mir an diesem Herbsttag in einem Café gegenübersitzt, macht einen äußerst sanftmütigen Eindruck und hat nichts von einem hitzköpfigen Fanatiker oder gehirngewaschenen Zombie. In seiner ungekünstelten, teddyhaften Art wirkt er wie der typische Junge vom Land und nicht wie ein Bursche aus einem Vorort von Oslo.

Inzwischen sind einige Jahre ins Land gezogen, seit er von seinem Posten als internationaler Berater (International Counsellor) in der **KOREAN FRIENDSHIP ASSOCIATION** (KFA) »abgesprungen« ist, und im Grunde braucht er kein Blatt mehr vor dem Mund zu nehmen.

AUF DER BRUST TRÄGT ER STOLZ EINEN ROTEN ANSTECKER, AUF DEM DER BEGRÜNDER DES REGIMES, KIM IL-SUNG, ABGEBILDET IST. DAMIT SYMBOLISIERT BJØRNAR, DASS ER BEREIT IST, FÜR DAS LAND ZU ARBEITEN UND WENN NÖTIG ZU STERBEN.

Bjørnar erzählt von einem lebenslangen Gefühl des Außenvorseins, wie es auf viele Aussteiger kultähnlicher Bewegungen zutrifft. Seine Kindheit und Jugend beschreibt er als »ziemlich durchschnittlich«, und über seinen Erinnerungen an das bescheidene, isolierte, vom Staatsmonopol geprägte Norwegen der Achtzigerjahre liegt ein Schleier der Nostalgie. Der Ölreichtum ist noch nicht über die Gesellschaft hinweggeschwappt, und von der ersten kapitalistischen Sündenflut, dem finanziellen Sodom und Gomorrha der Yuppie-Epoche hat der damalige Grundschulschüler nichts mitbekommen. Bjørnar verbindet mit dieser Zeit vor allem »stabile Verhältnisse. Finanziell ging es uns gut, es gab *einen* staatlichen Fernsehkanal, *eine* Telefongesellschaft, und wir waren abgesichert.«

Erst nach dem Gespräch geht mir auf, wie viel Bjørnars idealisierter Sehnsuchtsort Nordkorea mit dem Norwegen seiner Kindheit gemeinsam hat. Doch dann kamen die Neunzigerjahre, der Ölreichtum war nun auch für die breite Gesellschaft sicht- und spürbar, und die Welt wurde schlagartig komplexer. Während die stabilen, vorhersehbaren Strukturen sich allmählich auflösten, erwachte Bjørnars gesellschaftliches Interesse. Plötzlich standen den Konsumenten zahlreiche Wahlmöglichkeiten zur Verfügung, und man hatte immer mehr *selbst in der Hand*. Bjørnar erklärt weiter, er sei schon immer »ein bisschen seltsam gewesen, Asperger-Syndrom oder so was, müsste mal untersucht werden«.

Im Laufe unserer Gespräche kommt er immer wieder auf das Thema Selbstwahrnehmung zu sprechen, um mir und vermutlich auch sich selbst den weiteren Verlauf seines Lebens zu erklären. Er habe »das Bedürfnis, dass die Dinge einer gewissen Struktur folgen«, interessiere sich für »Computer, Physik und Mathematik«, sei »davon besessen, alles richtig zu machen« und »schon immer eine Ingenieursseele« gewesen. Irgendwie passend, schließlich wird zur Beschreibung der durchchoreographierten nordkoreanischen Gesellschaft häufig der Begriff *Social Engineering* herangezogen.

DASS DER DREIUNDDREISSIGJÄHRIGE FÜR NORDKOREA ARBEITET, IST SCHON LANGE BEKANNT. BJØRNAR HAT DAS LAND MEHRMALS BEREIST UND WIEDERHOLT IMMER WIEDER, NORDKOREA SEI EINE DEMOKRATIE MIT ABSOLUTER MEINUNGSFREIHEIT.

Während die coolen Jungs und Mädels »mit ihren verkehrt herum aufgesetzten Baseballkappen und auf ihren Skateboards« modisch und unbeschwert in die Neunzigerjahre und ihre Pu-

bertät brausten, baute Bjørnar trotzig an seinem Elfenbeinturm
weiter und »entwickelte aus Star-Trek-Ideologie und gutem altem Sowjetkommunismus eine utopische Mischung, ja eigentlich eine ganz neue Idee. Zumindest hatte ich dieses Image.« Für
Bjørnars Umfeld war dieses »Image« natürlich gefundenes Fres-
sen: Jetzt war er nicht nur der Computer-, sondern auch noch der
Sowjet-Nerd. Seit jeher klingt die Idee einer klassenlosen, brüderlichen Gesellschaft, in der alle auf ein gemeinsames Ziel hinarbei-
ten, sich niemand über den anderen stellt und jeder dazugehört,
in den Ohren aller ausgestoßenen und unangepassten Jugendlichen auf der Welt wie Sirenengesang. Bjørnar fand in dieser
Idee die ersehnte übersichtliche, klare und *konkrete* Form sowie
eine »dynamische und aktive Bewegung, die nicht vom Chaos
der Markt- und Konsumgesetze dominiert war«. In so einer Gesellschaft bekämen bestimmt alle »Chemie-, Physik- und Mathe-
cracks« eigene Forschungslabore und wichtige Auszeichnungen
statt Prügel auf dem Schulhof, malte er sich aus.

BJØRNAR GEHT SOGAR SO WEIT,
NORDKOREA ALS WOHLFAHRTSSTAAT ZU BEZEICHNEN.
»ES GIBT DORT KOSTENLOSE GESUNDHEITSVERSORGUNG,
KOSTENLOSE WOHNUNGEN, KOSTENLOSE AUSBILDUNG
UND VIELE WEITERE PRIVILEGIEN.«

Im Sommer 1994 zeigte NRK – inzwischen nicht mehr der einzige
norwegische Fernsehsender – so faszinierende wie schockierende Bilder aus einem Land, das kollektiv in Trauer versunken war:
»Nach Kim Il-sungs Tod sendete NRK eine kurze Reportage aus
Pjöngjang. Tausende Kinder weinten hysterisch über den Verlust
des Großen Führers. Ich dachte, wenn dieser Typ tatsächlich so
grausam gewesen war, wie die hiesigen Medien ihn dargestellt
hatten, warum jubelten die Menschen dann nicht, dass er endlich weg war?«

Rückblickend ist Bjørnar klar, dass die Isolation und der innere Zusammenhalt in Nordkorea ihn damals aus sehr persönlichen Gründen berührt haben. »Das würde auch erklären, warum ich so vorbehaltlos für das Land Partei ergriff. Nordkorea war so lange gepiesackt worden, aber wie das mit meiner eigenen Biographie zusammenhing, ging mir erst Jahre später auf. In meiner Vorstellung war Nordkorea wohl schon immer eine Art unbeflecktes Überbleibsel des Kommunismus gewesen, glaube ich.«

Im (nord-)koreanischen Nationalismus sind Reinheit und Unbeflecktheit so zentrale Begriffe wie in jeder nationalistischen Gemeinschaft. Bjørnar gibt offen zu, kein Politikexperte zu sein, im Grunde habe er von Politik »keinen blassen Schimmer«. Aber der Traum von der großen Gemeinschaft hat nichts mit einem profunden Parteiprogramm zu tun, weder in Bjørnars Fall noch bei seinen Gleichgesinnten. Stattdessen ist er tief in der Persönlichkeit verankert. Totalitäre Konzepte und Strukturen – -ismen jeder Art – sind gerade deshalb so erfolgreich, weil sie *keine* immanente Logik oder Konsistenz voraussetzen. Sie entspringen vielmehr unseren Urinstinkten: dem Wunsch nach Zusammengehörigkeit mit dem Rudel und der Angst vor dem Unbekannten.

Anfang der Zweitausender stieß Bjørnar auf eine Website, die zu echt schien, um wahr zu sein: *The Official Webpage of the Democratic People's Republic of Korea*. Das primitive Layout, das Wappen, die salbungsvoll-gespreizte Propagandasprache – alles deutete auf ein Land hin, das von der stromlinienförmigen neuen Welt abgekoppelt war. »Ein Land voller Geheimnisse«. Bjørnar beschloss, der internationalen Solidaritätsorganisation **KOREAN FRIENDSHIP ASSOCIATION** beizutreten, die die Website offenbar betrieb und mit einem reizvollen Angebot lockte: »To experience North Korea and have interaction with North Korean citizens first hand. A visitor joining the KFA Delegation is not treated as a tourist but as a friend of the DPRK, having access to places, information, insights and events not allowed for regular visitors. For businessmen, it is the only gate for successful and effective commerce with government guarantee.«[112]

Bjørnar wusste zwar nicht so recht, wer oder was hinter dem Angebot steckte, aber was hatte er schon zu verlieren? Also schrieb er eine kurze Vorstellungsmail und klickte auf »senden«. Kaum zwei Tage später ploppte in seinem Posteingang eine Mitteilung auf – ein hochoffizielles, sehr höfliches Dankeschön im Namen des nordkoreanischen Volkes, unterzeichnet von einem gewissen ... *Alejandro Cao de Benos, Präsident der KFA.* »Im ersten Moment fand ich es ein bisschen seltsam, dass die Antwort von keinem Nordkoreaner, sondern von einem Spanier kam. Aber ein paar Wochen darauf kriegte ich einen Brief – aus Nordkorea!« Sogar das Papier war speziell, hauchdünn und leicht vergilbt, »wie aus einer entschwundenen Zeit«. Zuoberst prangte das nordkoreanische Wappen, und der Absender klang durchaus glaubwürdig: *D. P. R. Komitee für Kulturelle Beziehungen mit dem Ausland, Pjöngjang (DPRK).* Darunter hieß es: »Mister Cao de Benos hat uns mitgeteilt, dass Sie gerne unser Land besuchen würden ... deshalb freuen wir uns, Ihnen hiermit mitteilen zu können, dass Sie uns herzlich willkommen sind. Bitte nehmen Sie Kontakt mit uns auf.«

»Ich arbeitete damals im IT-Bereich und hatte die vage Vorstellung, dass ich in Nordkorea als Englisch- oder Informatiklehrer arbeiten könnte. Ein Jahr dort leben, so viel wie möglich kennenlernen und ... mit den Menschen reden. Ich dachte, wer sich nützlich macht, bekommt bestimmt auch etwas zurück.«

Währenddessen zementierte sich in den Medien Nordkoreas Image »als Imperium des Bösen«. Die Hungersnot, in der sich das

---

112 Nordkorea und seine Bevölkerung live erleben! Wer an einer Reise der KFA teilnimmt, wird nicht wie ein Tourist, sondern wie ein Freund der Volksrepublik Korea behandelt und erhält Zugang zu Orten, Informationen und Veranstaltungen, die anderen verwehrt bleiben. Für Geschäftsleute sind die KFA-Reisen eine einmalige Gelegenheit für erfolgreichen und effektiven Handel mit Genehmigung der Regierung. http://korea-dpr.com/

verbissen geheimniskrämerische Land seit der Koinzidenz welt-
politischer, sozialwirtschaftlicher und klimatischer Faktoren gegen Mitte der Neunzigerjahre befand, wurde von der Presse förmlich ausgeschlachtet. Es hieß, seit dem Tod von Landesvater Kim
Il-sung schwelge der so tyrannische wie korpulente neue Führer in unermesslichem Luxus und lasse sich von der ängstlichen,
ausgehungerten Bevölkerung anbeten wie ein Gott. Aber Bjørnar gab nicht viel darauf, solche Spitzen kannte er schließlich
zur Genüge von den coolen Jungs mit den Baseballkappen und
Skateboards. Was dich nicht umbringt, macht dich stärker und
so weiter. Mit einem Mal war er in etwas involviert, was das *Welt-
geschehen* nachhaltig prägen konnte: »Die Modernisierung und
Anpassung von Nordkorea. Ich war daran beteiligt, Nordkorea
ans Internet anzuschließen, damit das Land Online-Plattformen
für den internationalen Dialog nutzen konnte. Reisen nach Nordkorea sind ja ziemlich teuer, und dort vor Ort zu kommunizieren
ist … na ja, ist auch nicht immer einfach.«

Das Verhältnis zwischen Bjørnar und dem spanischen KFA-
Präsidenten wurde immer vertraulicher. Schon bald beförderte
Alejandro ihn zum »KFA Norway Official Delegate«, sprich zum
norwegischen Botschafter der Organisation und damit der Demokratischen Volksrepublik Korea, die keine offizielle Repräsen-
tanz in Norwegen hatte. Bjørnar und »The Official Webpage of
DPR Korea« wurden *eins*. Im selben Takt, in dem die Nachrichten aus Nordkorea immer bizarrer und unheimlicher wurden, bekam die Website mehr Klicks. »Ich verwandte viel Zeit auf die
Seite. Sie war mein Hobby. Jeden Tag nach der Arbeit bastelte ich
stundenlang daran herum. Von Alejandro bekam ich viel Lob für
meinen Einsatz, weil ich die KFA gewissermaßen modernisier-
te und ihr einen zeitgemäßen Auftritt verschaffte.« Die Mitglie-
derzahlen stiegen, nicht explosionsartig, aber stetig. Jetzt war
Bjørnar der Veteran – der Gatekeeper –, der sich um die nervös-
hoffnungsvollen E-Mail-Anfragen aus aller Welt kümmerte. Die
meisten Bewerber waren Männer aus Europa und den USA, darunter zahlreiche Informatiker und Informationstechniker. Vie-

le artikulierten ein Unbehagen gegenüber der westlichen Kultur und eine Faszination und Bewunderung für Nordkorea. Sie wollten wissen, ob sie das Land besuchen dürften und welchen *Beitrag* sie leisten könnten. Schon nach kurzer Zeit beförderte Alejandro etliche der neuen Mitglieder ebenfalls zu »offiziellen Sonderbeauftragten« ihrer jeweiligen Länder. Die KFA mauserte sich zu einer expansiven Organisation mit Vertretungen auf mehreren Kontinenten und dazugehörigen (virtuellen) Büros. Alejandro, der bislang nur »President of the Korean Friendship Association« gewesen war, wurde nun zum »Special Delegate of the Democratic People's Republic of Korea Committee for Cultural Relations« ernannt – oder er ernannte sich selbst dazu. So oder so: Titel spielten in der KFA eine große Rolle! »Weil ich immer ansprechbar war und quasi die gleiche Arbeit erledigte wie Alejandro, machte man mich zum ›International Counsellor‹«, erklärt Bjørnar. »Ich war so etwas wie Alejandros rechte Hand. Ich durfte sogar selbst mit dem Komitee in Pjöngjang kommunizieren, über eine Mailadresse, die laut Alejandro streng geheim und ausschließlich für den direkten Schriftverkehr zwischen denen und uns bestimmt war. Dass ich in so etwas Geheimes eingeweiht wurde, zeigt ja, welche Verantwortung mir anvertraut wurde.«

Bjørnar erinnert sich noch gut an den Tag, an dem der endgültige Beweis für seinen höheren Rang in einem gefütterten Umschlag vom KFA-Präsidenten bei ihm ankam: ein Kim-Il-sung-Pin mit weißem Hintergrund – »als Belohnung für langjährige treue Dienste«. In öffentlichen Zusammenhängen wird dieses Loyalitätszeichen von fast allen erwachsenen Nordkoreanern getragen, immer links, über dem Herzen. Eine Ausnahme bilden Soldaten im Feld und Schwerstarbeiter, damit das Konterfei des Großen Führers nicht im Eifer des Gefechts beschmutzt oder gar beschädigt wird. Bjørnar wusste, dass die Anstecker für gewöhnlich einen roten Hintergrund hatten, vor allem im Fall von Parteimitgliedern. Ob man erst ein paar Proben bestehen musste, bevor man zum blutsbrüderlichen Rot upgegradet wurde? Schon bald sollte er die Möglichkeit haben, dies herauszufinden.

Die Medien rissen sich förmlich um den ersten großen Nord-korea-Insider-Scoop, aber niemand wusste, wie man mit den nordkoreanischen Behörden in Kontakt treten konnte. Plötzlich kamen die nervös-hoffnungsvollen, mitunter auch bauchpin-selnden Anfragen an die KFA sogar von großen Nachrichtensen-dern wie ABC, CNN oder BBC World. Starjournalisten, die mit Präsidenten, Popstars und Nobelpreisträgern per Du waren, ba-ten Bjørnar und Alejandro kleinlaut um Hilfe!

Das weltweite Medieninteresse und die erfolgreiche Werbung neuer »friends of the DPRK« blieben auch »daheim« in Pjöng-jang nicht unbemerkt. Wie genau die Idee zustande kam, weiß Bjørnar nicht mehr, doch Anfang 2004 beschlossen die KFA und das Komitee für kulturelle Verbindungen, noch im selben Jahr einen internationalen »Friedens- und Solidaritätsmarsch« zu or-ganisieren. Dieser sollte von Pjöngjang über den Reunification Highway in südlicher Richtung zur DMZ führen, mit dem Ziel, ein friedliches Zeichen »gegen die Teilung Koreas« zu setzen. Bis heute findet Bjørnar, es handele sich dabei um eine brennende politische Frage – Nord und Süd müssten schlicht und einfach wieder Freunde werden. Damals [wie in *Nord*korea eigentlich im-mer, Anm. d. Verf.] habe die Parole gelautet, die USA würden eine friedliche Wiedervereinigung verhindern.

Nach vier Jahren als treuherziger, distanzverliebter Repräsen-tant sollte Bjørnar endlich das *wahre* Nordkorea erleben. Außer-dem würde er Alejandro persönlich treffen. Dass alle Teilnehmer der Reise für Flug- und Hotelkosten selbst aufkommen sollten, KFA-Mitglieder und -Vorstand eingeschlossen (ob für Präsident Alejandro eine Sonderregelung galt, ist unklar), störte niemanden. Frieden lässt sich schließlich nicht mit Kronen und Øre aufwiegen. Der Marsch und die Nordkoreareise sollten auch für vertrauens-würdige und wohlgesinnte Nicht-Mitglieder sowie ausgewählte internationale Medienvertreter geöffnet werden. Nach monate-langen Vorbereitungen hatten Bjørnar und Alejandro schließlich eine handverlesene Truppe aus rund zwanzig Teilnehmern zu-sammengestellt. Fast die gesamte Leitungsebene der KFA hatte sich angemeldet. Die Reise versprach das erste richtige Mitglieder- und Vorstandstreffen seit Gründung der Organisation zu werden. Einen spektakuläreren (und angemesseneren) Betriebsausflug konnte man sich gar nicht vorstellen. Aus der geifernden Bewerberschar der Journalisten pickten Alejandro und das Pjöngjanger Komitee ein überschaubares Grüppchen heraus: zwei niederländische Dokumentarfilmer sowie Andrew Morse, den Asienkorrespondenten des amerikanischen TV-Giganten ABC. Dass Morse ausgewählt wurde, dürfte für reichlich Aufsehen gesorgt haben. Seit der ehemalige US-Präsident Jimmy Carter vor rund zehn Jahren ein Abrüstungsabkommen mit Kim Il-sung ausgehandelt und in letzter Sekunde einen militärischen Konflikt vermieden hatte, war kein Journalist aus dem verhassten Amerika mehr ins Land gelassen worden. Doch jetzt, da die schlimmste Krise überwunden war und das Regime das Volk wieder halbwegs unter Kontrolle hatte, kam offensichtlich jemand in den oberen Riegen auf die clevere (und zugleich naive) Idee, die Reise zu nutzen, um Nordkoreas angeschlagenem Image eine »Generalüberholung« zu verpassen. Und wer beeinflusste die Weltmeinung am meisten? Richtig, die amerikanischen Mainstreammedien – *if you can make it there, you can make it everywhere.*

Im Weißen Haus regierte der bis dahin unbeliebteste US-Präsident aller Zeiten, der neokonservative Kriegshetzer George W. Bush. Er war im vierten Amtsjahr, und die Chancen auf Wiederwahl standen gut. Zwei Jahre zuvor hatte Bush in seiner *State of the Union Address* Nordkorea, Iran und Irak zu einer »Achse des Bösen« gezählt. Seitdem waren die USA in Irak eingefallen, hatten den scheinbar allmächtigen Saddam Hussein in die Flucht geschlagen, ihn wie eine Kanalratte in seinem Versteck ausgeräuchert und schließlich wegen Verbrechen gegen die Menschlichkeit vor Gericht gebracht. Schmiedeten Bush und seine Neocons womöglich ähnliche Pläne für das kleine standhafte Nordkorea? Ungefähr so sah die politische Arena aus, die Bjørnar nun betreten sollte. Die Erwartungen wuchsen in schwindelerregende Höhen. Zur Vorfreude mischte sich eine nicht minder starke Nervosität, die die Wochen vor der Abreise wie Jahre erschienen ließ. Für Bjørnar war die bevorstehende Reise ein riesiges Blind Date: mit Nordkorea, mit Alejandro und den anderen KFA-Mitgliedern und nicht zuletzt mit den internationalen Medien ...

Zu Hause hinter seinem Computer konnte Bjørnar sein, wer und was er wollte. Aber war er Manns genug, sich in seiner Rolle als Stellvertretender Vorsitzender in der richtigen Welt zu behaupten? In einem (vielleicht) freundlich gesinnten Land, das er aber nie besucht hatte und wo er keine Menschenseele kannte? Als er endlich in den Flieger stieg, um die erste lange Etappe von Oslo nach Peking zurückzulegen, kribbelte und zwickte es in seinem Bauch. Über dem Herzen trug er vorschriftsgemäß seinen Verdienstorden, den Kim Il-sung-Pin mit dem weißen Hintergrund. »Endlich komme ich nach Hause, dachte ich. In ein kommunistisches Land, in dem die Leute mich verstehen.« Bjørnars erste Pilgerfahrt nach Nordkorea führte ihn allerdings nicht nur *auf etwas zu*, sondern auch *von etwas weg*: »Finanziell ging's mir damals nicht so gut hier im kapitalistischen Westen ...«

Mit Einzelheiten über dieses »lange, schmerzhafte Kapitel« hält er sich zurück. Es scheint ihm immer noch schwerzufallen, darüber zu sprechen. »Ich war jung und dumm, und Konsumopfer, könnte man sagen.« Er habe »ganz allgemein nicht mit Geld umgehen« können, und ein missglückter Wohnungskauf hatte ihm einen Rechtsstreit beschert, der zu seinem Nachteil ausgegangen war. Bjørnar überlegt einen Moment. »Ich war verzweifelt, hatte Geldprobleme und eine Schwäche für den Kommunismus ... klar hatte ich das Gefühl, ich wäre da etwas Großem auf der Spur ... Nordkorea war für mich ein Weg, der aus etwas hinaus- und in etwas Neues hineinführte. Nach dem Motto: alles auf Anfang.« Er muss an sein einstiges Lieblingsbuch *Shogun*[113] denken, das von einem englischen Seefahrer im siebzehnten Jahrhundert handelt. Als dieser vor der Küste des isolierten und

113 Nicht zu verwechseln mit *Songun*.

fremdenfeindlichen Japan Schiffbruch erleidet, wird er gefangen-
genommen und als Sklave an einen Fürsten verkauft. Dank seines intuitiven Verständnisses der japanischen Kultur und seiner
selbstlosen Art gelingt es ihm jedoch, das Vertrauen der misstrauischen Gesellschaft zu gewinnen. Am Ende des Romans ist
er ein mächtiger Samurai und Berater des künftigen Generalissimus, des Shoguns.

»ICH MEINE, VERGLICHEN MIT ANDEREN STAATSOBERHÄUPTERN
IST KIM JONG-IL DOCH EIN GUTER FÜHRER.«
»IST ER IN IHREN AUGEN EIN HELD?«
»JA.«

Die Reiseteilnehmer hatten sich in Peking verabredet. Dort würden sie ihren Jetlag ausschlafen, bevor es am nächsten Morgen
nach Pjöngjang weitergehen sollte. Schon in der Hotellobby wurde Bjørnar mit offenen Armen von Alejandro empfangen. Der trug
einen olivgrünen Anzug, wie ihn der Geliebte Führer Kim Jong-il
zu seinem weltbekannten Markenzeichen gemacht hatte und der
von Weitem an ein militärgrünes Elvis-Kostüm erinnerte. Stellt
man sich vor, der Geliebte Führer wäre durch ein Genexperiment
in einen dreißig Jahre jüngeren, noch fülligeren Südländer verwandelt worden, hat man in etwa den Mann vor Augen, der Bjørnar dort in der Lobby warm und herzlich umarmte. »Gleich am
Anfang sagte er mir, ich würde ihn besser kennen als sein eigener
Vater. Ich war überzeugt, dass ich jetzt alles über Nordkorea erfahren würde, was wir per Mail noch nicht geklärt hatten.« Bjørnar
hatte das Gefühl, dass Alejandro ihn als Teil des inneren Kreises
betrachtete, und das flößte dem Norweger vor dem ersten Treffen mit dem Rest der KFA-Truppe und den anderen Teilnehmern
eine Extraportion Selbstbewusstsein ein. Dabei hatte er ohnehin keinen Grund, sich Sorgen zu machen: Die KFA-Elite bestand
aus jüngeren, menschenscheuen Männern mit einem Faible für
Orden und Algorithmen und einem tiefen Groll gegen die immer
maßlosere darwinistische Welt. Zeit für die Rache der Nerds!

Und noch etwas hatte Bjørnar mit seinen neuen alten Kameraden in der »Parteispitze« gemeinsam: Keiner war je in Nordkorea gewesen oder kannte dort jemanden. Mit Ausnahme von Alejandro. »Jetzt im Nachhinein klingt das alles ein bisschen absurd. Eigentlich sind die Nordkoreaner ja selbst dafür verantwortlich zu überprüfen, wen sie ins Land lassen. Aber Alejandro fand, wir müssten einen Teil der Verantwortung übernehmen. Wir hätten ja viel bessere Möglichkeiten, im Internet zu recherchieren, was die Leute früher so geschrieben hatten. Wir könnten uns einfach viel schneller ein Bild machen, meinte er. Ich weiß noch genau, wie Alejandro, ein paar KFA-Mitglieder und ich mit den Pässen der gesamten Truppe zur nordkoreanischen Botschaft gingen, um uns unser Visum abzuholen. Aber nicht die Botschaftsmitarbeiter gingen die Pässe durch, sondern *wir*. Ich hatte das Gefühl, dass es *unsere* Aufgabe war, auf alles zu achten, was die Nordkoreaner nicht wissen konnten. Wir waren besser informiert und hatten sozusagen ein Bauchgefühl, das sie nicht hatten.«

Die Reise hätte nicht besser beginnen können. Angeführt von Alejandro, in selbst designter nordkoreanischer Grenzsoldatenuniform und vor Wichtigkeit beinahe platzend, wurde die Delegation am nächsten Morgen in aller Feierlichkeit vom Vorstand des Komitees am Pjöngjanger Flughafen empfangen. Schnell wurde ein Foto für die nächste Ausgabe der Parteizeitung geknipst, und dann stürmte auch schon eine Schar emsiger nordkoreanischer Journalisten herbei. Ein bierernster Reporter vom Staatskanal steuerte geradewegs auf Bjørnar zu und richtete sein Mikrofon wie einen anklagenden Zeigefinger auf ihn. »Was führt Sie in die Demokratische Volksrepubkik Korea?« Ringsum wurde es still. Alle Blicke waren auf Bjørnar gerichtet. Ihm war, als würde die Erde sich langsamer drehen. Er schluckte, dann sagte er:

—

KIM IL-SUNG MACHT ALLEN MENSCHEN AUF DER WELT MUT, DIE IN EINER HOFFNUNGSLOSEN SITUATION STECKEN.

ER HAT DIE VOLKSREPUBKIK BEFREIT UND
DAS LAND IN EIN ARBEITERPARADIES VERWANDELT,
DAS ICH NUN VOLLER STOLZ BESUCHE.
BJØRNAR SIMONSEN

In diesem glückseligen Moment fühlte Bjørnar sich endlich auf Erden angekommen. Von seinem Mut gleichermaßen verblüfft und angespornt, fuhr er mit fester Stimme fort: »Wir sind hergekommen, um Aufmerksamkeit auf eine der größten Tragödien unserer Zeit zu lenken: die Entzweiung eines Volkes. Mit dem Wiedervereinigungsmarsch wollen wir ein Bewusstsein für diese Ungerechtigkeit schaffen.« Das war Bjørnars persönlicher Langer Marsch. Mao und Moses all over again. Er erinnert sich: »In dem Moment war ich ein Revolutionsheld, der gekommen war, um ein Volk von dem Gefühl zu befreien, allein und isoliert zu sein. Wir wollten den Menschen zeigen, dass sie draußen in der Welt Freunde hatten, die sich um sie sorgten und extra für sie die lange Reise auf sich genommen hatten. Und zwar nicht, um mit einem Touri-Bus durch die Gegend zu tuckern, sondern um zu marschieren. *An ihrer Seite.* Vielleicht könnten wir damit ja etwas in Bewegung bringen, der Armut und dem Elend ein Ende setzen. Jetzt kam die Zeit des Sonnenscheins, der Regenbogen, der Wiedervereinigung und … blablabla.«

Was dann passierte, wird ausführlich in dem erhellenden Dokumentarfilm *Friends of Kim* von Raphael Wilking und Hans van Dijk, den zwei niederländischen Teilnehmern, geschildert.[114] Der weitere Verlauf der Reise lässt sich als verdichtete und tragikomische Variante einer Kavalierstour bezeichnen, in der ein junger leidenschaftlicher Idealist und Weltverbesserer zum desillusionierten Überlebenden wird. Die meisten Menschen bräuchten für so eine »Grand Tour« ein ganzes Leben, doch die Teilnehmer des KFA-Wiedervereinigungsausflugs 2004 durch-

114 YouTube: »Friends of Kim«.

laufen den Prozess in weniger als zwei Wochen, womöglich vorangetrieben durch die berühmte Chollima-Geschwindigkeit. Anfangs herrscht in der Gruppe eine erwartungsvolle, fast ekstatische Stimmung. Die Reiseteilnehmer stehen kurz davor, Weltfriedensgeschichte zu schreiben. Überall werden sie von Massen festlich gekleideter Nordkoreaner bejubelt. Doch im Laufe des Aufenthalts bröckelt die Fassade auf immer drastischere und unerbittlichere Weise. Schon bald stellt sich Alejandro nämlich als mindestens genauso rücksichtslose Führerfigur wie sein großes Vorbild Kim Jong-il heraus, allerdings geht er weniger subtil vor. Die zunehmend irritierten Reiseteilnehmer sind sowohl ihrem Gastgeber als auch ihrer steigenden Nervosität ausgeliefert und deshalb leichte Beute. Alejandro, stets in Uniform oder Kim-Overall und mit einem Megaphon in der Hand, kommandiert sie herum und bereitet ihnen von Tag zu Tag größere Demütigungen. Und immer zwei Schritte hinter ihm: der hochgewachsene Bjørnar, der so finster dreinblickt wie ein Replikant aus *Blade Runner*. Der Norweger verkörpert die Rolle des zweiten Kommandanten äußerst glaubwürdig, obwohl er zum ersten Mal in sie hineinschlüpft. »Am meisten überzeugt man, wenn man selbst daran glaubt. Und ich hatte an all das geglaubt und deshalb nie das Gefühl, ich würde eine Rolle spielen. Ich *war* die Rolle. Ich hatte eine bestimmte Wahrheit akzeptiert oder vielleicht eher gewählt – denn es gibt viele verschiedene Wahrheiten, stimmt's?«

Als der Gruppe dämmert, dass Alejandro und Bjørnar keinerlei Einfluss auf die Gestaltung des Reiseprogramms haben, macht sich Unzufriedenheit breit. Sie merken, dass sie unwissentlich zu Statisten in einem häufig gespielten nordkoreanischen Stück über die katzbuckelnde Außenwelt und deren naive Unterstützung geworden sind. Die KFA-Leitung wiederum kompensiert den offensichtlichen Mangel an echter Autorität in der nordkoreanischen Gesellschaft, indem sie nach unten tritt. Als Bjørnar beschließt, den Journalisten Andrew Morse, den Alejandro ohnehin schon auf dem Kieker hat, wegen einer ungeschickten Formulierung anzuschwärzen, ist die Paranoia des KFA-Präsidenten nicht mehr zu stoppen. Er schickt die Reisegruppe auf eine Sightseeing-Tour außerhalb von Pjöngjang, verschafft sich Zutritt zu Morses Hotelzimmer, konfisziert sämtliches Filmmaterial und zerstört die Festplatte von Morses Computer. Anschließend zeigt er den Amerikaner bei der Sicherheitspolizei an. Morse wird in die nächstgelegene Polizeidienststelle gebracht, wo er ein rituelles Geständnis sowie ein Vergebungsschreiben verfassen soll. Damit gewinnt die Krisenstimmung in der Reisegruppe endgültig die Oberhand. Sämtliche Mitglieder des inneren Kreises, die Alejandros Methoden kritisieren, werden mit sofortiger Wirkung aus der Organisation ausgeschlossen. Nur mit knapper Not gelingt es den Reiseteilnehmern, planmäßig in den Einparteienstaat China zurückzufliegen. Nach Ankunft in Peking erklären einige von ihnen, sie hätten das Gefühl, endlich wieder zurück in der Freiheit zu sein. (An dem Gefühl ist durchaus etwas dran! Am Flughafen von Peking habe ich mehrmals miterleben dürfen, wie Gourmets, die Fastfood unter normalen Umständen nicht mal mit der Kneifzange ihrer Nachbarn anrühren würden, ohne Umschweife zu Burger King stürmen, um sich begierig mit einem Quadruple Italian Stacker-Menü zu kasteien: »four flame-grilled beef patties, topped with lots of melted cheese and crispy bacon, then smothered in our delicious BK° Stacker sauce and served on a toasted sesame seed bun.« Und das nach nur einer Woche ohne Wahlmöglichkeiten!)

Eines der exkludierten KFA-Mitglieder fasst die Reise mit einem Bibelzitat zusammen: »Als ich ein Kind war, da redete ich wie ein Kind und dachte wie ein Kind und war klug wie ein Kind; als ich aber ein Mann wurde, tat ich ab, was kindlich war.«[115]

In Bjørnars Fall nahm der Unfreiwillige Marsch in Richtung dieser unumgänglichen Erkenntnis weitere acht Jahre in Anspruch. Dann erreichte selbst seine Loyalität das Ende der Fahnenstange:

---

115 Der erste Brief des Paulus an die Korinther 13:11.

Maskenfall

NORDKOREA-ORGANISATION MACHT RIESENGEWINN
MIT REISEN IN DIE VOLKSREPUBLIK[116]

Laut Insiderquellen und fundierten Untersuchungen bauscht die KFA-Leitung ihren Status auf, indem sie Mitgliedern der Organisation unvergleichliche Einblicke ins Land verspricht. Eine interne Quelle, die mit den Arbeitsmethoden bestens vertraut ist, bestätigt, dass die Pjöngjang-affine Korean Friendship Association von Journalisten, Touristen und Künstlern horrende Summen fordert, um im Gegenzug Zutritt ins Land zu ermöglichen.

Seit der Gründung der Organisation im Jahr 2000 haben sich die Korean Friendship Association und ihr Leiter Alejandro Cao de Benos ihre ganz eigene Nische erschaffen, als Vermittler zwischen Nordkorea und der Außenwelt in den Bereichen Tourismus, Kultur und Wirtschaft. Auf ihrer Website protzt die KFA mit »offiziellen Sonderbeauftragten« in vierzig Ländern. Der Spanier Cao de Benos behauptet, er sei nordkoreanischer Ehrenbürger, und in westlichen Medien wird er häufig als einer der wenigen Ausländer zitiert, die tatsächlich Zugang ins Land haben. Mittlerweile gibt es aber auch immer mehr kritische Stimmen, die der KFA vorwerfen, sie würde ihre großen Versprechungen erstens nicht halten und sie zweitens nicht mit den nordkoreanischen Behörden absprechen. Etliche Quellen, darunter auch ein früheres KFA-Mitglied, stellen Benos' vermeintliche Ehrenbürgerschaft infrage und beschreiben ihn als unzuverlässigen und launischen Mann, der Nordkoreas geheimnisvolle Isoliertheit ausnutzt, um Menschen das Geld aus der Tasche zu ziehen. »Die Preise der

---

116 Basiert auf: Skåtun, Ole Jakob: *Capitalist credentials: North Korea sympathizer group's huge profit on access to country,* NKNews. URL https://www.nknews.org/2015/01/capitalist-credentials-n-korea-sympathizer-groups-huge-profit-on-access-to-country/, 15.1.2015.

KFA sind absurd, geradezu lächerlich. Das gilt übrigens auch für Reisen, die längere Filmdrehs einschließen«, erklärt der Sprecher eines Reiseunternehmens, das Künstler bei der Organisation von Projekten in Nordkorea unterstützt. Die meisten Informanten, Mitarbeiter von Reiseunternehmen eingeschlossen, wollen anonym bleiben, aus Angst vor Cao de Benos' möglicher Rache und um zukünftige Kooperationen mit den nordkoreanischen Behörden nicht aufs Spiel zu setzen.

»Viele von uns, die mit Nordkorea zu tun haben, machen einen weiten Bogen um Cao de Benos. Er hat den Ruf, alles zu melden, was er auch nur für ansatzweise regimekritisch hält«, sagt eine Quelle. »Als wäre es nicht so schon schwer genug, mit Nordkorea zusammenzuarbeiten.« Aufgrund seiner vermeintlichen Kontakte und Ehrenbürgerschaft wurde Cao de Benos in den Medien immer wieder als leicht exzentrische, aber wichtige Schlüsselfigur der Interaktion zwischen Nordkorea und der Außenwelt hervorgehoben. In Interviews mit NK News wurde mehrfach angegeben, dass er auf offiziellen Briefbögen, Visitenkarten und Stempeln den Titel »Sonderbeauftragter im Komitee für kulturelle Verbindungsarbeit« verwende. Andererseits ist er immer wieder als labil und rachsüchtig beschrieben worden. Ein mehrfacher Reiseteilnehmer erklärt, bei Cao de Benos' Ehrenbürgerschaft – sofern sie überhaupt existierte – handele es sich um einen rein symbolischen Titel, der ihn zu nichts berechtige. Wenn Cao de Benos nach Nordkorea reist, müsse er jedes Mal seinen spanischen Pass vorzeigen. »Und er muss ein ganz normales Touristenvisum beantragen, wie jeder andere auch.« Zudem hätten die Nordkoreaner Cao de Benos bereits aufgefordert, den Titel des Sonderbeauftragten von seiner Visitenkarte zu entfernen, so die Quelle. Warum Nordkorea die Praktiken der Organisation überhaupt duldet, ist vielfach diskutiert worden. Eine Theorie ist, dass sie schlicht und einfach zu wenig über die KFA wissen, eine andere, dass Cao de Benos die Einkünfte unter der Hand mit den nordkoreanischen Behörden teilt. »Im Endeffekt bringt er der Volksrepublik Geld ein, so wie jeder andere Reiseveranstalter«, sagt eine Quelle und fügt hinzu, nicht jeder könne »dem Druck standhalten«, den eine Kooperation mit Nordkorea mit sich bringe, »auch wenn sie auf den besten Absichten gründet.« Als Vermittler zwischen Nordkorea und der Welt gerate man schnell »in Versuchung, seine Rolle in der nordkoreanischen Gesellschaft aufzubauschen. Zumal das so einfach ist. Es gibt ja nicht viele, die einen entlarven können.«

Lieber Mister Win,
wo ich herkomme, sagt man, der Teufel steckte im Detail. Die genaue Bedeutung ist wie immer vom Kontext abhängig. In *unserem* Fall könnte man sagen, dass die ganz kleinen Alltagsgeschehnisse, die viel zu unwichtig erscheinen, als dass sie jemand zu seinem Vorteil nutzen würde, der zuverlässigste Indikator für den wahren Zustand der Dinge sind. Die *Zombiezeitung* war so ein Detail. Durch sie wurde mir klar, dass die Dinge nicht mehr so waren, wie sie sein sollten. (Und schon wenig später wurde das Ende unserer Zusammenarbeit durch die Drohung mit einem Gewehr besiegelt.) Wie meistens hatte ich für den langen Flug eine norwegische Tageszeitung von zu Hause mitgenommen (*Dagens Næringsliv*, glaube ich). Als ich nach der Ankunft im Hotel meine Sachen auspackte, legte ich alles, was ich nicht sofort brauchte, einfach schnell irgendwohin. In Nordkorea fehlte mir immer die Zeit, im Hotelzimmer Ordnung zu halten, aber ein paar Tage später hielt ich plötzlich inne und dachte: Habe ich die Zeitung nicht gestern in den Papierkorb geworfen? Offensichtlich nicht, denn sie lag ordentlich auf dem Schreibtisch.

Egal. Unverdrossen beförderte ich sie wieder in den Papierkorb und machte sicherheitshalber einen mentalen Screenshot. Doch als ich am selben Abend ins Zimmer kam, war die Zeitung von den Toten auferstanden und lag hochmütig auf dem Schreibtisch.
Tags darauf wiederholte sich das Ganze. Um zu signalisieren,

dass ich verstanden hatte, was hier lief, wartete ich beim nächsten Mal, bis der Papierkorb voll war, und legte die Zeitung obenauf.

Tatsächlich. Als ich am Abend ins Hotel kam, war der Papierkorb geleert, aber die Zeitung mit zentimetergenauer Präzision wieder dort hingelegt worden, wo sie offenbar nach Meinung der Zimmermädchen hingehörte.[117] In dem Moment begriff ich, dass in Deinem Land endgültig die neue Eiszeit ausgebrochen war. Die Zimmermädchen schienen sich nicht mal mehr zu trauen, eine ausländische Zeitung (»feindliche Propaganda«) die wenigen Meter vom Zimmer zum Müllschacht zu tragen, aus Angst, jemand könnte sie dabei sehen. Dass die Zeitung aus Norwegen kam und die Artikel dementsprechend in einer Sprache geschrieben waren, zu der kaum ein Koreaner eine Verbindung hat, spielte offensichtlich keine Rolle. Und selbst wenn die Zimmermädchen den Transport unbemerkt zuwege brächten, bestand immer noch die Gefahr, dass jemand die Zeitung im Müll fand und sie las (= sich korrumpieren ließ) oder das Reinigungspersonal sofort wegen »Verbreitung imperialistischen Gifts« anzeigte. Besser war es, auf Nummer sicher zu gehen. Ganz, ganz sicher. Die Tragweite dieser kleinen, scheinbar alltäglichen Begebenheit war tragisch und schockierend, wenn auch wenig überraschend. Stück für Stück hatte sich die zwar begrenzte, aber doch aufrichtige Offenheit, die wir uns über die Jahre erarbeitet hatten, erst in Angst und Misstrauen und schließlich in ausgemachte Paranoia verkehrt. Sowohl bei Dir als auch Deinem Land.

---

117 In Nordkorea arbeiten Zimmermädchen immer zu zweit, genauso wie die Guides. Sie helfen sich gegenseitig und bewachen einander. Der Grund: Sie sollen nicht von auswärtigen Einflüssen korrumpiert werden, zum Beispiel von den internationalen Kanälen auf dem Hotelfernseher, den Büchern und Zeitungen der Gäste und anderen möglichen Informationsquellen.

Otto W.
Eine Inszenierungsanalyse

★

Der Schlaf der Vernunft gebiert Ungeheuer.
GOYA

★

Irgendwer musste eine Falschaussage gegen Otto Warmbier gemacht haben. Warum sonst wurde er am Morgen des 2. Januar 2016 verhaftet, ohne etwas angestellt zu haben? Gemeinsam mit einer zehnköpfigen Touristengruppe hatte er das neue Jahr auf eine Weise eingeläutet, die selbst dem blasiertesten Globetrotter wenigstens ein anerkennendes Nicken abgerungen hätte, nämlich als Teilnehmer der *Pyongyang New Year's Party Tour* eines chinesischen Reiseveranstalters. Ziemlich mutig von dem gerade mal einundzwanzigjährigen »umgänglichen, gutgläubigen und etwas exzentrischen« amerikanischen Wirtschaftswissenschaftsstudenten mit komischem Nachnamen, zumal sich seine Heimat seit über sechzig Jahren im Krieg mit seinem Reiseziel befand.[118] Bestimmt verspürte Otto deshalb auch eine gewisse Erleichterung, als sich die Reise dem Ende zuneigte. Schließlich nährt sich die nordkoreanische Staatsideologie mit all ihren Dogmen und Eingriffen in den Alltag und in das Denken der Bevölkerung nach wie vor von der Vorstellung, die USA würden eine ständige Bedrohung für den Staat und damit für dessen Existenz darstellen.

Aber womöglich war Otto genau wie Hunderte, wenn nicht sogar Tausende amerikanische Touristen in den Jahrzehnten vor diesem schicksalhaften Tag auch positiv überrascht, wie freund-

---

118 Jenkins, Nash: *Otto Warmbier has been a prisoner of North Korea since the start of 2016. Has America forgotten him?*, TIME Magazine. URL https://time.com/4757085/otto-warmbier-north-korea/, 29.04.17.

lich und aufgeschlossen die Nordkoreaner waren. Keine Tiraden über den amerikanischen oder westlichen Imperialismus, keine mit Steinen werfenden Straßenkinder, keine hasserfüllten Blicke. Selbst von dem stramm uniformierten Grenzoffizier, der die Reisegruppe mit strenger Miene durch die Demilitarisierte Zone (DMZ) geführt hatte, war nicht eine antiamerikanische Spitze gekommen. Er hatte lediglich betont, dass die nordkoreanische Volksarmee keinen Krieg wolle. Im Gegenteil, man wünsche sich Gerechtigkeit. Wenn's drauf ankomme, sei die Armee allerdings allzeit bereit, jeden Millimeter des Landes zu verteidigen.

Nehmen wir mal an, Otto war stolz, dass er sich auf das Abenteuer eingelassen hatte, aber nach dem viertägigen Bombardement aus teils widersprüchlichen Eindrücken und der damit verbundenen kognitiven Dissonanz auch reichlich erschöpft. So geht es den meisten Besuchern nach ihrer ersten – und in den meisten Fällen letzten – Begegnung mit Nordkorea.

Vielleicht war Otto auch immer noch ein bisschen verkatert. Wer rechnet schon damit, im strengsten Land der Welt unter den Tisch getrunken zu werden? Und dann noch von den Nordkoreanern selbst, die offensichtlich keinen Drink und keine Kippe verschmähen. Die Reisegruppe hatte den Silvesterabend früh am Nachmittag mit einer Kneipentour (in Pjöngjang! In Nordkorea!) eingeläutet und um Mitternacht das gigantische Feuerwerk auf dem Kim-Il-sung Platz bestaunt. Anschließend wurde bis in die frühen Morgenstunden im Yanggakdo International Hotel weitergefeiert.

Wer das Licht ausgemacht hatte, konnte am nächsten Tag keiner mehr sagen. *What happens in Pyongyang, stays in Pyongyang*, wurde nur einvernehmlich gekichert. Am 2. Januar sollte es für die Reisegruppe mit dem Dienstagsflug der Air Koryo nach Peking gehen. Dort wollte Otto ein paar Tage bleiben und schließlich zu seinem nächsten Abenteuer aufbrechen, einem Studienaufenthalt in Hongkong. Nachdem alle ihr Gepäck eingecheckt und die Bordkarten erhalten hatten, machten sie sich auf den Weg zur Sicherheitskontrolle. Aber Otto kam nicht weit.

Der Brite Danny Gratton, mit dem Otto sich ein Zimmer geteilt und angefreundet hatte, erklärte später: »Zwei nordkoreanische Uniformierte tauchten auf, tippten Otto auf die Schulter und führten ihn ab.« Als der Rest der Gruppe die Tupolew-Maschine bestieg, fehlte von Otto immer noch jede Spur. Allmählich machte sich Unruhe breit. Erst kurz vor Abflug kam ein nordkoreanischer Beamter an Bord, steuerte schnurstracks auf die britische Reiseleiterin Charlotte zu und sagte: »Otto geht's nicht gut, wir haben ihn in ein Krankenhaus gebracht.« Charlotte fragte, wann Otto entlassen würde und wieder nach Hause könne. »Morgen«, erwiderte der Beamte. »Oder nächste Woche.«[119]

Drei Wochen später teilte Nordkorea über die staatliche Korean Central News Agency (KCNA) mit, Otto festgenommen zu haben. Der amerikanische Student sei auf frischer Tat dabei ertappt worden, wie er nicht näher erläuterte »feindliche Handlungen gegen den Staat mit der Billigung und unter der Kontrolle der US-Regierung« durchgeführt habe.

Die Meldung ging sofort um die Welt. Bei der Reisegesellschaft Young Pioneer Tours in Peking, in der schwedischen Botschaft in Pjöngjang, im Außenministerium der Vereinigten Staaten und bei Ottos Familie in einem verschlafenen Vorort von Cincinnati, Ohio, liefen die Telefone heiß. Schon kurz nach der Festnahme hatte die damalige Obama-Regierung die Warmbiers aufgefordert, sich nicht in den Medien zu äußern. Eine einzige unglückliche Formulierung oder Verdrehung der Tatsachen könnte den Verhandlungsprozess und damit Ottos Leben aufs Spiel setzen. Auch die Pjöngjanger Behörden waren verschwiegen wie ein Grab. Sämtliche Bemühungen um direkte Gespräche mit Otto und nähere Informationen bezüglich der Anklage wurden abgewiesen oder gar nicht erst beantwortet.

119 Pearson, James: *U. S. student detained in North Korea »over hotel incident«*, Reuters. URL https://www.reuters.com/article/us-northkorea-usa-student-arrest/u-s-student-detained-in-north-korea-over-hotel-incident-idUSKCN0V1063, 23. 1. 2016.

Etwa zwei Monate nach der Festnahme führten zwei stramme Uniformierte den gekrümmt gehenden Otto in einen Konferenzsaal. Er war ein wenig blass um die Nase und wirkte nervös, doch ansonsten schien er in guter körperlicher Verfassung zu sein und trug seine eigene Kleidung. Der Saal war voll besetzt mit nordkoreanischen und einigen wenigen internationalen Journalisten. Nach einer tiefen zeremoniellen Verbeugung vor den mannshohen Porträts der zwei lächelnden verstorbenen Kim-Führer nahm Otto hinter einem massiven Eichentisch Platz, sammelte sich kurz und setzte schließlich zum Reden an:

»Als Erstes möchte ich mich bei allen bedanken, die zu dieser Pressekonferenz erschienen sind, um die ich so inständig gebeten habe. Außerdem möchte ich meine aufrichtige Dankbarkeit gegenüber der Demokratischen Volksrepublik Korea zum Ausdruck bringen, die mir die Möglichkeit gibt, meine Verbrechen zu bedauern, um Vergebung zu bitten und Hilfe zu suchen, um mein Leben zu retten.«[120]

Der Inhalt von Ottos dramatischem Geständnis und nicht zuletzt sein Flehen um Gnade standen in einem seltsamen Kontrast zu seinem Auftreten. Mit monotoner Stimme gab er das vor ihm liegende Skript so leidenschaftslos wieder, als läse er einem dreijährigen Kind zum x-ten Mal dessen Lieblingsmärchen vor. Anzeichen dafür, dass er unter Medikamenteneinfluss stand, gab es allerdings nicht – seine Artikulation war beinahe übertrieben deutlich, sein Blick klar und wach. Auffällig war die für einen einundzwanzigjährigen Amerikaner unnatürlich gestelzte Wortwahl:

»Am 2. Januar 2016 habe ich mich des Verbrechens schuldig gemacht, aus dem Personalbereich des Yanggakdo International Hotel ein politisches Schlagwort zu stehlen. Das Schlagwort

120 https://www.youtube.com/watch?v=eiVLUPLcILU

weckt im Volk die Liebe zum System. Durch mein Verbrechen wollte ich der Arbeitsmoral und der Motivation des koreanischen Volkes Schaden zufügen.«

Die Journalisten saßen mit steinernen Mienen da. Innerlich runzelte aber sicher die eine oder der andere die Stirn: Hä? Wie »stiehlt« man denn ein Schlagwort? Indem man es auswendig lernt und dann mit sich herumträgt wie einen Vogel im Käfig, den man schließlich in einem Wald in die Freiheit entlässt? War die Arbeitsmoral der hart gedrillten Koreaner tatsächlich *so* empfindlich? Aber das war erst der Anfang. In der darauffolgenden knappen halben Stunde schilderte Otto eine immer bizarrere Geschichte: Er sei für ein Komplott rekrutiert worden, hinter dem eine Kirche in seiner Heimatstadt, eine Studentenvereinigung der Universität von Virginia und nicht zuletzt die US-Regierung steckten. Diese »konspirative Gruppe« habe ihn damit beauftragt, »aus Nordkorea ein wichtiges politisches Schlagwort zu entwenden, das die Gemeinde wie eine Trophäe in der Kirche aufhängen könnte. [...] Durch diesen Diebstahl wollten wir den Zusammenhalt und die Motivation des nordkoreanischen Volks schwächen und dem Land eine Demütigung durch den Westen bereiten.«[121] Immerhin wurde im Laufe des Geständnisses klar, dass »Schlagwort« offensichtlich eine aus nordkoreanischer Perspektive angemessene Umschreibung für ein »Propagandabanner« war. Solche Banner findet man in Nordkorea überall, drinnen wie draußen und in den verschiedensten Größen. In öffentlichen Gebäuden – zum Beispiel an der Wand eines Hotelflurs in Pjöngjang – sind sie meist aus Hartpappe oder Blech gefertigt und etwa ein mal drei Meter groß. Wer so ein Schild nicht nur stehlen, sondern auch halbwegs unbeschädigt an einer Grenzkontrolle vorbeischmuggeln will, bräuchte daher die illusionistischen Fähigkeiten eines Obi-Wan Kenobi. Otto erklärte, die Friendship Methodist Church habe ihm für die erfolgreiche Durchführung

121 Die englischen Originalformulierungen klingen nicht weniger eigentümlich.

des Auftrags einen »Gebrauchtwagen im Wert von zehntausend Dollar« versprochen, ein Angebot, dass er unmöglich ausschlagen konnte. Er brauche nämlich dringend einen Wagen für den Ferienjob, den er nach seiner Rückkehr aus Hongkong beginnen würde. Aber damit war die Geschichte immer noch nicht zu Ende. Weil er in Nordkorea festgenommen worden war und dort bleiben musste, würde die Gemeinde sage und schreibe »zweihunderttausend Dollar, als Spende getarnt« an seine Familie in Cincinnati überweisen.

»Das entspricht dem Anteil des Schulgelds für meinen kleinen Bruder und der Studiengebühren meiner Schwester, den ich bestreiten muss. Die Gesamtsumme beläuft sich auf vierhunderttausend Dollar«, fuhr er fort. In unseren Breitengraden würde ein Einundzwanzigjähriger mit einem derart ausgeprägten Pflichtbewusstsein vermutlich ohne Umschweife zum Psychologen geschickt. Doch in einer sozialkonservativen Gesellschaft wie Nordkorea und einigen anderen ostasiatischen Ländern ist der älteste Sohn nicht nur die leibhaftige Altersvorsorge der Eltern, sondern auch der Beschützer und »Mäzen« der jüngeren Geschwister.

Ottos immer bizarreres Geständnis war gespickt mit gedrechselten, ja pathetischen Redewendungen und Höflichkeitsphrasen, die aus dem Mund des jungen Amerikaners so authentisch klangen wie das Geständnis glaubwürdig. Otto schloss seinen zwölfminütigen Monolog, indem er die nordkoreanische Bevölkerung und Regierung abermals um Vergebung für sein Verbrechen bat und sie förmlich anflehte, ihm »das Leben zu retten«. Dann stand er auf und verbeugte sich unnatürlich tief und lange, die Arme schlaff am Körper herabhängend, so als wollte er die Journalisten zum »Brüderchen, komm tanz mit mir« auffordern. Das Ritual wiederholte sich noch einige Male in der darauffolgenden viertelstündigen »Fragerunde«, die den Eindruck bestätigte, dass die Regisseure dieses Schauspiels nichts dem Zufall überlassen hatten. Die Koreanische Nachrichtenagentur KCNA sowie die Parteizeitung *Rodong Sinmun* durften je eine Frage stellen. Gleiches galt für die zwei auswärtigen Korrespondenten aus China und Russland, Nordkoreas engsten Verbündeten. Was folgte, waren minimal unterschiedliche Variationen ein und derselben Partitur:

JOURNALIST Ich bin von der Korean Central New Agency. Was glauben Sie, warum die Friendship United Methodist Church Sie mit dieser Aufgabe betraut hat?

OTTO (den Blick unverwandt auf sein Skript geheftet) Vielen Dank für Ihre Frage. Ich werde nun erklären, warum die Friendship United Methodist Church mich mit dieser Aufgabe betraut hat. (Ausschweifende und geschraubte Antwort voller abstruser Details.)

Ich hoffe, damit habe ich Ihre Frage beantwortet und erläutert, inwieweit die Friendship United Methodist Church an meinem Verbrechen beteiligt war. Vielen Dank allerseits für Ihre Aufmerksamkeit. (Steht auf und verbeugt sich unnatürlich tief und lange).

NÄCHSTER JOURNALIST Ich komme von der Zeitung Choson Sinbo. Sie sagen, Sie hätten bereits zu Hause in den Vereinigten Staaten gründliche Vorbereitungen für Ihr Verbrechen in der Demokratischen Volksrepublik Korea getroffen. Würden Sie das näher erläutern?

OTTO Vielen Dank für Ihre Frage. Ich werde nun erklären, welche Vorbereitungen ich in den Vereinigten Staaten getroffen habe ...

Und so weiter.

Komödie ist Tragödie plus Zeit. Vielleicht auch Gefahr plus physische Distanz zur selbigen. Otto schmückte sein Geständnis mit etlichen Details aus, die nicht nur überflüssig, sondern regelrecht tragikomisch waren. So beschrieb er *en détail*, wie er für die Nordkoreareise seine »leisesten Boots zum Schleichen« eingepackt hatte, um sich so geräuschlos wie möglich durch die (mit Teppich belegten) Hotelflure zu bewegen. Schaut man sich Ottos Geständnis aus sicherem Abstand an, auf einem Laptop in einem anderen Kontinent zum Beispiel, glaubt man einen mittelprächtigen *Monty Python*-Sketch über Stalins Schauprozesse zu sehen. In typisch nordkoreanischer Manier beantwortet Ottos Geständnis keine Fragen, sondern wirft immer mehr neue auf. Der letzte Journalist, der das Wort bekommt, möchte von Otto wissen, ob er in nordkoreanischer Verwahrung gefoltert oder in irgendeiner anderen Weise versehrt worden sei. Damit hatte er Otto das Stichwort für eine lange – und auf dem Papier überschwängliche – Dankesrede gegeben. Otto schilderte, wie ausgezeichnet er behandelt worden sei. Wie zuvor bedankte er sich für die Frage mit einer unnatürlich tiefen und langen Verbeugung. Zum Abschluss fragte der strenge nordkoreanische Gerichtsbeamte, der keinen Moment von Ottos Seite gewichen war, ob es noch weitere Fragen gebe. Gab es nicht. Damit wurde es Zeit für das große Finale.

Der Wortführer wendet sich Otto zu: »Also schön, Warmbier, haben Sie uns sonst noch was zu sagen?« Bis hierher hat Otto eine schwer deutbare Distanz zu seinem Geständnis und der Situation gewahrt. Dass seine Ausführungen jemand anderes für ihn formuliert hat und er sie nicht aus freien Stücken vorträgt, ist jedoch längst klar. Will Otto mit der übertrieben deutlichen Artikulation, dem Einstreuen fragwürdiger »Fakten« und den theatralischen Schluchzern Ironie, Trotz oder passiven Widerstand vermitteln, in der Hoffnung, dass jemand von uns in der freien Welt die Signale aufschnappt? Oder ist er einfach nur ein lausiger Schauspieler und krampfhaft bemüht, auf möglichst melodramatische Weise die Reue an den Tag zu legen, die die Nordkoreaner von ihm einfordern? Oder beides? Egal, welche widersprüchlichen Impulse und diffusen Gedanken ihn an diesem schicksalhaften Vormittag lenken, wählt er die schlimmste Alternative: gnadenlose Übertreibung.

Erneut bittet er die nordkoreanische Bevölkerung und Regierung unter Tränen um Vergebung, aber sein Schauspiel wirkt so operettenhaft, dass ihm wohl nicht einmal der weltfremdeste

Betonkommunist glauben würde. Otto schnieft und schluchzt, fischt umständlich ein Taschentuch hervor und tupft sich demonstrativ die trockenen Augen und die trockene Nase ab. Dann erhebt er sich von seinem Stuhl, das Gesicht vom gespielten Weinen verzerrt, und ruft in den Saal:

»Ein letztes Mal: Ich flehe das Volk und die Regierung der Demokratischen Volksrepublik Korea an, mir zu vergeben! (*Übertriebenes Weinen und Schniefen.*) NIEMALS hätte ich zulassen dürfen, dass mich die Regierung der Vereinigten Staaten dazu verleitet, ein solches Verbrechen in diesem Land zu begehen! Ich wünschte, die Regierung der Vereinigten Staaten würde NIEMALS wieder Menschen manipulieren, wie sie mich dazu manipuliert hat, ein Verbrechen in einem fremden Land zu begehen! Nie wieder!«

Damit war die Vorstellung zu Ende. Die zwei Uniformierten marschierten in den Saal und führten Otto ab, der jetzt noch gekrümmter ging, als er gekommen war.

Hat man oft genug die Mischung aus echten Emotionen und einstudierten Gesten miterlebt, die in Nordkorea zu einer Art Überlebensreflex geworden ist, kann man sich problemlos vorstellen, wie ein Nordkoreaner Ottos Monolog leidenschaftlich und voller Überzeugungskraft vorträgt. Otto dagegen versucht vergebens, eine ihm völlig fremde physische und emotionale Choreographie nachzuahmen, und bietet dabei einen herzzerreißenden, ja beinahe tragikomischen Anblick. Es ist, als würde man ihn dabei beobachten, wie er eine mündliche Prüfung in einer Sprache ablegt, die er nicht beherrscht. Wenn er besteht, darf er zurück nach Hause. Ich für meinen Teil bin fest überzeugt, dass nichts an dieser Inszenierung zufällig war. Dafür war sie viel zu offensichtlich auf das *heimische* Publikum zugeschnitten – die nordkoreanische Bevölkerung –, trotz der Tarnung als »internationale« Pressekonferenz. Ob wir im Westen Ottos Geständnis Glauben schenken oder nicht, interessiert die nordkoreanischen Machthaber herzlich wenig. Wie es bei uns um ihren Ruf bestellt ist, wissen sie sehr genau. Aber die nordkoreanische Bevölkerung, die so gut wie nichts über die Außenwelt weiß und von kritischen und alternativen Weltanschauungen erfolgreich abgeschirmt wird, würde nie infrage stellen, dass ein unseliger Kapitalist für einen Gebrauchtwagen im Wert von zehntausend Dollar tatsächlich sein Leben riskiert. Und schon gar nicht würde angezweifelt werden, dass sich ein erstgeborener Sohn zu einer Verzweiflungstat hinreißen lässt, um seine familiären Pflichten zu erfüllen. Und wenn doch ein paar wenige Nordkoreaner skeptisch wären, würden sie natürlich brav die Klappe halten.

Aus westlicher Perspektive war Ottos bizarre und konfuse Strategie – sofern es denn eine war – auf der einen Seite ein voller Erfolg und andererseits ein totaler Fehlschlag. Die »Highlights« seines Geständnisses, von denen die meisten *vor* der hysterischen Schlussfanfare stattgefunden hatten, gingen schnell durch die Nachrichten und trendeten in den sozialen Medien, vor allem in den USA. Viele reagierten auf Ottos kriecherisches Gebaren mit derselben Skepsis, mit der die nordkoreanische Regierung beäugt wird, die es erzwungen hatte. Daran änderte sich auch nichts, als Otto zwei Wochen später nach einem einstündigen Schauprozess wegen »feindlicher Handlungen gegen den Staat« zu fünfzehn Jahren Straflager verurteilt wurde. Selbst diejenigen, die Mitleid mit Otto hatten, monierten im selben Atemzug die törichte Dummheit, die alles ausgelöst hatte: »Die meisten von uns haben schon schlimmere Sachen gemacht, als ein Propagandaschild zu klauen. Aber immerhin waren wir nicht so dumm, so was in Nordkorea zu tun.«

Und selbst bei denen, die sich mit der nordkoreanischen Gesellschaft und der jüngeren Geschichte des Landes einigermaßen auskannten, hielt sich das Mitgefühl und die Sorge um Otto in Grenzen. Schließlich war es nicht das erste Mal, dass ein amerikanischer Tourist wegen eines wahren oder vermeintlichen Verbrechens gegen das nordkoreanische Regime festgenommen worden war. Allein in den vergangenen zehn Jahren hatten elf amerikanische Staatsbürger – die Hälfte mit (süd-)koreanischem Hintergrund – Freiheitsstrafen von einem halben Monat bis zu zwei Jahren in nordkoreanischen Gefängnissen verbüßt. In der Regel lag den Urteilen eine der zwei folgenden Straftaten zugrunde (in Einzelfällen auch eine Kombination aus beiden): Die Angeklagten waren über den nördlichen Grenzfluss Yalu (koreanisch: Amnokkang) unerlaubt aus China ins Land eingedrungen oder/und sie hatten religiöse Propaganda verbreitet, meist in Form einer oder mehrerer an öffentlichen Plätzen »vergessener« Bibeln. Das Strafverfahren hatte mit der Zeit einen beinahe rituellen Charakter angenommen: In einer »Pressekonferenz«, inklusive öffentlichem Geständnis à la Otto, konnte der Angeklagte sich zunächst zu seiner Schuld bekennen und um Gnade und eine milde Behandlung flehen. Danach folgte ein kurzer Prozess, der in den meisten Fällen zu einem strengen und schockierenden Urteil führte: zehn bis fünfzehn Jahre Straflager.

Trotzdem hat bis heute kein amerikanischer Staatsbürger länger als zwei Jahre in Nordkorea eingesessen, oft fiel die Strafe sogar deutlich kürzer aus. Für die größten Schlagzeilen sorgten die Fälle, in denen hochrangige US-Politiker (wie Ex-Präsident Clinton) nach Pjöngjang reisten, um eine Freilassung auszuhandeln, manchmal im Gespräch mit Kim Jong-il persönlich. »Westliche« Amerikaner sind sämtlich deutlich besser behandelt worden als Amerikaner koreanischer Abstammung, die in Nordkorea als Verräter ihres eigenen Volks gelten.

Kein »Euro-American« hat nach der Freilassung aus einem nordkoreanischen Gefängnis von Folter oder körperlichen Misshandlungen berichtet. Die meisten gaben sogar an, freundlich und respektvoll behandelt worden zu sein. Die Freiheitsstrafe sei eher wie eine Art Hausarrest in einer Pension gewesen, von Zwangsarbeit in der Grube keine Rede. Die Machthaber in Pjöngjang sind sich natürlich vollkommen bewusst, dass sie nichts davon hätten, wenn die Amerikaner, die sie früher oder später freilassen müssen, selbst erlebte Horrorgeschichten aus Nordkorea mit nach Hause brächten. Andererseits: Was haben die Nordkoreaner davon, einen unschuldigen Einundzwanzigjährigen wegen eines zusammenfantasierten Verbrechens zu einer Strafe zu verurteilen, die in Norwegen lebenslänglich gleichkäme? Man mag vom nordkoreanischen Rechtswesen halten, was man will, doch in der Regel bringt es der Regierung absolut nichts, einen Ausländer grundlos hinter Gitter zu stecken.

In Ottos Fall gründeten sowohl die Anklage als auch das Geständnis auf schlecht zusammengeschusterten Lügen.

Aber warum? *Cui bono?*

Etwa anderthalb Monate zuvor, kurz nach Ottos Festnahme, wurde ein Nordkoreaexperte – nennen wir ihn X – eines Nachmittags in Pjöngjang in ein großes Geheimnis eingeweiht. X, ich kenne ihn gut und vertraue ihm blind, verfügt über ein breites Kontaktnetz im nordkoreanischen Staatsapparat. Mit einigen hohen Staatsbeamten hat er über die Jahre sogar enge Freundschaften geschlossen. An besagtem Nachmittag Ende Januar oder Anfang Februar 2016 hatte er ein Meeting in einem Café, vielleicht in einer der italienisch angehauchten Kaffeebars, die zu der Zeit wie Pilze aus dem Boden schossen. Nachdem die anderen Teilnehmer sich nach und nach verabschiedet hatten, blieb X noch eine Weile mit einem seiner besten nordkoreanischen Freunde sitzen. Mister Pak (natürlich heißt er nicht wirklich so) wirkte nervös und innerlich aufgewühlt. Er erzählte X – bestimmt im Flüsterton und mit nervösen Seitenblicken –, Otto Warmbier habe sich eines *Doppel*vergehens schuldig gemacht, das einem Nordkoreaner bestenfalls einen sehr langen, unfreiwilligen Aufenthalt »weit, weit weg von Pjöngjang« beschert hätte. Mal abgesehen davon, dass ein Nordkoreaner etwas Vergleichbares gar nicht erst verzapft hätte.

Laut Mister Paks Kontaktmann war Otto früh am Neujahrsmorgen durch einen der zahlreichen, zu dieser Uhrzeit verlassenen, Gemeinschaftsbereiche des Yanggakdo-Hotels gestreift, wo die Wände in regelmäßigen Abständen von eingerahmten Porträts der zwei ewig lächelnden Kims geziert sind. Mit bewusst vagen Formulierungen deutete Mister Pak an, Otto habe im Vollrausch auf eines der Porträts etwas gemalt, geschrieben oder gekritzelt. Einen Hitlerbart? Einen Smiley? Ein Peace-Symbol? Wie so oft im Fall Warmbier kann man nur entsetzt-fasziniert spekulieren, und im Grunde spielen die genauen Einzelheiten auch keine Rolle.

Sämtliche Abbildungen der Kims dürfen allerhöchstens mit einem Staubwedel berührt und nur ganz, ganz vorsichtig zurechtgerückt werden, sollten sie nach einem Windzug oder einer Erschütterung schiefhängen. Diese Grenze ist so unverletzlich wie die demilitarisierte Zone (DMZ) zu Südkorea – und wird mindestens genauso gründlich bewacht. Nachdem die Propaganda die Bevölkerung über Generationen hinweg durch gezielte Manipulation in diese Richtung gelenkt hat, ist die Führergestalt mit dem Staat und dessen Legitimität so eng verknüpft, um nicht zu sagen gleichbedeutend, dass jeder Angriff auf eine symbolische Darstellung zugleich ein Angriff auf das System ist. Das Führerantlitz *vollkritzeln* und zum Gespött machen ...?! Schon der Gedanke, dass so etwas *überhaupt möglich* ist, stellt für das Regime, das auf totalem und blindem Gehorsam gründet, den Keim des Verderbens dar.[122]

X und Mister Pak waren sich einig, dass Ottos *Doppel*vergehen so ernst und entsetzlich war, dass es für alle Beteiligten, nicht zuletzt für sie selbst, das Beste wäre, wenn möglichst wenige davon erfahren würden. Die Hotelangestellten hatten ihre Sicht der Dinge natürlich bereits der Sicherheitspolizei geschildert – sprich, sie waren verhört worden –, und es war davon auszugehen, dass weder sie noch die Hotelleitung ein Interesse daran hatten, dass die Hintergründe der Festnahme öffentlich wurden. Alle, die sich auch nur in der entferntesten Nähe befunden hatten, fühlten sich an Ottos »Majestätsbeleidigung« mitschuldig, und auch hier lautete das Motto: *What happens in Pyongyang, stays in Pyongyang.*

Nur wenige Monate später erfuhr ich von X, dass Mister

---

122 Das sind natürlich meine und nicht Mister Paks Gedanken. Mister Pak hätte es nicht mal im stillen Kämmerlein gewagt, sich einen Hitlerbart auf Kim Il-sungs Porträt vorzustellen.

Pak – wie vermutlich alle Nordkoreaner im Dunstkreis des Vorfalls – eine scharfe Kehrtwende gemacht hatte, sobald die Anklage gegen Otto publik geworden war. Plötzlich nutzte er jede Gelegenheit, um seine Bestürzung über den unsäglichen Affront kundzutun. Ein »Schlagwort« zu stehlen, das die Arbeitsmoral der Bevölkerung inspirierte!? Vermutlich fiel Mister Pak und allen anderen Beteiligten ein Stein vom Herzen, dass sie sich nun an eine offizielle Version klammern und den Vorfall endlich hinter sich lassen konnte.

Vor diesem Hintergrund erscheinen Ottos inszeniertes Geständnis und das absurd strenge Urteil direkt plausibler (wenn auch keineswegs legitimer). Wieder einmal ist der Universalschlüssel zum Verständnis der nordkoreanischen Denkweise, dass die gesamte Inszenierung in erster und zweiter Linie für das *lokale Publikum* bestimmt war. Die Aufmerksamkeit der Außenwelt und die Präsenz internationaler Medien waren bloß effektvolle Requisiten. Mit rund tausend Zimmern und Hunderten Angestellten ist das Yanggakdo Nordkoreas größtes Hotel, und somit bestand ein hohes Risiko, dass der Skandal um Ottos Sakrileg weitere Kreise ziehen würde. Das gesamte Personal auf einen Schlag zu entlassen, war natürlich keine Option, immerhin war das Hotel eine der ergiebigsten Valuta-Quellen für das bettelarme Land. Also beschloss man, dem Volk eine Botschaft zu übermitteln, die unmissverständlich klarmachte, wie ernst das Regime die Sache nahm. Zudem wurde diese Botschaft mit kulturellen Codes verschlüsselt, die die westliche Welt nicht so einfach dechiffrieren konnte. Allmählich wurde es stiller um den Fall Warmbier, und so blieb es auch eine Weile. Den letzten Kontakt mit Nicht-Koreanern hatte Otto am 2. März, wenige Tage nach seinem Geständnis und rund zwei Wochen vor der Urteilsverkündung, als schwedische Diplomaten ihn in Haft besuchen durften. Die Wochen und Monate zogen ins Land, und die wiederholten Bemühungen der Schweden, Otto konsularisch betreuen zu dürfen, wurden von den nordkoreanischen Behörden abgewimmelt oder gar nicht erst beantwortet.

Aus 2016 wurde 2017, und der US-Präsident hieß inzwischen Donald Trump. Das Verhältnis zwischen den USA und Nordkorea war so angespannt wie seit Jahren nicht mehr. Ständig lagen Kriegsdrohungen in der Luft. Ab und an tauchten vereinzelte Artikel über Ottos ungewisses Dasein an einem unbekannten Ort »im isoliertesten Land der Welt« auf, doch außer Spekulationen und berechtigter Empörung trugen sie nichts Neues zur Diskussion bei. *Hat Amerika Otto Warmbier vergessen?*, fragte das Time Magazine im April 2017.[123] Die Zeit verstrich, die Welt drehte sich weiter. Bis zu einem Tag Mitte Juni 2017, als US-Außenminister Rex Tillerson verkündete, Otto sei »nach harten, von Donald Trump angestoßenen Verhandlungen mit Nordkorea« freigelassen worden. Die Nachricht kam genauso unerwartet wie die Verkündung der Verhaftung eineinhalb Jahre zuvor. Mitten in der Nacht landete das Flugzeug mit Otto in Cincinnati. Von jubelnden Menschenmassen oder aufgeregten Journalisten keine Spur. Aus respektvoller Distanz verfolgte ein Nachrichtensender, wie zwei Sanitäter Ottos schlaffen Körper zu einem Einsatzwagen trugen und augenblicklich mit eingeschaltetem Blaulicht in Richtung University of Cincinnati Medical Center fuhren.

Laut den Patientenakten der nordkoreanischen Ärzte war Otto unmittelbar nach der Urteilsverkündung an Botulismus erkrankt, einer äußerst seltenen Vergiftung, die zum Beispiel durch den Verzehr von verdorbenen Lebensmitteln oder durch Wundinfektionen verursacht wird. Nachdem er eine Schlaftablette eingenommen (oder verabreicht bekommen) hatte, habe sich Ottos Zustand schlagartig verschlechtert und er sei ins Koma gefallen, so die nordkoreanischen Ärzte. Wenige Tage später erklärte der Oberarzt des Cincinnati Medical Center bei einer Pressekonferenz, Otto befinde sich in einem »vegetativen Zustand« – mit

123 Jenkins, Nash: *Otto Warmbier has been a prisoner of North Korea since the start of 2016. Has America forgotten him?*, TIME Magazine. URL https://time.com/4757085/otto-warmbier-north-korea/ 29.04.17.

anderen Worten: Otto war Gemüse. Fast sämtliche Bereiche seines Gehirns seien schon seit mehreren Monaten mehr oder weniger tot. Er reagiere nicht auf seine Umgebung und könne seine Gliedmaßen nicht kontrollieren. Die Ärzte sprachen von einer »reaktionslosen Wachheit«. Für konkrete Schlussfolgerungen sei es noch zu früh, aber für gewöhnlich würden Hirnschäden dieser Art durch *cardiopulmonary arrest,* also Herz- und Lungenversagen, verursacht: »Die Blutversorgung des Gehirns setzt aus oder ist über einen längeren Zeitraum unzureichend, woraufhin die Hirnmasse abstirbt.«[124]

Doch die Geschichte um den armen Otto Warmbier war damit noch nicht zu Ende.

Das Schauspiel hatte eine weitere bizarre Wendung genommen, und der nächste Akt war noch unheimlicher als der vorige. Otto war wieder in aller Munde, diesmal in der Rolle des tragischen Antihelden: Ein naiver junger Abenteurer war zu einer leichtsinnigen Partytour ins Reich der Finsternis ausgezogen, vom erbarmungslosen Gefängnissystem verschluckt und nach einer halben Ewigkeit in Leviathans Bauch halb verdaut wieder ausgespuckt worden. Das Fazit schien auf der Hand zu liegen: Otto war von einem brutalen Regime, das die UN schon mit Nazideutschland verglichen hatte, zu Tode gefoltert worden. Doch es gab ein Problem: Die Spezialisten vom University of Cincinnati Medical Center konnten keine Anzeichen von Folter feststellen. Sechs Tage nach seiner Heimkehr starb Otto im Kreis seiner Eltern und Geschwister, ohne vorher noch einmal zu Bewusstsein gekommen zu sein. Tausende Menschen erschienen zur Beerdigung in Ottos Heimatstadt, und sein Vater Fred führte die Sargträger an, mit einer Stars-and-Stripes-Krawatte um den Hals. Aus allen Rich-

124 Berlinger, Joshua/Grinberg, Emmanuella/Hanna, Jason: *Doctors: Ex-North Korea detainee Otto Warmbier has severe brain injury,* CNN.com. URL https://edition.cnn.com/2017/06/15/politics/otto-warmbier-north-korea/index.html, 19.6.2017

tungen zog ein Sturm von Verurteilungen und Beschuldigungen auf, Nordkorea hätte Otto auf dem Gewissen. Das Regime antwortete in gewohnter Megafonlautstärke. Laut KCNA war das größte Opfer die Demokratische Volksrepublik selbst:

>»WIR HATTEN KEINEN GRUND, DIESEM VERBRECHER AUS DEM FEINDSTAAT GNADE ZU ERWEISEN. TROTZDEM HABEN WIR IHN UNTER HUMANITÄREN BEDINGUNGEN MEDIZINISCH BEHANDELT, BIS ER AUS RÜCKSICHTNAHME AUF SEINEN VERSCHLECHTERTEN GESUNDHEITSZUSTAND IN DIE USA ZURÜCKGEBRACHT WURDE.«[125]

Wenige Wochen nach der Beerdigung reagierte die amerikanische Regierung mit einem Einreiseverbot nach Nordkorea für sämtliche US-Bürger. Die Beschimpfungen zwischen Washington, D. C., und Pjöngjang flogen nur so hin und her, und die Welt schaute angstlustig zu. Anfang September gaben Ottos Eltern den konservativen FOX News in der Morning Show *Fox and Friends*, einer von Donald Trumps Lieblingssendungen, ein vielbeachtetes Interview. Für sie stand fest, dass Otto gefoltert worden war:

>»OTTOS UNTERKIEFER SAH AUS, ALS HÄTTE MAN IHN MIT EINER KNEIFZANGE BEARBEITET UND DIE ZÄHNE NEU ANGEORDNET. [...] NORDKOREA IST KEIN OPFER. DAS SIND TERRORISTEN. DIE HABEN OTTO GEKIDNAPPT. IHN GEFOLTERT. IHM ABSICHTLICH SCHADEN ZUGEFÜGT. DAS SIND KEINE OPFER.«[126]

125 *North Korea denies torturing American detainee Otto Warmbier*, Associated Press. URL: https://apnews.com/22310c0426f7401fabe11b85277175ec, 23. 6. 2017

126 *Otto Warmbier blind, deaf and »jerking violently« on US return, parents say*, Guardian. URL https://www.theguardian.com/world/2017/sep/26/otto-warmbier-north-korea-us-parents, 26. 9. 2017

US-Präsident Trump kommentierte auf Twitter: »Great interview on @foxandfriends with the parents of Otto Warmbier: 1994–2017. Otto was tortured beyond belief by North Korea.«[127] Der Fall hatte so viel Aufmerksamkeit auf sich gezogen, dass den meisten Zuschauern die Entscheidung von Ottos Eltern gegen eine Obduktion noch präsent war. Stattdessen hatte eine Gruppe von Gerichtsmedizinern nur eine routinemäßige äußerliche Untersuchung des Leichnams vorgenommen, mitsamt eines Röntgenscans vom Scheitel bis zur Sohle.[128] Ihr Bericht wurde nur wenige Tage nach dem *Fox and Friends*-Interview veröffentlicht. Das Ergebnis fiel noch eindeutiger aus als der bisherige Befund der Ärzte: Dr. Lakshmi Kode Sammarco, Leiterin der Rechtsmedizin, betonte, man habe bei der Untersuchung gezielt nach Anzeichen von Folter gesucht. Sogar ein Zahnarzt sei hinzugezogen worden. Trotzdem könne man die Aussagen der Eheleute Warmbier nicht bestätigen. »An den Zähnen konnten wir keinerlei Spuren von Gewaltanwendung erkennen«, so Dr. Sammarco. »Über die Aussagen [der Eltern] haben wir uns gewundert. Die Zähne sind in intaktem und gutem Zustand.« Außerdem sei Otto »wohlgenährt« gewesen. »Aus unserer Sicht sind Körper und Haut in erstaunlich gutem Zustand, wenn man bedenkt, dass er über ein Jahr ans Bett gefesselt war.« Darüber hinaus wolle man die Äußerungen der Warmbiers jedoch nicht kommentieren: »Sie sind trauernde Eltern, und zu ihren Aussagen und Sichtweisen kann ich keine Stellung beziehen. Wir werden [die Wahrheit] nie erfahren, es sei denn, diejenigen, die damals selbst vor Ort waren, treten vor und sagen: Folgendes ist Otto zugestoßen.«

Ordnungshalber sei gesagt, dass ich natürlich auch nicht vor Ort war, zu keinem Zeitpunkt. Ich bin Otto Warmbier nie begegnet,

---

127 https://twitter.com/realDonaldTrump/status/912636538156146688.

128 Fox, Maggie: *Otto Warmbier Had Breathing Tube in North Korea, Exam Shows.* NBC News. URL https://www.nbcnews.com/health/health-news/otto-warmbier-had-breathing-tube-n-korea-exam-shows-n805191, 27.9.2017

aber nach zehnjähriger Tuchfühlung mit der nordkoreanischen Gesellschaft, zahlreichen Gesprächen mit Insiderquellen und eigenen Erfahrungen, die den Umständen von Ottos Verhaftung gewissermaßen ähneln, möchte ich eine begründete Vermutung anstellen: Otto *hat* tatsächlich ein Vergehen begangen und damit so schwer gegen geschriebene und ungeschriebene nordkoreanische Gesetze und Verhaltensregeln verstoßen, dass die zuständigen Behörden sich gezwungen sahen, mit äußerster Strenge zu reagieren – vor allem, um ein Warnsignal an die eigene Bevölkerung zu senden. Aus nordkoreanischer Perspektive betrachtet, war der Fall in zweierlei Hinsicht fatal: Zum einen hatte ein Staatsbürger der verhassten USA unbemerkt das heiligste Symbol der Staatsmythologie aufs Gröbste geschändet, und zum anderen hatte es sich noch nicht einmal um einen gezielten Angriff feindlicher Agenten gehandelt, sondern bloß um einen Jugendstreich im Vollrausch. Damit widersprach die Tat einem der Grunddogmen der Propaganda, nämlich dass die ganze Welt grenzenlosen Respekt und tiefe Bewunderung gegenüber Nordkorea empfindet. Otto für die faktische Straftat anzuklagen, war schlichtweg ausgeschlossen. Ein Deckmantel musste her. Dass man Otto das Geständnis in einer finsteren und verdreckten Gefängniszelle eingeprügelt hat, halte ich für hochgradig unwahrscheinlich. Wie schon erläutert, werden Amerikaner und andere »weiße« Ausländer in der Regel gut behandelt, und die Haftumstände entsprechen eher einem westlichen Gefängnis als Stalins Gulag. Zwar haben die Gefangenen unter Monotonie, Einsamkeit und Langeweile zu leiden, aber Folter, Strafarbeit und Hunger bleiben ihnen erspart.[129] Dass Otto in einer bedrohlichen Situation unter Druck gesetzt und manipuliert wurde, steht außer Zweifel, aber ich denke, das berühmte Zuckerbrot trug mindestens genauso dazu bei, ihn zum Kooperieren zu bringen, wie die Peitsche. Viel-

---

129 Choe, Sang-Hun/Ramzy, Austin/Rich, Motoko: *Otto Warmbier Got an Extra Dose of Brutality from North Korea. The Mystery Is Why.* New York Times. URL https://www.nytimes.com/2017/06/14/world/asia/north-korea-otto-warmbier-.html, 14.7.2017.

leicht hatte man ja auf die altbewährte Guter-Bulle-böser-Bulle-Nummer gesetzt: Der *gute Bulle* hatte Otto eine milde Strafe und die baldige Heimreise versprochen, wenn er brav gehorchte und den eigens für ihn geschriebenen Monolog glaubwürdig vortrug. Aber schon im nächsten Moment hatte ihn der *böse Bulle* angefahren: »Wir beide wissen genau, was du *eigentlich* getan hast, und bestimmt kannst du dir vorstellen, welche Strafe dich in einem System wie unserem erwartet. Die Menschen werden vor dem Gerichtssaal auf dich warten und sie werden nach Blut lechzen. Für deine Sicherheit können wir nicht garantieren.« Natürlich kooperierte Otto, schwer gehandicapt durch Verwirrung, Angst und die berechtigte Sorge, wie das Schauspiel zu Hause aufgenommen würde. Dass er schließlich doch zu fünfzehn Jahren Straflager verurteilt wurde, obwohl ihm eine mildere Strafe in Aussicht gestellt worden war, muss ein enormer Schock gewesen sein.

Wie gründlich sich Otto vor der Reise mit Nordkorea auseinandergesetzt hatte, ist schwer zu sagen, aber ein einundzwanzigjähriger Erstbesucher auf viertägiger *New Year's Party Tour* dürfte wohl kaum mehr gewusst haben als der Durchschnitt. Mit anderen Worten: Er wusste so gut wie nichts über das Land. Von den früheren Fällen festgenommener US-Bürger hatte er vermutlich kaum etwas mitbekommen, geschweige denn von dem offensichtlichen Muster aus strengen Urteilen und darauffolgenden vorzeitigen Freilassungen. Vor diesem Hintergrund blieb ihm nichts anderes übrig, als sein Urteil ernst zu nehmen, und die Aussicht, fünfzehn Jahre als Sklave in einem nordkoreanischen Steinbruch zu verbringen, versetzte ihn wahrscheinlich in Todesangst. Deshalb glaube ich, dass Otto wenige Tage nach dem Prozess versucht hat, sich in seiner Zelle zu erhängen. Gesetzt den Fall, dass der Suizidversuch nicht sofort bemerkt wurde, wäre dies eine Erklärung für die Hirnschäden durch mangelnde Blutversorgung. Die Vollzugsbeamten warfen sich gegenseitig Dienstpflichtverletzung vor (in Nordkorea eine weitaus ernstere Angelegenheit als anderswo auf der Welt), schoben sich gegenseitig die Verantwortung in die Schuhe, und fürchteten sich vor den großpolitischen Konsequenzen. Währenddessen wurde Otto ins Friendship Hospital gebracht, das beste Krankenhaus der Stadt. Alle erdenklichen Maschinen zur Wiederbelebung – darunter ein Respirator und die dazugehörigen Schläuche – wurden eingesetzt. Otto überlebte, sollte aber nie wieder zu Bewusstsein kommen. Laut Dr. Michael Flueckinger von der amerikanischen Delegation, die Otto nach Amerika zurückholte, hatten die Ärzte im Friendship Hospital ihm erzählt, Otto sei *am Tag nach der Urteilsverkündung* bewusstlos eingeliefert worden. Das würde erklären, warum die schwedischen Diplomaten Otto nach der letzten konsularischen Betreuung am 2. März nicht mehr besuchen durften. Die nordkoreanische Regierung steckte in der Zwickmühle: Die Karten offen auf den Tisch legen – und damit die Konsequenzen des absurd strengen Urteils einräumen? Oder abwarten, ob die der Schweigepflicht unterliegenden Ärzte Otto nicht doch wiederherstellen konnten? Nach meinen Erfahrungen mit der für den nordkoreanischen Staatsapparat typischen Mischung aus Entscheidungsfurcht, kollektiver Verantwortung, mangelnder Kommunikation zwischen verschiedenen Abteilungen und Behörden sowie der Angst um die eigene Haut halte ich es für sehr wahrscheinlich, dass die Nachricht von Ottos Suizidversuch erst nach einer geraumen Weile bis in die obersten Etagen durchgedrungen war. Mit katastrophalen Folgen. Selbst wenn wir alle vorangegangenen Fälle inhaftierter Amerikanern kurz außer Acht lassen und zum Zweck der Diskussion annehmen, die Nordkoreaner hätten *tatsächlich* die eine oder andere Foltermethode im Repertoire, warum hätten sie Otto misshandeln sollen, *nachdem* er brav in seine Rolle geschlüpft war und vor der Weltöffentlichkeit ein uneingeschränktes Geständnis abgelegt hatte?

In meinen Augen ist der Fall Warmbier grotesk, tieftragisch und von Anfang bis Ende vollkommen unnötig. Zudem ist er ein Paradebeispiel für das lügenbasierte »Gleichgewicht des Terrors«, das entsteht, wenn beide Seiten aus verschiedenen Gründen die Wahrheit verschleiern. Jede Lüge ist die Reaktion auf eine Lüge der Gegenseite und spinnt diese weiter. Der Mantel der Wahrheit hat die verschiedensten schmutzig-grauen Nuancen, selbst in Nordkorea, wo Fremd- und Selbstwahrnehmung ausnahmslos in Schwarzweiß gemalt werden und sich gegenseitig ausschließen. Es ist Ironie des Schicksals, dass Otto vor *und* nach seinem sinnlosen Tod zu einer Figur in einer Art großpolitischem *Fight Club* gemacht wurde, in dem jeder noch so miese Trick erlaubt ist, mit nur einer Regel:

Es gibt keine Regeln.[130]

★

Wo kein Vertrauen ist,
gibt es weder Liebe noch Hingabe.
KIM JONG-UN

★

Lieber Mister Win,
ungefähr zur selben Zeit, als Otto Warmbier zu fünfzehn Jahren Straflager verurteilt wurde und sich – vermutlich – in seiner Zelle erhängt hat, ging es auch mit uns endgültig den Bach runter. Unsere Gesellschaften bewegten sich rasant auf ein von früher bekanntes Gleichgewicht des Schreckens zu, ließen sich aber nichts davon anmerken. Und noch etwas hatte sich verändert: Du hattest endgültig die Kontrolle über Deine Trinkerei verloren. Du warst schon immer, was ich einen »funktionalen Trinker« nenne. Die Drinks, von denen Deine allmorgendliche Fahne zeugte, und die unzähligen Flaschen Soju, die wir, um es mit Deinen Worten zu sagen, in aller Freundschaft »destroyed« haben, hielt ich lange für

---

130 Siehe auch: Bock Clark, Doug: *The Untold Story of Otto Warmbier, American Hostage*, GQ Magazine. URL https://www.gq.com/story/otto-warmbier-north-korea-american-hostage-true-story%20, 23.7.18.

eine Art Selbstmedikation Deines ohnehin nervösen Gemüts, das nun einem ständigen unterschwelligen Druck ausgesetzt war, weil Du Grenzen verschieben wolltest.[131]

Bis dahin hatte ich Dich zwar oft angeheitert und fröhlich gesehen (mit meinen eigenen nicht weniger angeheiterten und fröhlichen Augen), aber Du warst nie sturzbetrunken, nie eine *Schnapsleiche* gewesen. Du hattest immer auf Pegel getrunken, was Dir mehr half, als dass es Dich einschränkte. Aber jetzt konntest Du den Pegel nicht mehr kontrollieren – der Alkohol kontrollierte Dich.

»Reden *Sie* mit ihm«, baten Deine Ministeriumskollegen mich hinter Deinem Rücken.

»Auf Sie hört er. Bitte. Wir machen uns Sorgen.« Mir kamen augenblicklich die Tränen, und ich antwortete, Du seist mein koreanischer Bruder, natürlich würde ich mit Dir reden.

Und das tat ich, immer wieder, über ein Jahr hinweg. Als es besonders schlimm wurde und Du ins Krankenhaus gebracht wurdest, schrieb ich auch lange Briefe und gab sie Deinen Kollegen mit.

Ich selbst hatte dort nämlich keinen Zutritt.

Nordkorea bereitete sich unterdessen auf den siebten großen Parteitag der Partei der Arbeit Koreas vor, der für Mai 2016 anberaumt worden war. Zum ersten Mal seit fast vierzig Jahren wurden Provinzdelegierte aus dem ganzen Land nach Pjöngjang bestellt, wo ihnen die Strategie der neuen Parteipolitik vorgestellt werden sollte. Mit anderen Worten: Sie sollten erfahren, wie sie ab jetzt ihr Leben zu leben hatten. Seit dem sechsten Parteitag unter Kim Il-sung 1980 hatte es nichts Vergleichbares mehr gegeben. Abgesehen von der inneren Elite wusste niemand, worauf das Ganze hinauslief. Das Klügste war also, sich mucksmäuschenstill zu ver-

---

131 Mir geht es selbst manchmal so, zum Beispiel jetzt, im Endspurt der Arbeit an diesem Buch. Ich weiß nur zu gut, dass Alkohol und Zigaretten einem nicht nur Entspannung, sondern auch Inspiration bescheren können. Bis zu einer gewissen Grenze, an der das Ganze ins Gegenteil umschlägt.

halten, abzuwarten und Tee zu trinken. When you play the Game of Thrones, you win or you die.

Am 8. Mai 2016 stellte Kim Jong-un die neue Strategie in einer Rede vor. Wie schon so oft betonte er, die Byungjin-Politik weiterentwickeln zu wollen: Das Kernwaffenprogramm solle ausgebaut und der nationale Wohlstand gesteigert werden. Weiterhin erklärte er mit Nachdruck:

»Wir müssen die Versuche der Imperialisten, uns ideologisch und kulturell zu infiltrieren, im Keim ersticken. Das Gedankengut und die Kultur des Imperialismus sind ein gefährliches Gift, das die gesunde Einstellung unseres Volkes lähmt und das sozialistische Fundament zerschlägt. Wir müssen eine revolutionäre, ideologische und kulturelle Initiative einleiten, um die hartnäckigen und bösartigen Pläne der Imperialisten zu unterminieren ... Wir müssen verhindern, dass fremde und verdorbene Sitten in unsere Gesellschaft eindringen.«[132]

Eisenharte Kontrolle im Tausch gegen steigenden Wohlstand war die neualte Zauberformel. Zurück in die Zukunft. Kim Jong-uns Rede drang direkt in Herz und Seele des gesamten nordkoreanischen Staatsapparats. Aber für Dich muss sie wie ein Warnschuss geklungen haben. Schließlich hatten wir vor einem knappen Jahr mit einem gemeinschaftlichen Projekt weltweit für Schlagzeilen gesorgt. Wir hatten Nordkoreas erstes Rockkonzert auf die Beine gestellt, vor tausendfünfhundert sprachlosen Zuschauern, mit der, vorsichtig ausgedrückt, kontrovers diskutieren Kunst-Rockband Laibach. Was hatten wir nur getan!?

Als Du endlich aus dem Krankenhaus entlassen wurdest, war Dein Zustand immer noch instabil. Und vor allem warst Du noch nicht

---

132 Kim, Jong-un: *Report to the Seventh Congress of the Workers' Party of Korea on the Work of the Central Committee.* Pjöngjang Juche 105 (2016).

bereit für das härter werdende politische Klima. Trotzdem wolltest Du unsere Zusammenarbeit partout nicht aufgeben. Mir geht's schon viel besser, war Deine Standardantwort, wenn ich besorgt war. Also machten wir weiter, stießen aber immer öfter an die Grenzen des Möglichen. Ein halbes Jahr später gewann Donald Trump die Präsidentschaftswahl. Mit ihm bekam das nordkoreanische Regime einen Widersacher wie aus dem Bilderbuch, der mit seinen aggressiven und explosionsartigen Ausbrüchen dem Feindbild vom bösartigen Imperialisten das perfekte Gesicht und eine (penetrant laute) Stimme gab. Du und Deine Kollegen wolltet Euch nicht zwischen unserer Zusammenarbeit und der Parteilinie entscheiden müssen, aber tief im Innern habt Ihr sicher gewusst, dass Euch die Wahl längst abgenommen worden war. Ihr wolltet es nur nicht zugeben, nicht vor mir, vielleicht auch nicht vor Euch selbst. Deshalb hofftet ihr weiter, wider besseres Wissen.

Stück für Stück musste ich es selbst herausfinden, im Laufe eines weiteren zermürbenden Jahres voller gebrochener Versprechen und nicht eingehaltener Absprachen. Du hattest einen Rückfall, gefolgt von einem neuerlichen Aufenthalt in der Suchtklinik samt scheinbarer Genesung und Rehabilitation. Dass Du mir nicht einfach erzählst hast, was Sache war – das war es, was mich so tief verletzt hat. Ich hatte gedacht, unser freundschaftliches Vertrauen hätte ein unzertrennbares Band zwischen uns geknüpft. Ein Band, das schon so viel überstanden hatte – und plötzlich war es nicht mehr da. Erst jetzt verstehe ich den letzten Satz, den Du an jenem Vormittag gesagt hast, als alles zwischen uns zerbrach: »Die ganze Zeit wirfst du mir vor, dass ich Probleme schaffe und unsere Projekte sabotiere ... aber ich bin nicht schuld daran!« Heute verstehe ich, was Du damals gemeint hast, mein lieber Freund. Was nicht heißt, dass ich Dir zustimme, denn wir sind beide nicht unschuldig daran, wie die Dinge sich entwickelt haben. Man könnte sagen, je näher wir einander gekommen sind, desto mehr sind wir einander in den Rücken gefallen. Mal vorsätzlich, mal unbewusst, mal in Unwissenheit, mal aufgrund der Umstände. Und manchmal schlichtweg aus Gedankenlosigkeit.[133] Das ist doch der Punkt: Wir alle tragen ein Stück Mitschuld, dass die Welt – und damit auch Nordkorea – ist, wie sie ist. Die einzigen Unschuldigen sind die Kinder. Aber eines Tages werden wir erwachsen und dann lassen wir die Kindheit hinter uns.

Mein letzter und größter Wunsch ist es, dass Dein Land sich eines Tages erlaubt, erwachsen zu werden.

Während ich Dir diese letzten Worte schreibe, höre ich ein Feuerwerk in der Ferne.

Das ist die Wahrheit.

Il sim dan gyol
M

---

133 Ich habe mir erlaubt, diese Formulierung zu leihen, und zwar von Katherine Verdery: *My Life as A Spy: Investigations in a Secret Police File*, Durham 2018.

EPILOG:
DAS LIED VON DER SCHILDKRÖTE

★

Schildkröte, Schildkröte, zieh den Kopf ein,
sonst grill und fress ich dich,

★

geht ein altes koreanisches Volkslied. Seit jeher ist die Koreanische Halbinsel anfällig für Invasionen und Kolonialisierungs-
versuche von See her gewesen. Die meisten Angriffe kamen aus
dem mächtigen und aggressiven Inselreich im Osten, dem Japan
der Kaiser und Kriegsherren. Und auch in jüngerer Zeit war die
Küste Nordkoreas Achillesferse. Wie an früherer Stelle erläutert,
nahm der Koreakrieg eine entscheidende Wende, als MacArthurs
UN-Truppen dem nordkoreanischen Heer durch ein tollkühnes
und gigantisches Landungsunternehmen in der Incheon-Bucht
in den Rücken fielen. So vereitelten sie den Sieg von Kim Il-sungs
Volksarmee gegen die zahlenmäßig unterlegenen, demoralisier-
ten und schlecht ausgerüsteten südkoreanischen Truppen. Es ist
daher kein Zufall, dass ein unbezwingbares Panzerschiff, in Form
einer Schildkröte und mit dem Kopf eines Drachen, in der koreanischen Geschichte – und im koreanischen Selbstverständnis –
eine wichtige Rolle spielt, im Norden wie im Süden der Halbinsel.
Als Metapher passt das Schiff perfekt zur Belagerungsmentalität
der nordkoreanischen Staatsmythologie, gründet diese doch auf
einem nostalgischen und konservativen Nationalismus. In Nordkoreas Heldenpantheon nimmt das Schildkrötenschiff einen
prominenten Platz neben anderen historischen und mythologi-
schen Figuren wie dem Ch'öllima-Pferd, König Tanggun, Admiral
Yi und natürlich der heiligen Kim-Dreifaltigkeit ein.

Die Idee schwimmender Festungen ist vermutlich genauso alt wie das Phänomen der Seeschlachten, und trotzdem spielt das Schildkrötenschiff in einer ganz eigenen Liga. Der breite und massive Rumpf war mit dicken Eisenplatten gegen feindlichen Beschuss geschützt, und rein optisch könnte man das Schiff als Quietscheentchen aus der Hölle beschreiben. Die gepanzerte Oberfläche war allein durch Schießscharten für die Kanonenmündungen und kleine Ruderlöcher durchbrochen. Das leicht gewölbte Oberdeck war mit Panzerplatten überzogen, von denen spitze Eisendornen wie Igelstacheln emporragten. Ohne solides Schuhwerk an Bord zu gehen, war daher eine ziemliche Schnapsidee. Am Bug des Schiffes war ein furchteinflößender Drachenkopf angebracht, das Maul wie zu einem Biss oder Schrei aufgerissen. Der Legende nach konnte sich das damalige Königreich Joseon Ende des sechzehnten Jahrhunderts mit einer kleinen Flotte spezialangefertigter Schildkrötenschiffe unter der Führung des Nationalhelden Admiral Yi Sun-sin erfolgreich gegen die scheinbar unbesiegbare japanische Invasionsflotte verteidigen. Aus dem Maul des Drachenkopfes wurde eine enorme Kanone auf den Feind abgefeuert und im Nahkampf ein dichter, übelriechender Schwefelrauch ausgespien (natürlich nur, wenn der Wind nicht von vorn kam), um die vermutlich ohnehin schon panischen Japaner noch weiter zu verstören.

In jeder Ausstellung, die dem traditionsreichen Fundament der koreanischen Politik und Militärgeschichte gewidmet ist, sind Modelle und Rekonstruktionen der Schildkrötenschiffe in den verschiedensten Größen ein absolutes Muss. Als Staat bewegt sich Nordkorea in Schildkrötengeschwindigkeit, wachsam und vorsichtig, auf das Zeitalter der Moderne zu, stets bereit, sich unter seinem Panzer zu verschanzen. Hin und wieder wird ein ordentlicher Schwefelpups abgelassen, zum Beispiel wenn die Generäle der Verteidigungskommission damit drohen, »Seoul in ein Feuermeer zu verwandeln«, sowie andere stinkende Ausdünstungen gegen die südkoreanischen »Jasager« und deren amerikanischen »Zuhälter«. Und trotzdem reden wir immer noch von einer Schildkröte. Oder von einem Igel, so wie dem, der eines Abends, als ich bis tief in die Nacht schreibe, über den Hof hinter meinem Büro kriecht. Ein Igel mit gesträubten Stacheln, der sich in sich selbst einrollt. Das Bild von der Schildkröte und dem Igel sollte man unbedingt im Hinterkopf zu behalten, wenn man mit Mister Win und Nordkorea zu tun hat. Auch dann, wenn sie Drachenmasken tragen. Vielleicht vor allem dann.

BASISWISSEN FÜR VERRÄTER

Sprache II: Mini-Sprachführer

Wenn Sie im Ausland ein Gespräch eröffnen möchten, sind ein paar Sätze in der jeweiligen Landessprache der perfekte Eisbrecher. Je holpriger die Aussprache, desto mehr Charme-Punkte heimsen Sie ein. Hauptsache, Sie zeigen, dass Sie sich extraviel Mühe geben und genug Humor haben, um ein paar Lacher zu ertragen. Das gilt vor allem für ein Land, in dem kaum jemand eine Fremdsprache beherrscht und so gut wie niemand, der von auswärts kommt, der Landessprache mächtig ist. Wie in so ziemlich allen Ländern ist König Alkohol auch in Nordkorea ein glänzender Vermittler zwischen den Kulturen. Ins Glas spuckt man weder südlich noch nördlich der Demilitarisierten Zone. Nach einem straffen Sightseeingprogramm lassen sich die meisten Guides und Aufpasser gern zu einem Abendessen oder ein paar Drinks überreden. Nutzen Sie die Gelegenheit, um ein paar Sätze zu üben, mit denen Sie später auf der Reise andere Nordkoreaner beeindrucken können.

Die meisten Souvenirshops in den Hotels oder in der Pjöngjanger Innenstadt verkaufen einfache Nordkoreanisch-Englische Taschen-Sprachführer wie *Let Us Learn Korean* oder *Let's Speak Korean* zum Spottpreis. Einen davon sollten Sie immer dabeihaben, so finden Sie in jeder Situation die passende – oder auch mal unpassende – Phrase. Zeigen Sie, wer Sie sind! Übrigens sind Transkriptionen aus dem Koreanischen für gewöhnlich phonetisch. Das Wichtigste ist, dass das »j« wie ein stimmhaftes »dz« ausgesprochen wird, also »Kim Dzong Un«.

Hier ein paar meiner persönlichen Lieblingsausdrücke, denn irgendwo muss man ja anfangen:

Die Grundlagen:

Yé = Ja

Anyó = Nein

Kamsa hamnidá = Danke

Annyonghá simnigga! = Guten Morgen/Tag/Abend. Direkt übersetzt: Wie geht es?

Pangap sumnidá! = Schön, Sie zu treffen.

Win sonsaeng! = Hallo, Mister Win!

Kim dongmú! = Hallo, Kamerad Kim! (zu Ebenbürtigen, Jüngeren oder Untergeordneten).

Kim dongjí! = Hallo, Kamerad Kim! (zu Älteren und Übergeordneten).

Sillyé hasumnidá! = Verzeihung!

Joesóng hamnidá! = Tut mir leid!

Jopdaewón dongmú! = Kellner/Bartender!

Kapsidá! = Komme schon! (Informell: *gajá!* (*khazá!* ausgesprochen)).

Palli palli! = Beeilung!

Hullyung hamnida! = Ausgezeichnet!

Arasumnida! = Verstanden/Ich verstehe.

Nam nam, buk nyo = Männer aus dem Süden, Frauen aus dem Norden (inoffizielles Wiedervereinigungsmotto).

Pyonan hagaé! = Entspannen Sie sich!

Useu myonsó! = »Don't worry, be happy«. Eigentlich: »Mit einem Lächeln«.

Jotggasó! (*tsokka så!* ausgesprochen) = »Leck mich«, »Fuck off«. (Achtung! Nur für Leute gedacht, die Sie sehr gut kennen!)

Propagandaschlagworte,
die jeder Nordkoreaner kennt:

Hanjang junbí! = Allzeit bereit! Das Motto des Korps der Jungen Pioniere.

Il sim dan gyól! = Single-hearted unity! Nordkorea in Schlagwortform.

Joseonun hanada! = Korea ist eins! Populäres Wiedervereinigungsmotto.

Juche sasang mansé! = Lang lebe die Juche-Idee!

Das i-Tüpfelchen zum Schluss:

Urí tu naraganuí chinsonúl wihayó i janúl dupsidá! = Lassen Sie uns auf die Freundschaft zwischen unseren beiden Ländern anstoßen!

Wenn Sie diesen Satz bis zur Heimreise auswendig kennen, haben Sie Ihre Zeit gut genutzt.

Sprachkurs

Der Reiseveranstalter *Tongil Tours* hat sich auf Nordkorea-Reisen der ganz besonderen Art spezialisiert:

Zum Beispiel werden dreiwöchige Sommerkurse für Anfänger und Fortgeschrittene an der Kim Hyong Jik University of Education in Pjöngjang angeboten, in denen Sie den nordkoreanischen Dialekt studieren können.

www.tongiltours.com

GETTING THERE

Nordkorea ist viel zugänglicher, als das Etikett »isoliertestes Land der Welt« vermuten lässt. Da sowohl der nordkoreanische Staat als auch die Außenwelt das hausgemachte Image des »Eremitenstaates« mit allem Drum und Dran kultivieren, ist der wahre Abenteurer einerseits froh und andererseits leicht enttäuscht, wenn sich zeigt, dass es gar nicht *so* schwer ist, nach Nordkorea zu reisen. Tatsächlich *wünscht* man sich dort mehr Tourismus – natürlich nur unter bestimmten Voraussetzungen und nach den eigenen eisernen Bedingungen. 2014 wurden mehr als zweihundertfünfzigtausend Touristen in Nordkorea gezählt. Die meisten dürften mit heiler Haut nach Hause zurückgekehrt sein. Sie sind im Herzen Pionier und Ihrer Zeit gern voraus? Kein Grund zu verzagen: Venedig begrüßt *pro Woche* mehr als doppelt so viele Touristen wie Nordkorea *in einem Jahr.*

Da fünfundneunzig Prozent der Nordkoreabesucher aus dem benachbarten China und nur rund siebentausend Menschen aus anderen (seit dem amerikanischen Einreiseverbot fast ausschließlich europäischen) Ländern kommen, bestehen westliche Medien unverdrossen auf dem Etikett »isoliertestes Land der Welt«. Entgegen der gängigen Meinung sind es aber vor allem die relativ hohen Reisekosten und nicht die Grenzsoldaten, die die meisten Europäer von einem Besuch abschrecken.

Kostspielige und streng kontrollierte Pauschalpakete, inklusive Vollpension und Sightseeing, die in staatlicher Regie von der KITC (Korean International Travel Company) angeboten werden, sind die einzige Option, wenn Sie ins Land wollen. Das Gute daran: Man wird immer gut auf Sie aufpassen.[134] Unabhängige Backpacking-Kultur ist ein Fremdwort, abgesehen von nordkorea-

134 Kapiert?

nischen Flüchtlingen und Auswanderern, die keine Pläne haben
zurückzukehren.

Mit dem Flugzeug

So gut wie alle Wege nach Nordkorea führen über China.

Die meisten chinesischen Touristen reisen per Bus über die
Grenzzone. Für uns Europäer ist die erste Etappe unseres Nord-
koreaabenteuers jedoch ein Flug nach Peking.

Viele nutzen die Gelegenheit, um noch ein paar Tage in der
chinesischen Hauptstadt dranzuhängen.

Sowohl Nordkoreas nationale Fluggesellschaft Air Koryo als
auch China Airlines fliegen montags bis freitags nach Pjöngjang
und zurück. Air Koryo fliegt außerdem wöchentlich ab Shenyang
(Hauptstadt der Mandschurei).

Mit dem Zug

Wenn Sie genug Zeit mitbringen und gern das Gefühl haben, in
Bewegung zu sein, sei Ihnen ans Herz gelegt, *eine* Strecke per Zug
zurückzulegen. Laut Fahrplan nimmt die Reise zwischen Peking
und Pjöngjang ziemlich genau einen Tag in Anspruch. Aufgrund
des mangelhaften nordkoreanischen Schienennetzes waren Ver-
spätungen von bis zu zehn Stunden lange keine Seltenheit, aber
in den letzten Jahren hat sich auch in dieser Hinsicht einiges getan. Dennoch sollten Sie immer ein gutes Buch zur Hand haben –
dieses hier zum Beispiel.

Zugfahrten zwischen Peking und Pjöngjang kosten ungefähr
genauso viel wie ein Flug, etwa zweihundert Euro pro Strecke
(Stand: Herbst 2017).

Mit dem Bus

Seit einigen Jahren ist es westlichen Touristen außerdem möglich,
aus den chinesischen Städten nahe der Grenze ein- bis mehrtägi-

ge Busreisen nach Nordkorea zu unternehmen. Von Dadong am westlichsten Punkt der Grenze können Sie über den Grenzfluss Amnokkang (chinesisch Yalu) nach Sinŭiju, Hauptstadt der Provinz Nord-P'yŏngan, fahren. Am östlichsten Grenzpunkt liegt das Dreiländereck Nordkorea/China/Russland. Von dort aus ist ein Abstecher in die »besondere wirtschaftliche Zone« Rasŏn möglich. Erfahrungen mit Busreisen in Norwegen, dem Land der zahlreichen Kommunen, sind die perfekte Vorbereitung, denn bis man Rasŏn erreicht, darf man ganze drei Mal umsteigen: Erst geht es in einem chinesischen Bus zur chinesischen Seite der Grenze und von dort in einem anderen chinesischen Bus die vierzig bis fünfzig Meter über den Tumen, bevor Sie von einem nordkoreanischen Bus eingesammelt und in den Bezirk Rajin gebracht werden.

Visum für Nordkorea

Für die Einreise nach Nordkorea benötigen Sie ein Visum. Der Prozess ist nicht besonders kompliziert. Sie füllen einfach das standardisierte Formular aus, das Sie vom Reiseveranstalter erhalten. Der kümmert sich dann um die weiteren Schritte. Über die staatliche Korean International Travel Company (KITC), mit der sämtliche ausländische Reiseunternehmen kooperieren, werden die Anträge ans Innenministerium in Pjöngjang weitergeleitet. Die Bearbeitungszeit beträgt zwei bis vier Wochen. In der Regel werden die Visen von der nächstgelegenen nordkoreanischen Botschaft im jeweiligen Land ausgestellt und an den Reiseveranstalter, manchmal auch direkt an den Antragsteller zurückgeschickt.

Die Kosten für die Visa-Beantragung belaufen sich für europäische Staatsbürger auf vierzig bis sechzig Euro, zu entrichten beim jeweiligen Konsulat. Oft kommt es auch vor, dass der Reiseleiter bei der Ankunft in Peking die Pässe der gesamten Gruppe einsammelt und ein Gruppenvisum an der dortigen nordkoreanischen Botschaft ausstellen lässt.

NB! Visum für China

Die meisten EU- und EWR-Bürger*innen dürfen sich zweiundsiebzig Stunden – also drei Tage – ohne Visum in China aufhalten, wenn man auf der Durchreise in ein anderes Land ist. Nachdem Thorbjørn Jagland dem chinesischen Dissidenten Liu Xiaobo 2010 den Friedensnobelpreis verlieh, werden wir respektlosen Norweger jedoch kollektiv bestraft und dürfen uns nur noch vierundzwanzig Stunden visumfrei in China aufhalten.

Früher wäre das kein Problem gewesen. Solange weniger als ein Tag zwischen der Landung in Peking und dem Abflug nach Pjöngjang lag, konnte man in Peking und Umgebung tun, was man wollte. Im Grunde hat sich daran auch nichts geändert, aber aufgrund der erhöhten Terrorbereitschaft auf norwegischen und internationalen Flughäfen kommt es manchmal vor, dass Ihre Fluggesellschaft Sie nicht einchecken lässt, wenn Sie kein gültiges chinesisches Transitvisum vorweisen. Klären Sie deshalb IMMER rechtzeitig – mindestens einen Monat im Voraus – mit dem Reiseveranstalter oder der chinesischen Botschaft den aktuellen Stand der Dinge.

Die zwei erfahrensten, auf Nordkorea spezialisierten Reisebüros sind:

KORYO TOURS
info@koryogroup.com
https://koryogroup.com/
27 Beisanlitun Nan (East Courtyard)
Chaoyang District, Peking

YOUNG PIONEER TOURS
tours@youngpioneertours.com
www.youngpioneertours.com
No. 2804 South Block Lijing Building, Caiwuwei, Jintang Road 48#
Guiyuan Street, Luohu District, Shenzhen City

VOLKSAUFKLÄRUNG

Nordkorea-Ressourcen im Internet

NAENARA (DPRK) – *Nordkoreas offizielles Internetportal* www.nae
nara.com.kp/en/

URIMINZOKKIRI (DPRK) – *Nachrichten der KCNA und weiterer nordkoreanischer Medien*
www.uriminzokkiri.com/index.php?lang=eng

KCNA WATCH (Neuseeland) – *unabhängiges und regelmäßig aktua-
lisiertes Archiv sämtlicher nordkoreanischer Medien, englischspra-
chiger Magazine u. v. m.*
https://kcnawatch.co/

DER YOUTUBE-KANAL *DPRK VIDEO ARCHIVE*

SINONK (international) – *Analysen, Artikel und Essays mit Fokus
auf die Grenzgebiete zwischen Nordkorea und China und das Verhältnis zwischen dieser Region und Südkorea*
www.sinonk.com

DAILYNK (Südkorea) – *betrieben von nordkoreanischen Dissidenten; tagesaktuelle Nachrichten »aus dem Untergrund« (Gerüchten
zufolge von einem Netzwerk heimlicher Informanten im Land)*
www.dailynk.com

38 NORTH (USA) – *Analysen und Nachrichten rund um Nordkorea
mit Schwerpunkt auf großpolitischen Zusammenhängen*
www.38north.org

38 NORTH DIGITAL ATLAS (USA) – *detaillierte und aktualisierte Nordkorea-Karte (basiert auf Google Earth)*
http://38northdigitalatlas.org/

NORTH KOREA ECONOMY WATCH (USA) – *Nachrichten und Analysen rund um die nordkoreanische Wirtschaft*
www.nkeconwatch.com

NORTH KOREA LEADERSHIP WATCH (USA) – *Nachrichten und Analysen rund um den nordkoreanischen Machtapparat*
www.nkleadershipwatch.org

NKNEWS (Großbritannien/Südkorea/USA) – *vielseitige Nachrichten und Analysen rund um Nordkorea*
www.nknews.org

Ausgewählte Literatur

Abt, Felix: *A Capitalist in North Korea: My seven years in the Hermit Kingdom.* o. O. 2014.

Albregtsen, Terje: *Fasciststaten Nord-Korea – ei uvanleg reiseskildring.* Oslo 2018.

Bärtås, Magnus & Ekman, Fredrik: *Alla monster måste dö – gruppresa till Nord-Korea.* Stockholm 2011.

Boynton, Robert S.: *The Invitation-Only Zone – the extraordinary story of North Korea's abduction project.* London 2016.

Bueno de Mesquita, Bruce & Smith, Alastair: *The Dictator's Handbook – why bad behaviour is almost always good politics.* New York 2011.

Cornell, Erik: *North Korea Under Communism – report of an envoy to paradise.* London 2002.

Cumings, Bruce: *The Korean War – A History.* New York 2011.

Dalrymple, Theodore (Anthony Daniels): *The Wilder Shores of Marx – Journeys in a Vanishing World.* London 1991.

Demick, Barbara: *Im Land des Flüsterns: Geschichten aus dem Alltag in Nordkorea.* Übersetzt von Gabriele Gockel und Maria Zybak. München 2016.

DPRK Foreign Languages Publishing House: *Anecdotes of Kim Il Sung's Life 1.* Pjöngjang 2007.

DPRK Foreign Languages Publishing House: *Anecdotes of Kim Jong Il's Life 1.* Pjöngjang 2012.

DPRK Foreign Languages Publishing House: *Juche Idea – answers to hundred questions.* Pjöngjang 2012.

Egner, Thorbjørn: *Folk og røvere i Kardemomme.* Oslo 1955.

Everard, John: *Only Beautiful Please – A British diplomat in North Korea.* Stanford 2012.

Ford, Glyn & Kwon, Soyoung: *North Korea on the Brink – struggle for survival.* Ann Arbor 2008.

Harden, Blaine: *Flucht aus Lager 14.* Übersetzung: Udo Rennert. © 2012, Deutsche Verlags-Anstalt, München, in der Verlagsgruppe Random House GmbH.

Harrold, Michael: *Comrades and Strangers – behind the closed doors of North Korea.* New York 2004.

Haworth, Ian: *Cults – A practical Guide.* London 2001.

Hoffer, Eric: *The True Believer – thoughts on the nature of mass movements.* New York 1951.

Hyun, Peter (Hrsg.): *Introducing Korea.* Seoul 1979.

Jager, Sheila Miyoshi: *Brothers at War – the unending conflict in Korea.* New York 2013.

Kalder, Daniel: *The Infernal Library – On dictators, the books they wrote, and other catastrophes of literacy.* New York 2018.

Kang, Chol-hwan & Rigoulot, Pierre: *The Aquariums of Pyongyang – ten years in the North Korean Gulag.* New York 2001.

Kang, Hyok & Grangereau, Philippe: *THIS IS PARADISE! My North Korean childhood.* Boston 2005.

Kim, Hyung-chan & Kim, Dong-kyu: *Human Remolding in North Korea – a social history of education.* Lanham 2005.

Kim, Il-sung: *With the Century.* Pjöngjang 1992.

Kim, Jong-il: *Aphorisms 1.* Pjöngjang 2014.

Kim, Jong-il: *Aphorisms 2.* Pjöngjang 2015.

Kim, Jong-il: *For the Further Development of our Juche Art.* Pjöngjang 1992.

Kim, Jong-il: *Life and Literature.* Pjöngjang 1987.

Kim, Jong-il: *On the Juche Idea.* Pjöngjang 1982.

Kim, Jong-il: *The Character and the Actor.* Pjöngjang 1987.

Kim, Jong-un: *Aphorisms 1.* Pjöngjang 2016.

Kim, Jong-un: *Report to the Seventh Congress of the Worker's Party of Korea on the Work of the Central Committee.* Pjöngjang 2016.

Kim, Jong-un: *Towards Final Victory.* Pjöngjang 2013.

Kim, Ki-sam & Kirk, Donald: *Jakten på Nobels fredspris.* Oslo 2016.

Kim, Suk-young: *Illusive Utopia – Theater, Film and Everyday Performance in North Korea.* Ann Arbor 2010.

Lamm, Lovisa: *Ambassaden i Paradiset – Sveriges unika relation till Nord-Korea.* Stockholm 2012.

Lankov, Andrei: *The Real North Korea: Life and politics in the failed Stalinist Utopia.* Oxford 2013.

Lankov, Andrei: *Tigers and Bears – saying the unthinkable about Korean reunification.* Singapur 2016.

Marshall, Tim: *Prisoners of Geography – Ten maps that tell you everything you need to know about global politics.* London 2015.

Martin, Bradley: *Under the loving care of the fatherly leader.* New York 2004.

Meuser, Philipp (Hrsg.): *Pyongyang – Architectural and Cultural Guide.* Berlin 2012.

Myers, B. R.: *The Cleanest Race – How North Koreans see themselves and why it matters*. New York 2010.

Oftestad, Siri Amalie: *Soloppgang i Nord* – dikt. Oslo 2018.

Orwell, George: *1984*. Übersetzt von Michael Walter. Berlin 2004.

O'Rourke, P. J.: *Give War a Chance*. New York 1992.

O'Rourke, P. J.: *Holidays in Hell*. New York 1988.

Portal, Jane: *Art Under Control in North Korea*. London 2005.

Rognlien, Jon & Brandsdal, Nik: *Den store ml-boka – norsk maoisme sett nedenfra*. Oslo 2009.

Sæbø, Sun Heidi: *Kims lek – En diktator, et splittet land og en forsvinningssak i Sørkedalen*. Oslo 2015.

Shim, David: *Visual Politics and North Korea – Seeing is believing*. London 2014.

Smith, Hazel: *North Korea – Markets and Military Rule*. Cambridge 2015.

Strage, Fredrik: *FANS*. Stockholm 2005.

Tudor, James & Pearson, Daniel: *North Korea Confidential – Private Markets, Fashion Trends, Prison Camps, Dissenters and Defectors*. o. O. 2015.

Winstanley-Chesters, Robert: *Environment, Politics, and Ideology in North Korea: landscape as political project*. London 2015.

Verdery, Katherine: *My life as a Spy – Investigations in a Secret Police File*. Durham 2018.

Yurchak, Alexei: *Everything Was Forever, Until It Was No More – the Last Soviet Generation*. Princeton 2005.

Ausgewählte Filme

Adam, Ross & Cannan, Robert: *Die Liebenden und der Diktator*, Großbritannien 2016.

Bonner, Nicholas & Gordon, Daniel: *Crossing the Line*, Großbritannien 2006.

Cho, Gyong-un: *Die Insel Wolmi*, Nordkorea 1982.

Cho, Ik-gyu: *Das Blumenmädchen*, Nordkorea 1972.

Fleury, Pieter: *North Korea – A Day in the Life*, Niederlande 2004.

Gordon, Daniel: *A State of Mind*, Großbritannien 2004.

Gordon, Daniel: *The Game of their Lives*, Großbritannien 2002.

Gulliksen, Tommy: *Kunst im Schatten der Bombe*, Norwegen/Deutschland 2019.

Hoaas, Solrun: *Pyongyang Diaries*, Australien 1997.

Jon, Kwang-il & Rim, Chang-bom: *On the Green Carpet*, Nordkorea 2001.

Longoria, Álvaro: *The Propaganda Game*, Spanien/Frankreich 2015.

Manskiy, Vitaliy: *Im Strahl der Sonne*, Russland/Deutschland/Tschechien/Lettland 2015.

Olte, Ugis & Traavik, Morten: *Liberation Day*, Norwegen/Lettland/Slowenien 2016.

Stenberg, Vivi: *Yes, We Love This Country*, Norwegen 2012.

Stodtmeier, Maria: *Isang Yun: Ein Schicksal zwischen Nord- und Südkorea*, Deutschland 2014.

Szábó, Istvan: *Mephisto*, Ungarn/Westdeutschland/Österreich 1981.

Wilking, Raphael: *Friends of Kim*, Niederlande 2006.

Danke

Dieses Buch ist im Laufe von vier Jahren entstanden, zwischen immer größeren Kooperationen mit Nordkorea und anderen Schlachten, die man hin und wieder ausfechten muss, wenn das Leben und die Kunst dies verlangen. Wie aus meinen Beschreibungen hervorgegangen sein dürfte, schwankte das nordkoreanische Gesellschaftsklima in dieser Zeit zwischen einer zaghaften Öffnung gegenüber der Außenwelt und einer immer härteren Kontrolle der Bevölkerung.

Viele von denen, die eine Erwähnung am meisten verdient hätten, müssen deshalb anonym bleiben – *damit wir auf der sicheren Seite sind*. Alle koreanischen Namen von Personen und Organisationen, die ich über sieben Jahre hinweg kennenlernen durfte, sind deshalb Pseudonyme. Aus demselben Grund habe ich mich auch dazu entschieden, über einige Geschichten zu schweigen, obwohl sie in erster Linie nur meine persönlichen Erfahrungen widerspiegeln. Diejenigen, die mit dabei waren, sollen die Geschichten lieber selbst erzählen. Eines Tages. Vielleicht.

Begnügen wir uns deshalb mit einem lauten und schallenden *manse!*[135] für alle großen und kleinen Nordkoreaner*innen, die in der Begegnung mit mir und uns – dem Fremden – den unterschiedlichsten Persönlichkeiten, Temperamenten, äußeren Erscheinungen, Launen und Weltansichten, die die selbsterrichtete Fassade des Landes nur selten nach außen dringen lässt, einen Körper und eine Stimme geliehen haben.

Ihr seid in meinem Herzen. *Kamsahamnida.*

Glücklicherweise gibt es aber viele Menschen, denen ich ganz offen danken kann und möchte:

Meiner Lektorin Nazneen Khan-Østrem, die mich mit strenger und zugleich liebevoller Hand in Richtung weit entfernter

---

135 Lang lebe …!

Deadlines geschubst und mir mit hohen Ansprüchen und hohen Erwartungen an die Resultate geschmeichelt hat.

Der Stiftung Fritt Ord sowie dem Norwegischen Autoren- und Übersetzerverband für Sachbücher, die mir die Möglichkeit gaben, mir Zeit für die Arbeit an diesem Buch zu kaufen.

Sun-kim – Übersetzerin, Dolmetscherin, Fotografin und unentbehrliche Sparringspartnerin in allem, was die koreanische Sprache betrifft. *Hanjang junbi*!

Morten Jørgensen, Anders Berg, Bjørnar Simonsen und Renate Solberg: Danke, dass Ihr so offen und mutig Eure einzigartigen Erfahrungen und Perspektiven mit mir geteilt habt.

Danke an Jean Valnoir Simoulin für die *Masturbationsanleitung für Nordkorea* und vieles mehr. Jørund Føreland Pedersen für die Bilder aus einem anderen Teil der Welt. Jon Rognlien und Ole Jakob Skåtun fürs Textbearbeiten und -recyceln. Lisa Sangmi Min für wissenschaftliche Inspiration und die Übersetzung von Kochrezepten. Aleksander Melli für Kritik, Humor und hilfreiche Kommentare. NORSAR mit Direktorin Anne Lycke für fachkundige Informationen in Sachen Atomtests.

Danke an alle nordkoreanischen, norwegischen und internationalen Künstler*innen, Musiker*innen, Schauspieler*innen, Produzent*innen, Politiker*innen und andere Beteiligte für Eure Zeit, Energie, Geduld und nicht zuletzt Euer Vertrauen, die mir halfen, im Laufe der Jahre zahlreiche künstlerische Kooperationen mit Nordkorea auf die Beine zu stellen – darunter:

Pikene på Broen und Barents Spektakel mit Luba Kuzovnikova und Inger Blix Kvammen.

Der Bürgermeister von Kirkenes, Rune Rafaelsen, für die Barents-nordkoreanische Saunadiplomatie (alle Nachbarn mögen bitte die gelben Streifen im Schnee entschuldigen – Rune und ich sind unschuldig).

Die Bürger*innen von Kirkenes, die Sør-Varanger-Garnison, Frode Berg, Yngve Grønvik, die Volkshochschule in Svanvik, das Grense-Kommissariat und Ivar Magne Sakserud.

Das Pjöngjanger »17. Mai-Festival« 2012: Lena Thorsmæhlum,

Frode Haltli, Kjetil Traavik Møster, Per Oddvar Johansen, Per Za-
nussi, Leon Mathisen, Mai Elise Solberg, Ingvar E. Sigurdsson, In-
geborg Saxrud Olerud und Nils Christian Fossdal.

Die Schüler*innen, Eltern und Lehrer*innen der achten Klas-
se (2013) der Waldorfschule in Trondheim und das Teaterhuset
Avant-Garden mit Per Ananiassen. Die Bergenser Festspiele mit
Silje Gripsrud und Elisabeth Hobrad sowie die Stiftung 3.14 mit
Malin Barth. Nikolai Johnsen fürs Dolmetschen und Koordinieren.
Koryo Tours mit Nick Bonner und Simon Cockerell, sowie Young
Pioneer Tours mit Rowan Beard und Charlotte Guttridge. Corne-
lius Jakhelln fürs Auslösen welthistorischer Begebenheiten. Der
Band Laibach samt Crew, insbesondere Ivan Novak, Milan Fras,
Mina Špiler, Luka Jamnik, Rok Lopatič, Janez Gabrič und Dejan
Knez. *Our mission is blessed.* VFS Films mit Uldis Cekulis, Uġis Ol-
te und Valdis Čelmiņš, Staragara mit Miha Černec, Norsk Fjernsyn
mit Tommy Gulliksen, Sven-Erling Brusletto und Silje Aronsen.

Marius Tsjekjov-Johansen, Nik Nowak, Quentin (Xiaofan)
Shih, Lena Lapshina und nochmals Jean Valnoir für *grace under
pressure*. Was uns nicht umbringt, macht uns stärker.

Traavik.infos Große Alltägliche Führerin Guro Vrålstad und
die Koordinatorin Lena Thorsmæhlum. Stein Tønnesson, Geir
Helgesen und Torben Henriksen für wertvolle Erfahrungen und
Perspektiven.

Die Südkoreanische Botschaft in Norwegen für alle Abend-
und Mittagessen, gute Gespräche und *Soju* im Laufe der vergangenen Jahre.

Meine Familie: Ich danke meiner Mutter Hilde, *omoni nol sae*,
die im Leben ihrer Kinder und Enkel*innen ein unerschöpflicher
Quell der Liebe und Unterstützung ist. Außerdem ist sie eine aufmerksame Leserin, Zuhörerin, Gesprächspartnerin und Bäcke-
rin der Lieblingswaffeln nordkoreanischer Musikschüler*innen.

Danke an meinen Vater Geir, *oboji nol sae*, einen klugen und
mutigen Mitabenteurer und Reisekamerad in Nordkorea. Unser
Verhältnis ist ein Beweis dafür, dass es für eine Wiedervereinigung nie zu spät ist, wenn beide Seiten dazu bereit sind.

Meinem Bruder Kjetil, Freund, Kollege und Inspirationsquelle innerhalb und außerhalb, vor und nach Nordkorea.

Meiner Schwiegermutter Baronesse M., ihrem getreuen Waffenträger B. sowie Schwager E. Meiner Bonustochter J. – ich hoffe, wir werden eines Tages eine Brücke über die DMZ schlagen.

Meinen zwei Söhnen und Erbprinzen, kleinen Generälen, Mitentdeckern und Lehrmeistern, die bereit waren, ihren Vater mit diesem weit entfernten Land zu teilen, das für sie nur ein seltsamer Name war, und die immer eine Umarmung für mich übrighatten, wenn ich nach Hause kam.

Und zuletzt und am allermeisten danke ich meiner Frau, Geliebten, Partnerin, Kollegin Johanna. Ohne Dich kein Buch.

IL SIM DAN GYOL.

Bergen, den 15. Juli 2018 (Juche 107)

Morten Traavik – Nor Wei Nol Sae

Die Bilder des Verräters:

Ian Bennett: Autorenfoto
Morten Traavik: 2–4, 7–14, 16–17, 21, 24, 26–27, 28–31, 34–35, 40, 43a–d, 44,
    47–48, 55–58, 61–64
Jørund Føreland Pedersen: 1a–1d, 6, 15, 18–20, 22–23, 33, 36, 38, 46, 48, 49–
    51, 59
Jean Valnoir Simoulin: 5, 25, 32, 37, 46, 52, 60
Michael T Nartey: 41, 53
Morten Jørgensen: 39
Nils Christian Fossdal: 44
Daniel Miller: 45

SPIEGEL-Online
Taschenbuch-Bestseller

Swetlana Alexijewitsch
Secondhand-Zeit. Leben auf den
Trümmern des Sozialismus
Aus dem Russischen von
Ganna-Maria Braungardt
suhrkamp taschenbuch 4572
569 Seiten
(978-3-518- 46572-1)

»Geboren in der UdSSR – das ist eine Diagnose.«

Gut zwanzig Jahre sind vergangen seit dem Zusammenbruch
des Sowjetimperiums, die Russen entdeckten die Welt, und die
Welt entdeckte die Russen. Inzwischen aber gilt Stalin wieder
als großer Staatsmann, die sozialistische Vergangenheit wird immer öfter, vor allem von jungen Menschen, nostalgisch verklärt.

Russland lebt in einer Zeit des »Secondhand«, der gebrauchten
Ideen und Worte, so Swetlana Alexijewitsch. Sie formt aus den
erschütternden Erfahrungen von Menschen, die zwischen Neu-
anfang und Nostalgie schwanken, den Lebensroman einer noch
nicht vergangenen Epoche. Wer das Russland von heute verstehen will, muss dieses Buch lesen.

suhrkamp taschenbuch

Thomas Espedal
Wider die Natur
Roman
Aus dem Norwegischen
von Hinrich Schmidt-Henkel
st 4606. 179 Seiten
(978-3-518-46606-3)

Eine aufblitzende Leidenschaft treibt sie in einer Silvesternacht zusammen, den älteren Mann und die junge, schöne Frau. Sie verlieben sich. Sie werden ein Paar. Er ist Ende 40, die Frau ist Anfang 20. Es ist eine Liebe »wider die Natur«. Fünf, sechs Jahre erlebt der Mann in seinem Haus am Meer mit ihr das größte Glück seines Lebens. Eines Tages ist die junge Frau gegangen. Liebeskrank zieht sich der Mann in den Keller seines Hauses zurück, füllt Notizbuch um Notizbuch und erzählt von den drei großen Lieben seines Lebens: der Jugendliebe zu einem Arbeitermädchen, der besessenen Liebe zur Mutter seiner Tochter und dem Glück des älteren Mannes mit der jungen Frau. Radikal, ehrlich, berührend, unversöhnlich: »Du sagst Ende, aber die Liebe wird nicht enden.«

»Ein Liebesroman, wie es noch keinen gegeben hat.« Iris Radisch, Die Zeit

suhrkamp taschenbuch

Weitere Informationen erhalten Sie unter www.suhrkamp.de
oder in Ihrer Buchhandlung.

Tuvia Tenenbom
Allein unter Amerikanern
Aus dem amerikanischen
Englisch von Michael Adrian
st 4734. 463 Seiten
(978-3-518-46734-3)
Auch als eBook erhältlich

Tuvia Tenenboms Reisebericht über das selbsternannte »Land der Freien und die Heimat der Tapferen« – wer wissen will, wie die Amerikaner wirklich ticken, sollte ihn unbedingt lesen.

> *»Unglaublich lustig, unterhaltsam, aufklärerisch und manchmal böse ... Humorunbegabte und Amerikafans dürften sich über ein Buch wie dieses ärgern, aber hey: Manchmal tut es weh, in den Spiegel zu blicken. Allein unter Amerikanern ist ein literarischer Roadtrip, der die Konfliktlinien offenlegt. Jedes Land hat seine Lügen.«*
> **Thomas Andre, Hamburger Abendblatt**

> *»Rüde, respektlos und scharfzüngig – Tenenboms fesselndes Buch soll Amerikas Selbstgefälligkeit zertrümmern.«*
> **Publishers Weekly**

suhrkamp taschenbuch